Magna Carta und andere Adressen

William D. Guthrie

Writat

Diese Ausgabe erschien im Jahr 2023

ISBN: 9789359250359

Herausgegeben von
Writat
E-Mail: info@writat.com

Inhalt

MAGNA CARTA

Für DEN Betrachter amerikanischer Institutionen muss es besonders beeindruckend und lehrreich erscheinen, dass die Mitglieder des Verfassungskonvents des Staates New York bei ihrer wichtigen Arbeit eine Pause eingelegt haben, um den siebenhundertsten Jahrestag der Großen Charta der englischen Freiheiten zu feiern und hinzuschauen ehrfürchtig zurück durch die Jahrhunderte zu den Quellen unseres Verfassungsrechts und zu den Tagen, als unsere Vorfahren den Grundstein für bürgerliche Freiheit und politische Gerechtigkeit legten. Es ist in der Tat keine Übertreibung zu behaupten, dass die Magna Carta die größte politische Epoche in der Geschichte unserer Rasse markierte, indem sie England davor bewahrte, zu einem der willkürlichen und entwürdigenden Despotismen zu werden, die in Europa nach dem Sturz des Feudalsystems entstanden. und dass aus seinen Prinzipien eine repräsentative und verfassungsmäßige Regierung hervorging, mit all dem, was diese Begriffe für die Amerikaner mittlerweile bedeuten. Diese Zeremonie muss erneut die große Wahrheit hervorheben, dass alles, was die Macht hat, den Gehorsam und den Respekt der Menschen zu gewinnen, seine Wurzeln tief in der Vergangenheit haben muss, und dass Institutionen umso beständiger sein dürften, je langsamer sie gewachsen sind.

Vor zweihundertachtzehn Jahren soll der königliche Gouverneur von New York dem Gesetzgeber der Kolonie zugerufen haben: „Es gibt niemanden von euch, der nicht mit den Privilegien der Magna Carta vertraut ist." Und kann man heute, Herr Präsident, nicht mit der gleichen Kraft und dem gleichen Stolz sagen, dass es keine Amerikaner gibt, die aber mit den Privilegien der Magna Carta zufrieden sind? Möge das noch lange so bleiben! Es ist die höchste und edelste Pflicht jeder amerikanischen Verfassungskonvention, dafür zu sorgen, dass der Geist dieser Privilegien für immer bestehen bleibt, soweit es in der menschlichen Macht liegt.

Andere Redner werden sich mit den historischen und politischen Aspekten der Magna Carta und ihren Neuauflagen und Bestätigungen durch einen König nach dem anderen und ein Parlament nach dem anderen befassen. Ich möchte von der rechtlichen Bedeutung einiger Hauptmerkmale der Großen Charta als Vorläufer von Grundsätzen sprechen, die eng mit unserem gegenwärtigen politischen Leben verbunden sind und die unserem System des Verfassungsrechts weiterhin Kraft verleihen. Aber meine Behandlung dieses großen und wichtigen Aspekts des Themas muss angesichts der begrenzten Zeit, die Ihnen zur Verfügung steht, zwangsläufig unzureichend sein.

Es ist zweifellos wahr, dass die Magna Carta vieles enthielt, was im Jahr 1215 alt war, und vieles, das später veraltet war, weil es auf veränderte Bedingungen nicht anwendbar war; Doch dann kristallisierte es sich heraus und diente dazu, die Grundprinzipien der Freiheiten der Engländer aufrechtzuerhalten. Nicht weniger als siebenunddreißig Mal von sieben Königen Englands feierlich bestätigt, wurde es in den Augen der Engländer ganz natürlich zur Verkörperung ihrer tiefsten und fest verwurzelten Rechte und Freiheiten und ihres großen und mitreißenden Kampfrufs gegen die Tyrannei. Die Neufassung von 1225 bleibt in den englischen Gesetzbüchern immer noch in voller Kraft und Wirkung, so dass, wie ein englischer Historiker kürzlich sagte, jedes in den Gesetzbüchern erscheinende Gesetz gewissermaßen ein Gesetz zur Änderung der Magna Carta ist.

Der Geist der Magna Carta, so wie er überlebt hat, hat Engländer und Amerikaner jahrhundertelang inspiriert, auch wenn ihr Wortlaut möglicherweise tot ist und die meisten ihrer Bestimmungen längst überholt sind und ihre genaue Bedeutung unter den Ruinen der Vergangenheit verborgen ist. Tatsächlich wurden die Bestimmungen der Großen Charta nach 1215 häufig von König und Parlament verletzt und konnten über Generationen hinweg vernachlässigt werden. aber es kann nicht bezweifelt werden, dass sie, wenn die von ihnen verkörperten Prinzipien eingehalten worden wären, England lange vor dem 17. Jahrhundert dauerhafte politische Freiheit und eine verfassungsmäßige Regierung gesichert hätten und dass nur die Missachtung dieser Prinzipien die fünf Jahrhunderte der Tyrannei und Unterdrückung ermöglicht hätte von der englischen Geschichte aufgezeichnet.

Es könnte auch wahr sein, wie einige Historiker der wissenschaftlichen Schule jetzt behaupten, dass sich die Verfasser der Großen Charta und die Vertreter der englischen Kirche, des Baronats und des englischen Volkes am 15. Juni 1215 auf den Wiesen von Runnymede versammelten. hatte wenig oder gar kein Verständnis für die Wissenschaft der Politik oder der Verfassungsprinzipien, wie wir sie verstehen. Es ist wahrscheinlich wahr, dass sie keine sehr klare Vorstellung von der Theorie der repräsentativen Regierung oder der Trennung der Regierungsgewalten oder von den unveräußerlichen Rechten des Einzelnen hatten, die später in unserer Unabhängigkeitserklärung verkündet wurden, was wahrscheinlich auch der Fall ist dass nur sehr wenige von ihnen überhaupt die Sprache lesen konnten, in der die Charta verfasst war. Aber Staatsmänner und Anwälte werden bei der Auseinandersetzung mit den praktischen Problemen einer verfassungsmäßigen Regierung den Wert der Magna Carta und unsere Schuld gegenüber der Generation, die sie König John aufgezwungen hat, nicht herabsetzen, nur weil die ihr zugrunde liegenden Prinzipien möglicherweise nicht vollständig erfasst wurden Die Bildhauer und ihre Traditionen basieren möglicherweise auf Legenden und Mythen. Es reicht aus, dass die Charta den Keim und den Geist der bürgerlichen Freiheit und der politischen Gerechtigkeit enthielt.

Man kann zugeben, dass die Verfasser der Magna Carta besser gebaut haben , als ihnen bewusst war, und dass dies auch bei vielen Überlieferungen über die Absicht, Bedeutung und den Umfang ihrer Bestimmungen der Fall war – Überlieferungen, die im 17. und 18. Jahrhundert so wirkungsvoll und inspirierend waren beruht, wie heute behauptet wird, auf Legenden und Mythen. Doch diese Legenden und Traditionen, die rund um die Magna Carta entstanden und sich sammelten, dienten dazu, ihren Geist am Leben zu erhalten und zu verewigen. Sie erzeugten das Gefühl, das die Menschen zu patriotischen und heroischen Opfern für die Sache der Freiheit trieb; Sie trugen Generation für Generation in den wiederkehrenden Kämpfen für politische Gerechtigkeit und Gleichheit vor dem Gesetz mit; Sie bildeten und bewahrten eine öffentliche Moral, die Verstöße gegen die Grundsätze der Großen Charta verhinderte , und sie waren für Engländer und Amerikaner, wenn nicht für die ganze Welt, eine unschätzbare Inspiration und Ermutigung. Die großen Traditionen der Magna Carta haben ihr Erbe besonders wertvoll und ihren Dienst an der Menschheit unsterblich gemacht. Aufgrund dieser Traditionen ist die Magna Carta für uns doppelt so heilig wie für unsere Vorfahren.

Viele von uns wagen jedoch zu glauben, dass der unbekannte Autor der ursprünglichen Artikel der Barone oder der Großen Charta selbst – wenn es nicht der gelehrte Stephen Langton gewesen wäre, der an der Universität Paris ausgebildet worden war und mit Roman vertraut war und das kanonische Recht und die Freiheitsbriefe, die die Könige von Frankreich ihren Untertanen gewährt hatten – kannten weit mehr über die zugrunde liegenden und belebenden Prinzipien der Rechtsprechung und Politik, als einige unserer modernen Kritiker dieser Generation zuzuschreiben bereit sind. Wie dem auch sei, der politische Instinkt unserer Rasse muss die Verfasser zu den ewigen Wahrheiten geführt haben, auf denen die Große Charta der Freiheiten basierte, auch wenn sie diese Wahrheiten nur unvollständig oder überhaupt nicht verstanden haben. Ein einzelner Satz wie „das Gesetz des Landes" in einem politischen Dokument ist oft klüger, als ihm bewusst ist, nicht nur von den Massen, die ihn bejubeln, sondern sogar von den Führern, die ihn schreiben. Es kann durchaus dazu dienen, die Relikte der alten Weisheit zu bewahren und auf einen sehr kleinen Rahmen zu komprimieren, ungeachtet der Tatsache, dass spätere Generationen häufig verwirrt sind, den Inhalt zu entschlüsseln und die Bedeutung zu entdecken. Ein solcher Satz schließt, wie man treffend über die Sprache einer Nation sagt, „manchmal Wahrheiten ein, die einst bekannt waren, die aber im Laufe der Jahrhunderte außer Sichtweite geraten und vergessen wurden. In anderen Fällen enthält er die Keime." von Wahrheiten, die, obwohl sie nie klar erkannt wurden, das Genie ihrer Gestalter in einem glücklichen Moment der Wahrsagerei einen flüchtigen Blick erhaschte ... und oft scheint es, als ob Strahlen von Wahrheiten, die sich noch unterhalb des intellektuellen Horizonts befanden, war der Fantasie aufgegangen, als sie zum Himmel aufblickte. [2]

Zu den Grundprinzipien der Magna Carta zählte zuallererst die Idee, die sich dann in ganz Europa wieder auszubreiten begann, dass der Einzelne natürliche Rechte gegenüber der Regierung hat und dass ihm diese Rechte durch Grundgesetze zugesichert werden sollten, die unveränderlich sein sollten durch König oder Rat. Niemand kann die Geschichte der europäischen Politik während des großen konstruktiven 13. Jahrhunderts studieren, ohne beeindruckt zu sein von der Tatsache der Wiederbelebung dieser Auffassung in den Köpfen der Menschen, nicht nur in England, sondern auf dem Kontinent, wo sie sich in unterschiedlichen Formen und in verschiedenen Formen manifestierte verschiedene Verbindungen. Ich sage Wiederbelebung, weil die gleiche Überzeugung Hunderte von Jahren zuvor sowohl in Griechenland als auch in Rom vorherrschte; aber es war jahrhundertelang verloren gegangen.

Die Idee, dass die grundlegenden Gesetze des Landes – die frommen und guten alten Gesetze von Alfred und Edward, wie die Engländer sie nannten, oder *les lois „fondamentales"* , wie die Franzosen sie damals nannten, waren unveränderlich und dass jede Regierungsverordnung, jedes Edikt oder Gesetz, das dem entgegensteht, als nichtig und nichtig behandelt werden sollte, wird im ersten Kapitel der Magna Carta klar zum Ausdruck gebracht, in dem König John sie gewährt den Freien des Königreichs „alle zugesicherten Freiheiten, die ihnen und ihren Erben zustehen und zu behalten sind, von uns und unseren Erben für immer" und im einundsechzigsten Kapitel, in dem der König verspricht, dass er „von niemandem etwas beschaffen wird". , direkt oder indirekt, wodurch ein Teil dieser Zugeständnisse und Freiheiten widerrufen oder eingeschränkt werden könnte; und wenn etwas Ähnliches beschafft wurde, soll es nichtig und nichtig sein. Es ist sicher, dass im 13. und 14. Jahrhundert in England allgemein die Theorie vorherrschte, dass die Zugeständnisse und Freiheiten der Großen Charta für immer gewährt worden seien und vom König oder sogar vom Parlament unveränderlich seien. So beschließt das Parlament im Jahr 1369 mit der Zustimmung von Eduard III., dass die Große Charta der Freiheiten „in allen Punkten eingehalten und eingehalten werden sollte, und wenn ein gegenteiliges Gesetz erlassen wird, soll dieses nicht gelten." "

Einer der wissenschaftlichen Kritiker der Magna Carta weist darauf hin, dass dieser Erlass von 1369 eine ziemlich „unlogische Theorie" seitens des Parlaments war, denn, um seine Sprache zu zitieren: „Wenn das Parlament die Macht hatte, die heiligen Bestimmungen der Magna Carta zu ändern, dann hatte es diese." die Macht, das weniger heilige Gesetz von 1369 zu ändern, das es für unabänderlich erklärte." [3] Die schlüssige Antwort auf diese Art von Argumentation, zumindest wie sie Staatsmännern und Juristen erscheinen muss, ist, dass die Magna Carta damals als etwas angesehen wurde, das sich von jedem gewöhnlichen Gesetz sehr unterschied und viel höher war als dieses. Wenn die Logik des Parlaments damals von den Gelehrten in Frage gestellt worden wäre, hätten die Menschen damals protestiert, dass die Magna Carta eine dauerhafte Charta der Freiheiten sei und als solche nicht durch bloßes Gesetz geändert oder aufgehoben werden könne. Aber logisch oder unlogisch wie die Tat von 42 Edward III. Dies mag damals der Fall gewesen sein oder den Logikern des 20. Jahrhunderts so erscheinen, aber es zeigt, dass das englische Volk im 14. Jahrhundert verstanden und beabsichtigt hatte, dass die Freiheiten garantiert waren, und dass der König und das Parlament dies ausdrücklich vereinbart und zugestanden hatten durch die Große Charta, die damals immer wieder bestätigt wurde, unveränderlich waren und dass jede gegenteilige Bestimmung „für nichts gelten" sollte.

Der Geist dieser Erklärung lebt noch immer in jeder amerikanischen Verfassung. Wir haben hier sicherlich den Vorläufer des großen Kontrollprinzips, das der gesamten Struktur des amerikanischen Verfassungsrechts zugrunde liegt, dass jedes Gesetz, das im Widerspruch zu den Grundgesetzen steht, soweit wir es für angemessen halten, sie in Verfassungsbestimmungen aufrechtzuerhalten, nichtig und nichtig sein soll die Sprache der Großen Charta, oder für nichts gehalten, in der Sprache der Zeit von Edward III. Oberster Richter Marshall im großen Fall Marbury *vs.* Im Jahr 1803 befolgte Madison gerade diese alten Erklärungen, als er für den Obersten Gerichtshof der Vereinigten Staaten sprach und – wir hoffen für alle Zeiten – die wohltätige und unverzichtbare Doktrin festlegte, dass ein Gesetz, das im Widerspruch zu einer amerikanischen Verfassung steht, vom Obersten Gerichtshof der Vereinigten Staaten behandelt werden muss Gerichte als nichtig und nichtig gelten und für nichts gehalten werden.

Ich übersehe nicht die Tatsache, dass diese Idee der durch Gesetz unveränderlichen Grundgesetze in England lange schlummerte und dass das Gegenteil – die rechtliche Vorherrschaft des Parlaments – später etabliert wurde. Bei der Untersuchung dieses Aspekts der Großen Charta müssen wir uns daran erinnern, dass die Lebensbedingungen in England im 13. und 14. Jahrhundert sehr viel einfacher waren als die späteren und dass dies damals nicht oder höchstens vage und undeutlich erkannt wurde. dass die gesetzgebende Gewalt die Gesetze ändern könnte, die die Rechte und Pflichten des Einzelnen untereinander oder in seinem Verhältnis zur Regierung regeln. Die moderne Gewohnheit, sich vorzustellen, dass in der Gesetzgebung das Allheilmittel für alle Übel zu finden sei, und die Effizienz einer Regierung an der Zahl der von ihr erlassenen Gesetze zu messen, war undenkbar. Wahrscheinlich war die einzige gesetzgebende Funktion in den Köpfen der Engländer im 13. und 14. Jahrhundert die Besteuerung, und die Menschen erkannten bisher kaum die Notwendigkeit umfassenderer Regulierungs- oder Gesetzgebungsbefugnisse.

Dennoch herrschte in England noch lange nach dem 14. Jahrhundert die Doktrin vor, dass die durch die Magna Carta garantierten dauerhaften Grundprinzipien des Landesrechts unantastbar seien, und wurde tatsächlich erst im 17. Jahrhundert von den englischen Gerichten erklärt. Bonhams Fall ist das bekannteste Beispiel für die Anerkennung dieser Doktrin. Die Ansichten englischer Anwälte, Richter und Staatsmänner haben sich in dieser Hinsicht geändert, und es ist nun klar, dass das Parlament oberste Priorität hat und dass es die Magna Carta in jeder Hinsicht ändern oder aufheben kann, die es für richtig hält. Die geänderte Sichtweise stieß zweifellos auf bereitwillige Zustimmung, teils wegen der Notwendigkeit von Gesetzesänderungen, um den veränderten Bedingungen gerecht zu werden, teils wegen der mangelnden Bereitschaft des englischen Volkes, Fragen der verfassungsmäßigen Macht angesichts der ... den Gerichten zu überlassen Abhängigkeit der Richter von der Krone, sondern hauptsächlich aufgrund der festen Überzeugung, dass das Parlament in erster Linie dazu da war, die dem Volk durch die Große Charta der Freiheiten zugesicherten Rechte und Freiheiten aufrechtzuerhalten und zu schützen, und dass das Volk sich auf das Parlament verlassen konnte niemals einer Verletzung dieser Rechte und Freiheiten zuzustimmen.

Seit dem 17. Jahrhundert bis heute wurden in Großbritannien und Irland immer wieder Gesetze mit der Begründung kritisiert, sie stünden im Widerspruch zur Magna Carta die Große Charta der Freiheiten. In den letzten dreißig Jahren haben aufmerksame Beobachter der englischen Politik festgestellt, dass Privateigentum in England heutzutage insgesamt weniger sicher vor Angriffen seitens der Regierung ist als zur Zeit der Stuarts. Wann immer die Zunahme der Klassengesetzgebung und Angriffe auf das Privateigentum die Engländer dazu veranlassen werden, die Macht vorübergehender Mehrheiten zu kontrollieren und einzuschränken, um persönliche Rechte und Eigentumsrechte wirksamer zu schützen – ein Ereignis, das meiner Meinung nach zwangsläufig früher eintreten muss oder später – dann wird der mitreißende Schlachtruf wieder Magna Carta lauten, und das Ergebnis könnte eine Rückkehr zum Geist der Erklärungen der Magna Carta und des Statuts von Edward III. sein, dass jedes Gesetz im

Widerspruch zum Gesetz des Landes steht Die Gewährleistung der Grundrechte und Freiheiten des Einzelnen ist nichtig und nichtig und gilt für nichts. Und um diesen alten, gesunden und ehrlichen Grundsatz wirklich zu einem wirksamen Schutz für den Einzelnen und für Minderheiten zu machen, könnten die Gerichte Englands endlich ermächtigt werden, wie sie es bei uns tun, die Erteilung von Kraft und Wirkung zu verweigern und durchzuhalten kein Gesetz, das im Widerspruch zum Grundrecht des Landes steht.

Nicht weniger wichtig als die Idee eines dauerhaften Gesetzes des Landes, das die Grundrechte und Freiheiten des Einzelnen schützt, war die ausdrückliche Erklärung im ersten Kapitel der Magna Carta, dass die englische Kirche, Anglicana ecclesia, frei von Einmischung *sein* sollte seitens der Krone und dass ihre Rechte uneingeschränkt und ihre Freiheiten unantastbar sein sollten. In dieser Bestimmung haben wir den Keim einer unabhängigen Kirche und die Idee der Trennung von Kirche und Staat.

Es ist vernünftig anzunehmen, und angesichts der Umstände und der damals verwendeten Sprache ist es sehr wahrscheinlich, dass unter der Führung von Langton, der als Sohn englischer Eltern geboren und äußerst patriotisch war und wahrscheinlich selbst der Autor der Klausel war, der Die damaligen Kirchenmänner waren davon überzeugt, dass die Religion des englischen Volkes frei von staatlicher Kontrolle sein sollte und dass die englische Kirche Interessen und Privilegien unabhängig von der Krone und ebenso unabhängig von den Interessen und der Politik Roms hatte. Zu dieser Zeit handelten die englischen Kirchenmänner gegen den Willen Roms, als sie mit den Baronen und dem englischen Volk zusammenarbeiteten, um die Magna Carta zu sichern. Tatsächlich verurteilte der Papst, wie wir wissen, die Große Charta und den Patriotenprimat umgehend, weil der Papst der Ansicht war, dass die Große Charta die Würde von König Johannes als Vasall des Heiligen Stuhls beeinträchtigte. In dieser Bestimmung der Magna Carta, die sich auf die englische Kirche bezieht, erkennen wir, obwohl sie jahrhundertelang missachtet wurde, die Idee der Religionsfreiheit und das amerikanische politische Prinzip der Trennung von Kirche und Staat sowie, wenn auch vage, das zugrunde liegende große Prinzip die edle Erklärung in unserer eigenen Landesverfassung, dass „die freie Ausübung und Freude des religiösen Bekenntnisses und Gottesdienstes, ohne Diskriminierung oder Bevorzugung, in diesem Staat für immer der gesamten Menschheit gestattet sein soll."

Die Bestimmungen der Großen Charta in Bezug auf die Rechtspflege waren zweifellos diejenigen, die für das gesamte Volk von größter Bedeutung waren, da sie, wenn sie beachtet wurden, mit Sicherheit diejenigen waren, die für die Sicherheit ihrer Freiheiten am wichtigsten waren. Die Verfasser wussten, dass der König von England seine Versprechen, wenn überhaupt, vor den Gerichten einhalten würde und dass die Regierung des Königs nur so gut sein würde, wie seine Richter gebildet, unabhängig und unparteiisch waren. In diesen Bestimmungen der Magna Carta finden wir den Grundsatz der Trennung und Unabhängigkeit der richterlichen Gewalt und die fundiertesten und höchsten Vorstellungen von der Rechtspflege, Vorstellungen, die denen weit voraus sind, die in jedem anderen Dokument oder Erlass dieser Zeit zu finden sind.

Die Verfasser hatten die große Wahrheit begriffen, dass die Rechtswissenschaft eine Wissenschaft ist, dass das Gesetz von Männern verwaltet werden muss, die in dieser Wissenschaft ausgebildet und verpflichtet sind, ihre Regeln zu befolgen und ihren Präzedenzfällen zu folgen, dass Einheitlichkeit und Gewissheit für die Rechtspflege von wesentlicher Bedeutung sind, und das Die höchste politische Freiheit ist das Recht auf Gerechtigkeit nach dem Gesetz und nicht nach dem Willen des Richters oder seines Richtervorstehers oder nach dem individuellen Ermessen des Richters oder seinen Vorstellungen von richtig und falsch. Sie waren auch zu dem Schluss gekommen, dass jeder Engländer von absolutem Recht Anspruch auf einen Tag vor einem Gericht hat, das den Verurteilten anhört, das auf Benachrichtigung und Untersuchung weitergeht und das Urteil erst nach einem fairen Verfahren fällt. Die einfache Bevölkerung Englands wusste genau, dass der Kampf um ihre alten Gesetze – die Gesetze ihres Landes, fromme, gute, feste und dauerhafte Gesetze, wie sie sie inbrünstig glaubten – erfolglos sein würde, wenn sie nicht dauerhafte Gerichte sicherten und lernten, unabhängige und unparteiische Richter; und sie spürten instinktiv, wenn sie es nicht klar erkannten, dass das Gesetz unendlich weiser ist als diejenigen, die berufen werden könnten, es zu verwalten, und dass sie, wie Aristoteles vor fünfzehnhundert Jahren erklärt hatte, „versuchen, klüger zu sein als die Gesetze". ist genau das, was nach guten Gesetzen verboten ist."

Es war die Magna Carta, die in England die Doktrin der Rechtsstaatlichkeit begründete, die in festen Gerichtshöfen von gelehrten und unabhängigen Richtern verwaltet wird, die dem Gesetz verpflichtet sind; und es war die Magna Carta, die die größte aller englischen Verfassungslehren begründete, die von der Vorherrschaft des Gesetzes über jeden Beamten, wie hoch er auch sein mag. Als die Große Charta in den Kathedralen, Kirchen und Klöstern Englands übersetzt und erklärt wurde, war sich das Volk der enormen Bedeutung und des Wertes dieser Charta voll und ganz bewusst, da es entschlossen war, eine Rechtsstaatlichkeit zu etablieren und willkürlichen Verordnungen ein Ende zu setzen die berühmte Vereinbarung in Kapitel 45, dass der König „nur solche zu Richtern, Polizisten, Sheriffs oder

Gerichtsvollziehern ernennen würde, die das Gesetz des Reiches kennen und es gut befolgen wollen", und die Vereinbarungen in Kapitel siebzehn, dass die „ Gemeinsame Klagegründe sollen nicht unserem Gericht folgen, sondern an einem bestimmten Ort verhandelt werden" – in Kapitel achtzehn heißt es, dass die kleinen Assisen im Bezirksgericht abgehalten werden sollten – in Kapitel sechsunddreißig soll der Inquisitionsbescheid frei „erteilt" werden, und nie geleugnet" – in Kapitel vierzig heißt es: „Niemand werden wir verkaufen, niemandem werden wir Recht oder Gerechtigkeit verweigern oder aufschieben", was mit der Zeit als universelle Garantie freier und unparteiischer Gerechtigkeit für alle hohen Klassen interpretiert wurde und tief.

Viele Generationen lang glaubte man in England und Amerika, dass die Habeas-Corpus-Verfügung, die zu Recht als großes Bollwerk der persönlichen Freiheit angesehen wird, ihre direkte Garantie oder zumindest ihren Vorläufer in der Magna Carta hatte. Dies war die Behauptung des Anwalts im Fall Five Knights von 1627 und die Erklärung der Petition of Right von 1628. Diese Ansicht wird nun mit der Begründung angefochten, dass das genaue Verfahren, das später entwickelt wurde, in der Magna Carta nicht vorgesehen war war nicht in den Köpfen seiner Autoren. Selbst wenn dies der Fall wäre, führten das Grundprinzip von Kapitel 36 und sein Versprechen, dass der Inquisitionsbeschluss frei „erteilt und niemals verweigert" werden sollte, mit der Zeit, nach der bestandenen Gerichtsverhandlung im Kampf, natürlich zum Recht der Schnelligkeit Inquisition durch eine Grand Jury und Prozess durch eine Petit Jury. Jedenfalls ging man jahrhundertelang davon aus, dass das Prinzip des Habeas Corpus in der Magna Carta verankert sei.

Professor Dicey, der in Oxford eine Vorlesung über „Das Gesetz der Verfassung" hielt, hat treffend darauf hingewiesen, dass die englischen Habeas-Corpus-Gesetze zwar keinen Grundsatz verkünden und keine Rechte definieren, dass sie aber in der Praxis mehr wert sind als hundert Verfassungsartikel, die die Freiheit des Einzelnen garantieren. Wie in England, so auch bei uns. Ohne die Habeas Corpus-Verfügung gäbe es keine Freiheit, die diesen Namen verdient, und keine Rechte auf persönliche Freiheit von praktischem Wert. Wir müssen nur die entscheidenden Fälle vor unseren Gerichten lesen, um zu erkennen, welch große Rolle das Urteil bei der Sicherung und Umsetzung der Grundprinzipien der amerikanischen Freiheit gespielt hat und immer noch spielt.

Die Kapitel zwölf und vierzehn der Magna Carta befassten sich mit dem Thema Steuern und legten den Grundstein für unser repräsentatives System und die Trennung der Legislative von der Exekutive. Wie bereits angedeutet wurde, war die einzige gesetzgeberische Funktion, die das englische Volk im 13. Jahrhundert als eng belastend oder als geeignet erachtete, dringende

Beschwerden hervorzurufen, die der Besteuerung. Daher war in der Großen Charta ausdrücklich vorgesehen, dass abgesehen von den drei bestehenden, mehr oder weniger festgelegten feudalen Beihilfen die Befugnis zur Erhebung von Steuern nicht ohne Zustimmung des Commune Consilium ausgeübt *werden sollte*. Dieser Gemeinderat ist das Gremium, das sich fünfzig Jahre später zum berühmten Parlament von Simon de Montfort von 1265 entwickelte.

In den darauf folgenden Kontroversen über die Besteuerung, sei es im Parlament, vor Gericht oder im Forum der öffentlichen Meinung, wurde immer darauf bestanden, dass die Magna Carta eine Besteuerung ohne Zustimmung des Parlaments verhinderte, so wie es unsere Vorfahren im 18. Jahrhundert behaupteten dass die Magna Carta eine Besteuerung ohne Vertretung verhinderte, das heißt, die Erhebung von Steuern außer durch eine gesetzgebende Körperschaft, in der die Steuerzahler vertreten waren, verhinderte. Wir müssen uns nur auf die Argumente in den großen Verfassungsfällen vor den Gerichten Englands im 17. Jahrhundert beziehen, wie zum Beispiel auf den berühmten Fall der Impositionen in der Regierungszeit von James I. und den noch berühmteren Fall des Schiffsgeldes in der Regierungszeit von Karl I., um zu erkennen, wie sehr sich das Volk auf die Magna Carta verließ, um die Doktrin zu etablieren, dass nur das Parlament Steuern erheben könne.

Die Anwälte von Bate im ersten Fall und von Hampden im zweiten Fall haben möglicherweise die von Montesquieu im nächsten Jahrhundert entwickelte philosophische Theorie der Gewaltenteilung der Regierung nicht verstanden, und sie haben möglicherweise nicht behauptet, dass die Besteuerung im Wesentlichen eine gesetzgeberische Funktion sei , konnte daher vom König nicht ausgeübt werden; Letztendlich bestätigten sie diese Grundsätze jedoch, als sie behaupteten, dass nur das Parlament Steuern erheben könne. Das Urteil einer Mehrheit des Gerichts im Fall „Schiffsgeld" fiel, wie bereits im Fall „Impositions", zugunsten der Krone aus, aber die Berufung an das Land kostete Karl I. den Kopf und führte letztendlich zu einer Freizügigkeit im Parlament die ausschließliche Gesetzgebungs- und damit Steuerbefugnis. Wenn England damals über eine unabhängige Justiz verfügt hätte, die mit der Durchsetzung des Grundrechts des Landes betraut wäre, wäre die Erhebung der Steuern in beiden Fällen als gegen den Buchstaben und den Geist von England verstoßend angesehen worden Magna Carta.

Es ist keine Antwort, wenn man sagt, dass das Parlament von heute seinen Prototyp nicht im alten Gemeinderat findet, von dem in der Magna Carta die Rede ist, sondern im Parlament von 1265, und es ist auch keine Antwort, wenn man sagt, dass die Idee der Besteuerung in ihrer abstrakten Form vorliegt Die Form ist im Wesentlichen modern und im Jahr 1215 völlig unbekannt. Ich behaupte nicht, dass das englische Volk im Jahr 1215 oder sogar im Jahr 1265 die Vorzüge des repräsentativen Systems oder die Grundsätze der Besteuerung oder der Gewaltenteilung verstanden hat. Der Punkt ist, dass die direkte Folge der Bestimmungen der Magna Carta ein Parlament war, das zumindest theoretisch auf der repräsentativen Idee sowie auf dem Grundsatz beruhte, dass es ohne Zustimmung des Parlaments keine Gesetzgebung geben könne.

Das berühmteste aller Kapitel der Magna Carta und aus juristischer Sicht das wichtigste und weitreichendste ist zweifellos das neununddreißigste, in dem es heißt: „Kein freier Mann darf gefangen genommen, eingesperrt, enteignet, verbannt oder auf irgendeine andere Weise verbannt werden . " vernichtet, und wir werden nicht gegen ihn vorgehen oder ihn auf ihn schicken, es sei denn durch das rechtmäßige Urteil seiner Standesgenossen oder durch das Gesetz des Landes."

Der Inhalt dieser Bestimmung in Bezug auf „das Recht des Landes" oder das entsprechende „ordnungsgemäße Verfahren" ist in den gesamten Vereinigten Staaten als verfassungsmäßige Einschränkung der Regierungsbefugnisse von allgemeiner Geltung, und es ist nicht zu finden nur in der Verfassung der Vereinigten Staaten, sondern in der Verfassung jedes Staates der Union. Mittlerweile ist es im amerikanischen und englischen Verfassungsrecht fest verankert, und es ist allgemein bekannt, dass die Begriffe „Landesrecht" und „ordnungsgemäßes Rechtsverfahren" in ihrer Bedeutung sowie in ihrer Rechtskraft und -wirkung genau gleichwertig sind. Die früheste Verwendung des Begriffs „ordnungsgemäßes Rechtsverfahren" in amerikanischen Verfassungen scheint im fünften Zusatz zur Verfassung der Vereinigten Staaten zu erfolgen, der 1791 ratifiziert wurde. Keine der damals existierenden Staatsverfassungen enthielt diesen Begriff, aber fast alle von ihnen verwendeten den Ausdruck „das Gesetz des Landes". Der Ausdruck „due procedure of law" findet sich in der New Yorker Bill of Rights von 1787.

Bis vor wenigen Jahren wurde angenommen, dass der Begriff „das rechtmäßige Urteil seiner Standesgenossen" in der Magna Carta nach dem modernen Verständnis dieses Begriffs ein Schwurgerichtsverfahren bedeute und dass der Begriff „das Gesetz des Landes" Gesetze bedeute, die diesen entsprechen jene Grundprinzipien der Gerechtigkeit, die jeden Einzelnen bei der vollen Freude an Leben, Freiheit und Eigentum schützen und ihn vor der willkürlichen Ausübung staatlicher Befugnisse schützen. Das ist immer noch die technische rechtliche Bedeutung dieser beiden Begriffe sowohl in England als auch in Amerika, obwohl ihre praktische Wirkung und Funktionsweise bei uns aufgrund unseres Systems schriftlicher Verfassungen, die die Legislative nicht missachten oder verletzen darf, unterschiedlich sind. Einige Kritiker bestreiten nun jedoch, dass beide

Bedeutungen weder in den Bestimmungen noch in der Geschichte der Großen Charta begründet sind.

Einige Historiker behaupten, dass die bekannte Bestimmung der Magna Carta nicht ein Verfahren vor einer zwölfköpfigen Jury und ein einstimmiges Urteil hätte bedeuten können, da eine solche Jury nach unserem derzeitigen Kenntnisstand erst in der zweiten Hälfte des 14. Jahrhunderts existierte . Aber es ist völlig unerheblich, ob die genaue Form unseres Geschworenenprozesses im Jahr 1215 in England existierte oder wann die Große Charta später neu herausgegeben oder bestätigt wurde, vorausgesetzt, dass die Grundlagen des Systems damals gelegt worden waren. Für uns reicht es aus, dass die Vorläufer des modernen Geschworenensystems in all seinen drei Formen der Grand Jury, der Strafjury und der Ziviljury zur Zeit der Magna Carta existierten und durch diese bewahrt wurden. Mit der Weiterentwicklung des Geschworenensystems und den Veränderungen, die unweigerlich mit all diesen Institutionen des Rechtsverfahrens und der Rechtsmaschinerie einhergingen, wurde die Form vorerst, unabhängig von ihrer genauen Natur, „das rechtmäßige Urteil seiner Kollegen" im Sinne der Absicht und Bedeutung der Großen Charta . Auf jeden Fall erfolgten die jüngsten Bestätigungen dieses Instruments zu einer Zeit, als das derzeit geltende Geschworenensystem fest etabliert wurde. Es ist daher leicht zu verstehen, wie die Bestimmung „das rechtmäßige Urteil seiner Kollegen" im Laufe der Zeit als dazu gedacht angesehen wurde, der zwölfköpfigen Jury des Common Law ein einstimmiges Urteil zu garantieren.

Somit gelten viele, wenn nicht die meisten unserer Verfassungsbestimmungen jetzt für Bedingungen, die von ihren Verfassern überhaupt nicht in Betracht gezogen wurden, obwohl sie eindeutig im Rahmen des formulierten Grundsatzes und des Geistes der verwendeten Sprache liegen. Ein Großteil der Wirksamkeit unserer Bundes- und Landesrechtsgesetze oder ähnlicher Bestimmungen, die diese Konvention in der neuen Verfassung verkörpern könnte, würde praktisch zunichte gemacht, wenn die verwendete Sprache so interpretiert würde, dass sie auf die besonderen Bedingungen beschränkt wäre, die zum Zeitpunkt der Verabschiedung bestanden wurden übernommen. Es sind der Geist und die erweiterten Grundsätze der Verfassungsbestimmungen, die immer bestimmend sein sollten. Der Brief tötet .

Eine Charta der Freiheiten, eine Bill of Rights oder eine Verfassung ist kein kurzlebiger Erlass, der nur die zum Zeitpunkt seiner Annahme bestehenden Bedingungen erfüllen soll. Es verkörpert und verewigt dauerhafte Prinzipien. Es ist darauf ausgelegt, „für immer" zu bestehen, wie es in der Magna Carta heißt, und „der Unsterblichkeit so nahe zu kommen, wie es menschliche Institutionen können", wie es Marshall, der große Oberste Richter der

Vereinigten Staaten, ausdrückte. Bei jeder anderen Auslegungsregel wäre die Magna Carta lange vor der Entdeckung Amerikas veraltet gewesen.

Durch den Ausdruck „das Gesetz des Landes" in Kapitel 39 wurden die Grundprinzipien und Axiome des bestehenden Gesetzes verewigt. Was genau diese Grundprinzipien und Axiome damals waren, lässt sich heute nicht mehr genau darlegen. Die damaligen Richter und Menschen hatten sicherlich bestimmte Vorstellungen von einigermaßen gerechten und festen Verhaltensregeln, die zur Lösung der einfachen Fragen geeignet waren, die sich in den damals zur Entscheidung vorgelegten Kontroversen stellten. Wären die Richter auf eine umfassende oder philosophische Definition des „Gesetzes des Landes" gedrängt worden, hätten sie vielleicht gesagt, dass sie nicht versuchen würden, den Begriff zu definieren, ebenso wenig wie sie versuchen würden, Gerechtigkeit selbst zu definieren, und zwar als das Höchste Das Gericht der Vereinigten Staaten hat erst vor wenigen Jahren erklärt, dass es besser ist, die Absicht eines so wichtigen Satzes in einem großen Verfassungsdokument durch den schrittweisen Prozess der Einbeziehung und Ausgrenzung der Justiz festzustellen, je nachdem, wie es die praktische Erfahrung erfordert und wie die Fälle zur Entscheidung vorgelegt werden kann erfordern; mit anderen Worten, dass ihre Entscheidungen mit der Zeit die Grundsätze des Gesetzes von ausreichend darlegen und aufrechterhalten würden

„Ein Land mit fester Regierung,
ein Land von gerechtem und altem Ruf, in dem sich die Freiheit langsam ausdehnt, von Präzedenzfall zu Präzedenzfall."

Der Ausdruck „das Gesetz des Landes", wie er in der Magna Carta verwendet wurde, musste damals sowohl das Verfahrensrecht als auch das materielle Recht umfassen, aber der Begriff „ordnungsgemäßes Rechtsverfahren", heute sein heutiges Äquivalent, war ursprünglich nur verwandt zum Verfahren. Eine sehr frühe, wenn nicht die früheste Verwendung des Begriffs „ordnungsgemäßes Gerichtsverfahren" findet sich in einem Gesetz von Edward III. aus dem Jahr 1354, 28, in dem festgelegt wurde, dass niemand verurteilt werden sollte, ohne vorher vorgeführt zu werden durch ein ordnungsgemäßes Gerichtsverfahren zu beantworten, wobei der genaue Wortlaut im damaligen normannischen Französisch „ *saunz* " *lautete estre mesne en respons par due proces de lei* ." Da gleichzeitig die Große Charta ausdrücklich bestätigt wurde, „in allen Punkten einzuhalten und aufrechtzuerhalten", war die Bestimmung in Bezug auf *due proces de lei* im Gesetz von 1354 zweifellos beabsichtigt Es ist eine Ergänzung zu den Bestimmungen der Großen Charta und gilt nur für Personen, die vor einem Gericht angeklagt werden. Es stimmt, dass Lord Coke im 17. Jahrhundert den Ausdruck „ordnungsgemäßes Gerichtsverfahren" als Äquivalent zu „dem Gesetz" verwendete des Landes", aber in der gleichzeitigen Petition of

Right von 1628 wird ausdrücklich auf die „Große Charta der Freiheiten Englands" und ihre Bestimmung zum „Recht des Landes" hingewiesen, und es wird gesondert auf das Gesetz verwiesen von 28 Edward III. und seiner Bestimmung, dass niemand strafrechtlich verfolgt werden sollte, „ohne durch ein ordnungsgemäßes Gerichtsverfahren zur Verantwortung gezogen zu werden ".

Die gleiche Unterscheidung in der Verwendung dieser Begriffe findet sich in der Geschichte der Plymouth-Kolonie bereits im Jahr 1636 und auch in der frühen Geschichte des Staates New York. In der New Yorker Charta der Freiheiten und Privilegien von 1683 ist davon die Rede, „ durch den ordnungsgemäßen Rechtsweg zur Rechenschaft gezogen zu werden ", wobei die Worte offensichtlich entweder dem Akt von Edward III. entnommen sind. von 1354 oder aus der Petition of Right von 1628. In der New Yorker Verfassung von 1777 wurde der Begriff „das Gesetz des Landes" verwendet, nicht jedoch der Begriff „ordnungsgemäßes Rechtsverfahren". In der New Yorker Bill of Rights von 1787 finden wir die Ausdrücke „das Gesetz des Landes", „ordnungsgemäßer Rechtsgang" und „ordnungsgemäßer Rechtsgang" und in einem Abschnitt den Ausdruck „ordnungsgemäßer Rechtsweg gemäß dem Gesetz des Landes". Gesetz des Landes." Beide Begriffe, „das Gesetz des Landes" und „ordnungsgemäßes Gerichtsverfahren", werden in der gegenwärtigen Verfassung des Staates New York offensichtlich mit derselben Bedeutung verwendet, d. h. es wird „das Gesetz des Landes" verwendet in Abschnitt I von Artikel I. und „ordnungsgemäßes Gerichtsverfahren" in Abschnitt 6. Die unterschiedliche Geschichte jedes Abschnitts, wobei ersterer erstmals in der Verfassung von 1777 und letzterer in der Verfassung von 1821 auftaucht, erklärt den Unterschied in der Terminologie .

Es wäre interessant, die unterschiedliche Verwendung dieser Begriffe in unseren achtundvierzig Staatsverfassungen nachzuzeichnen, aber das muss einer anderen Gelegenheit überlassen werden. Die meisten Landesverfassungen, darunter auch die meisten neueren Verfassungen, enthalten mittlerweile den Begriff „ordnungsgemäßes Gerichtsverfahren". Da es sich bei diesem Begriff um den im vierzehnten Verfassungszusatz verwendeten Begriff handelt, der für alle Staaten gilt, könnte es aus Gründen der Einheitlichkeit und Sicherheit vorzuziehen sein, diese Form zu übernehmen, da sie weniger verwirrend ist. Darüber hinaus lässt sich der Ausdruck „ordnungsgemäßes Verfahren" leicht einer umfassenderen und umfassenderen Definition zuordnen, wenn wir das Wort „fällig" so definieren, dass es *gerecht und angemessen bedeutet* , und das Wort „Verfahren" so, dass es sowohl *eine materielle Bestimmung* als auch ein Verfahren bedeutet.

Schließlich könnte es von Interesse sein, die Sanktionen und Sicherheiten zu beachten, die für die Durchsetzung der Vereinbarungen der Magna Carta vorgesehen sind. Durch Kapitel 61 wurde eine Körperschaft oder ein Tribunal aus 25 Baronen, sogenannten Testamentsvollstreckern, geschaffen, die „mit aller Kraft dazu verpflichtet sein sollten, den Frieden und die Freiheiten, die wir gewährt haben, zu beobachten und zu wahren und zu veranlassen, dass sie eingehalten werden." und ihnen bestätigt" und die die Macht haben sollten, den König selbst, sogar mit Gewalt, zu zwingen, die von ihm gemachten Versprechen zu halten. Die Klausel, die diese Sicherheit oder rechtliche Sanktion vorsah, war grob, aber es handelte sich nicht unbedingt um eine undurchführbare Neuerung. Obwohl der Plan völlig scheiterte, blieb er im Prinzip von immensem Wert. Dieses Prinzip begründete das Recht der Untertanen, den König von England dazu zu zwingen, einer Reihe fester Gesetze zu gehorchen, die außerhalb seines Willens liegen; Es rechtfertigte die Revolution aus einem gerechten Grund und inspirierte unsere Vorfahren in ihrem Kampf gegen Georg III. Der Einfluss dieser Idee auf die öffentliche Meinung als Rechtfertigung der Revolution, insbesondere im 17. und 18. Jahrhundert, kann nicht hoch genug eingeschätzt werden. Die Unwirksamkeit dieser Bestimmung der Magna Carta diente auch dazu, die Sinnlosigkeit eines solchen Tribunals und einer solchen Sicherheit zu demonstrieren und das englische Volk dazu zu bringen, sich für den Schutz seiner Rechte und Freiheiten ausschließlich an die Gerichte und das Parlament zu wenden. Die Gründer unserer eigenen republikanischen Regierungen wurden durch das Scheitern dieser Sanktion möglicherweise gewarnt, dass es unklug wäre, ein politisches Gremium mit der Macht zur Durchsetzung verfassungsrechtlicher Bestimmungen zu schaffen, und aus diesem Grund haben sie möglicherweise die Durchsetzung verfassungsrechtlicher Beschränkungen aufgegeben und den Schutz des Einzelnen und der Minderheiten einem unabhängigen, unpolitischen Forum zu übertragen, das sich aus unparteiischen Richtern zusammensetzt, die sich mit dem Gesetz auskennen und es gemäß dem Geist der Magna Carta „gut befolgen" wollen.

Zum Abschluss seiner großartigen Kommentare zur Verfassung der Vereinigten Staaten ermahnte Herr Justice Story das amerikanische Volk, dass die gesamte Struktur unserer verfassungsmäßigen Freiheit, obwohl sie von Architekten mit höchstem Können und Treue errichtet wurde und deren Verteidigung von außen uneinnehmbar ist, dies doch tun könnte Dennoch geht es in einer Stunde durch die Torheit, Korruption oder Nachlässigkeit seiner einzigen Hüter, des Volkes, zugrunde. Es kann in der Tat nicht oft genug gesagt werden, dass eine verfassungsmäßige Regierung und die Grundrechte, wenn sie Bestand haben sollen, von kompetenten Führern und Vertretern des Volkes aufrechterhalten und bewahrt werden müssen, die ständig den Wert der Traditionen der Magna Carta und die Notwendigkeit ihrer Einhaltung lehren Beachtung der Verfassungsgrundsätze und der Einhaltung der verfassungsmäßigen Moral. Die Mitglieder dieses Konvents werden den lebendigen Geist der Großen Charta der englischen Freiheiten und ihren bleibenden Wert für die Amerikaner wahrscheinlich nicht außer Acht lassen. Es war Lincoln, der sagte: „Als Nation freier Menschen müssen wir alle Zeiten überleben oder durch Selbstmord sterben." Aber wir werden die freie Regierung und die bürgerliche Freiheit nur aufrechterhalten, wenn wir uns an zwei wesentliche Bedingungen halten: zum einen, dass unsere Grundrechte weiterhin vom Staat unantastbar bleiben, und zum anderen, dass sie gleich sind. „Wenn sie nicht unantastbar sind, sind sie keine Rechte, sondern nur erduldete Genüsse; wenn sie nicht gleich sind, sind sie nur die Privilegien einer Klasse, was auch immer diese Klasse sein mag." [4]

FUSSNOTEN:

[1] Ansprache vor dem Verfassungskonvent des Staates New York bei dessen Feier zum 700. Jahrestag der Magna Carta, Albany, 15. Juni 1915.

[2] Guesses at Truth, 1. Serie, 3. Auflage. (1847), S. 324–325.

[3] WS McKechnie, *Magna Carta*, 2. Aufl. (1914), S. 159.

[4] Edward J. Phelps, Orations and Essays (1901), p. 127.

DER MAYFLOWER COMPACT [5]

Wo AUCH IMMER sich Amerikaner im In- oder Ausland versammeln, sind diejenigen, die das stolze Erbe der Abstammung von den Pilgern auf der Mayflower für sich beanspruchen können, daran gewöhnt, jedes Jahr an der Danksagung für alles teilzunehmen, was sie ihren Vorfahren schulden. Der Geist, der diese Feiern auslöst, ist einzigartig heilsam und tatsächlich heilig. Zu den natürlichen Instinkten des Herzens, die allen Rassen gemeinsam sind, gehört die Sehnsucht nach Gemeinschaft mit der Vergangenheit, die sich in der Ahnenverehrung manifestiert. Dass dieser Geist der Ehrfurcht seit frühester Zeit eine äußerst mächtige religiöse und patriotische Kraft war, ist uns aus der Geschichte der Ägypter, Griechen und Römer bekannt. Wir erinnern uns gerne an die wunderschöne Zeremonie des heidnischen Roms am *Dies parentales* , als Veilchen und Rosen sowie Wein, Öl und Milch dargebracht und *Aves* für die Geister ihrer Toten gesungen wurden.

Ein eindrucksvolles Beispiel für das Überleben dieses Instinkts in der Neuzeit sind die Japaner, die täglich in unzähligen Hausschreinen und öffentlichen Tempeln, die dem Shintō errichtet wurden, ihre Vorfahren als Götter der Heimat und der Nation verehren . Als Japan vor zwanzig Jahren das Chinesische Reich mit der zehnfachen Bevölkerung Japans so leicht besiegte, trieben die Überraschung und das Staunen der Welt einen der brillantesten Schriftsteller unserer Generation dazu, nach der Quelle der Standhaftigkeit, dem unbezwingbaren Geist, zu suchen und die militärische Tapferkeit der Japaner. Er erwartete nicht, es in ihrer Regierungsform oder in ihren Gesetzen zu finden, denn er erkannte die große Wahrheit, dass bloße Regierungsformen und Gesetze keine magische oder übernatürliche Kraft besitzen und im Vergleich zum moralischen Charakter von Nationen von geringer Bedeutung sind ihre Führer und ihr Volk. Er entdeckte, wie er glaubte, dass das Geheimnis der zivilen und kriegerischen Macht der Japaner und die Quelle ihrer moralischen Energie und Tugend – ich verwende Tugend im lateinischen Sinn für Tapferkeit – in der lebendigen und alles durchdringenden Verehrung ihrer Japaner lag Vorfahren, basierend auf dem tief verwurzelten Glauben, dass alle Dinge von den Toten bestimmt werden. Er stellte fest, dass diese Hommage gleichzeitig die tiefste Emotion und die stärkste Inspiration der Rasse hervorrief, ihren nationalen Charakter prägte, ihr nationales Leben lenkte und sie Ehrfurcht, Gehorsam, Selbstbeherrschung, Mäßigung, Loyalität, Mut, Hingabe und Opferbereitschaft lehrte. und ihnen stets bewusst zu machen, welch ungeheure Schuld die Gegenwart gegenüber der Vergangenheit hat, und sich der Pflicht der Liebe und Dankbarkeit gegenüber den Verstorbenen für ihre Mühen und ihr Leid bewusst zu machen. „Sie", die Toten, schrieb er eloquent, „erschufen alles, was wir Zivilisation nennen, und vertrauten darauf, dass wir die Fehler korrigieren, die sie machen mussten. Die Summe ihrer Mühen ist unkalkulierbar, und alles, was sie uns gegeben haben, sollte es sicherlich auch sein." sehr heilig, sehr kostbar zu sein, allein schon wegen des unendlichen Schmerzes und der Gedanken, die es gekostet hat." Und dann fügte er hinzu: „Dennoch träumt das Abendland davon, täglich zu sagen, wie der Shintō- Gläubige: , *Ihr Vorväter der Generationen und unserer Familien und unserer Verwandten – euch, den Gründern unserer Häuser, äußern wir unsere Freude.' unseres Dankes '?"* [6]

In dem ehrfurchtsvollen Geist, der in diesem japanischen Gebet so wunderbar zum Ausdruck kommt, wage ich es, einen notwendigerweise kurzen und unvollkommenen Rückblick auf ein Thema von überragendem und dauerhaftem Interesse für die Amerikaner zu geben – die Schuld der amerikanischen verfassungsmäßigen Regierung, unter der wir die Segnungen der bürgerlichen und religiösen Freiheit genießen und von gerechten und gleichen Gesetzen, schuldet euren Vorfahren der Mayflower.

In diesen Tagen höchsten Komforts und Wohlstands ist es für uns, die wir in diesem palastartigen Saal versammelt sind, schwierig, besser zu feiern als die Cäsaren , die vor dreihundert Jahren gefeiert und serviert haben, wie nicht einmal Fürsten vor dreihundert Jahren bedient wurden – schwierig, wenn nicht unmöglich, ist es, unsere Erwartungen zu erfüllen Erinnerungen an diesen wunderschönen und fast bedrückenden Luxus durch die Jahrhunderte bis November 1620, bis zur Mayflower, die mit Schnee und Eis bedeckt und von heftigen Winterwinden vor der trostlosen und trostlosen Küste von Cape Cod gepeitscht wurde. Genauso schwierig ist es, sich vorzustellen und in der Vorstellung die Luft dieser ersten amerikanischen Verfassungskonvention einzuatmen, in der engen und kühlen Kabine der Mayflower, als die Pilgerväter, wie Bancroft sagt, „bei der Geburt der Volksverfassung" mithalfen „Freiheit" und diskutierten über die Bestimmungen der sogenannten ersten schriftlichen Verfassung, die jemals von einem Volk für seine eigene Regierung ausgearbeitet wurde, seit die Geschichte begann, menschliche Politik sowie menschliche Erfolge und Misserfolge aufzuzeichnen. Ich brauche nicht innezuhalten, um den Inhalt des fertigen Entwurfs dieser Verfassung zu lesen, der auf der damals vagen Eingebung hin entstand und der einhundertsechsundfünfzig Jahre später in unserer Unabhängigkeitserklärung als selbstverständliche Wahrheit verkündet werden sollte, das alles Regierungen müssen „ihre gerechten Befugnisse aus der Zustimmung der Regierten" ableiten. Ich werde auch nicht die Namen der einundvierzig Unsterblichen lesen, die diesen Vertrag unterzeichnet haben, um ihren Bund der ordnungsgemäßen Zustimmung und das Versprechen des Gehorsams gegenüber seinen Bestimmungen und seinem Geist zu beweisen. Wenn es ein Verfassungsdokument gibt, das allen Amerikanern und insbesondere den Nachkommen der Pilgervölker bekannt sein sollte, dann ist es sicherlich der Mayflower-Vertrag vom 21. November 1620. [7]

Viele von uns glauben, dass der auf diese Weise geschlossene Pakt der Prototyp der Verfassung der Vereinigten Staaten war, dass die durch ihn geschaffene Regierung der Beginn der republikanischen Regierungsform war, die jetzt sowohl der Nation als auch dem Staat garantiert ist, und dass der darin enthaltene Vertrag der Beginn der republikanischen Regierungsform war, die jetzt gleichermaßen für Nation und Staat garantiert ist gerechte und gleiche Gesetze waren der Keim, aus dem sich seitdem unser gesamtes System der Verfassungsrechtsprechung entwickelt hat. Dieser Bund lautet: „Wir ... gehen durch diese Gaben feierlich und gegenseitig in der Gegenwart Gottes und untereinander einen Bund ein und schließen uns zu einer bürgerlichen Körperschaft zusammen , um euch besser zu ordnen, zu bewahren und zu fördern." e endet oben; und zwar durch Tugend Hören Sie , solche gerechten und gleichberechtigten Maßnahmen zu erlassen , zu konstituieren und zu gestalten Gesetze , Verordnungen, Akte, Verfassungen und Ämter, von Zeit zu Zeit, wie es für euch am passendsten und passendsten erscheint Im Großen und Ganzen gut von dir Colonie , der wir alle gebührende Unterwerfung und Gehorsam versprechen." Sicherlich verkörpert diese einfache, umfassende und erhabene Sprache im Stil der den Pilgern offengelegten Bibel den wahren und belebenden Geist unseres verfassungsmäßigen Gemeinwesens, wie er heute blüht .

Um die politische Größe und die moralische Größe der Arbeit der Pilger zu würdigen, sollten wir uns daran erinnern, dass es zum Zeitpunkt der Ausarbeitung des Mayflower-Vertrags in keinem Teil der Welt eine Regierung mit gerechten und gleichen Gesetzen gab, und das in In keinem Land gab es echte Religionsfreiheit oder eine vollständige Trennung von Kirche und Staat.

Tatsächlich wurde das große und heute grundlegende Prinzip der Trennung von Kirche und Staat erstmals von den Pilgern in die Realität umgesetzt, obwohl es zumindest theoretisch schon vor der Reise der Mayflower stattfand. Es war die Essenz ihres heiligen Gemeindebundes, den sie vor Jahren geschlossen hatten. Und den Pilgern gebührt in erster Linie der Verdienst und die Ehre, dieses Prinzip in das angloamerikanische Staatswesen integriert zu haben. In dieser Hinsicht trennte eine große Kluft die Pilger von den Puritanern. Die Pilgrims, in England zunächst als Separatisten und Brownisten bekannt – von Puritanern und Cavaliers gleichermaßen gehasst – befürworteten Religionsfreiheit und die vollständige Trennung von Kirche und Staat. Als die Puritaner jedoch in England und später in Neuengland die Macht erlangten, waren sie religiös intolerant und lehnten sowohl die Religionsfreiheit als auch die Trennung von Kirche und Staat ab. Sie waren entschlossen, dass der Staat sowohl in religiösen als auch in zivilen Angelegenheiten dominieren und die Religion aller regeln sollte; in Wahrheit versuchten sie, eine ebenso umfassende Theokratie wie Heinrich VIII. durchzusetzen. und Elisabeth waren entschlossen, eine Staatskirche unter ihrer eigenen geistlichen Oberhoheit zu haben und alle „Meinungsverschiedenheiten" abzuschaffen, notfalls durch Folter, Feuer und das Schafott. Der Pilger, der ihn so verkörperte, wie Sie es lieben, im erhabenen und großzügigen Geist Robinsons in Leyden, glaubte an Religionsfreiheit oder, wie es anders ausgedrückt wird, an Gewissensfreiheit; Der Puritaner war entschlossen, dass alle durch Gesetze und das Schwert gezwungen werden sollten, sich seinen religiösen Ansichten als dem einzig wahren Glauben anzupassen. Obwohl die puritanische Theokratie in Massachusetts ihre umfassendste Entwicklung und Tyrannei erlebte, blieb die Kolonie Plymouth liberal und tolerant. Ungeachtet der schrecklichen Bilanz blutiger Verfolgungen unter anderen religiösen Konfessionen dieser Zeit ist kein Fall religiöser Verfolgung durch die Pilger oder in der Kolonie Plymouth bekannt. [8] Sie werden sich erinnern, dass der berühmte Pilgerkapitän Myles Standish nie der Kirche von Plymouth beigetreten ist, dass in Plymouth nie Hexen verbrannt wurden und dass eine böswillige Frau, als sie einen Nachbarn der Hexerei beschuldigte, sofort wegen Verleumdung verurteilt wurde und daraufhin verurteilt wurde mit einer Geldstrafe belegt und öffentlich ausgepeitscht. Die Auswüchse und die Wut der religiösen Verfolgung durch Protestanten und Katholiken waren das Ergebnis des wilden, intoleranten und blinden Geistes dieser Zeit. Wir sollten sie nicht nach den Maßstäben des 20. Jahrhunderts beurteilen, sondern nach denen des 16. und 17. Jahrhunderts und dürfen die Tatsache nicht übersehen, dass diese Verfolgungen in vielen Fällen sowohl politischer als auch religiöser Natur waren.

In der Geschichte Neuenglands wird der Pilger oft mit dem Puritaner verwechselt, zweifellos weil der Puritaner bald dominierte und den Pilger schließlich absorbierte. Dennoch waren die Differenzen zwischen ihnen in dieser Frage der religiösen Toleranz und der Trennung von Kirche und Staat unerbittlich, um die Worte eines großen amerikanischen Historikers zu übernehmen. Doch bei der Unterscheidung zwischen Pilgern und Puritanern und bei der Erinnerung an die Fakten über den Ursprung der Religionsfreiheit und die Trennung von Kirche und Staat genießen wir jetzt den größten aller Segnungen – den Pilgern den größten Ruhm zu schenken, ungeachtet der Ansprüche des katholischen Maryland – mir ist durchaus bewusst, dass der Pilger und der Puritaner in Religion und Politik viele gemeinsame Ansichten hatten, dass unsere Schuld gegenüber beiden untrennbar miteinander verbunden ist und dass unsere Dankbarkeit ihnen gegenüber ewig sein sollte.

Es ist sicherlich unmöglich, die Schuld, die wir dem puritanischen Geist schulden – wild, unbezwingbar und unerschrocken, wenn auch intolerant – zu überschätzen, denn es war dieser Geist, der die Grundlagen unserer Nation festigte. Es war der puritanische Geist, der England seine edelsten Figuren und seine inspirierendsten Schlachtfeldtraditionen verlieh. Über allen anderen Engländern thront die erhabene Gestalt des Puritaners Cromwell, und nach ihm stehen die Puritaner Hampden, Pym, Selden, Milton, Vane und Hale an zweiter Stelle. Hampden – der höchste Typus eines englischen Gentleman, mit einem edlen und furchtlosen Charakter, Selbstbeherrschung, gesundem Urteilsvermögen und vollkommener Rechtschaffenheit in der Absicht, zu dem, wie Macaulay erklärte, „die Geschichte der Revolutionen keine Parallele liefert oder eine Parallele liefert." Washington allein." Wenn England heute sein Reich bewahren will, von dem es sich rühmt, dass die Sonne nie untergeht, muss es sich auf die Energie, die Standhaftigkeit und den Mut der Puritaner berufen. Sie muss sich auf den Geist Oliver Cromwells berufen, dessen mächtiger Arm England seinen Feinden einen schrecklichen Ruf verschaffte und den Grundstein für sein Imperium legte, der das Land zur Eroberung führte, der nie eine Schlacht schlug, ohne sie zu gewinnen, und dessen Soldaten keinen Feind im Rücken hatten je gesehen hat, der Spanien auf dem Land und Holland auf dem Meer demütigte und der eine Tradition militärischer Tapferkeit hinterließ, die heute die Inspiration für den großartigen Mut, das Heldentum und die Opferbereitschaft der englischen Soldaten auf dem europäischen Kontinent ist.

Ein äußerst wichtiger Aspekt des Beitrags der Pilgerväter zu unseren politischen Institutionen ist die im Mayflower-Vertrag enthaltene Bestimmung für gerechte und gleiche Gesetze, denn wie ich bereits angedeutet habe, ist in dieser Bestimmung die Essenz unseres gesamten Verfassungssystems verkörpert. Es ist zu einer Binsenweisheit geworden, dass das charakteristische Merkmal des amerikanischen Systems der verfassungsmäßigen Regierung die Gleichheit vor dem Gesetz ist. Wir Amerikaner akzeptieren diese Doktrin als selbstverständlich. Wir sollten uns jedoch darüber im Klaren sein, dass bürgerliche Gleichheit oder Gleichheit vor dem Gesetz in Europa praktisch unbekannt war, als der Mayflower Compact verfasst wurde. In diesem Land entsprang seine Entwicklung größtenteils allmählich der von den Pilgern gesäten Saat. Weder der Ausdruck „Gleichheit vor dem Gesetz", der uns als Ausdruck einer grundlegenden und selbstverständlichen Wahrheit so vertraut ist, noch der Begriff „gleicher Schutz der Gesetze", der jetzt im vierzehnten Verfassungszusatz enthalten ist, sind im Englischen zu finden Gewohnheitsrecht. Zum Zeitpunkt der Verabschiedung der Verfassung der Vereinigten Staaten war weder einer der beiden Begriffe noch ein Äquivalent in Amerika rechtlich in Gebrauch. Tatsächlich soll der Ausdruck „Gleichheit vor dem Gesetz" eine moderne Übersetzung aus dem Französischen sein. Dennoch ist die Gleichheit in Pflicht, Recht, Last und Schutz der Gedanke, der sich von Anfang an durch alle unsere Verfassungsbestimmungen zieht.

Lange bevor es allgemein anerkannt wurde, erkannten die Pilgerväter, dass gleiche Gesetze möglicherweise weit hinter der politischen Gerechtigkeit und Freiheit zurückblieben, und sahen daher „gerechte und gleiche Gesetze" vor. Sie erkannten, vielleicht undeutlich, dass Gleichheit an sich ohne andere Elemente nicht ausreicht, um Gerechtigkeit zu garantieren, und dass unter einem Gesetz, das lediglich *gleich ist* , alle gleichermaßen unterdrückt, gleichermaßen erniedrigt und gleichermaßen versklavt werden können. Sie wussten genau, dass Gleichheit eines der durchdringenden Merkmale der meisten Despotismen ist und dass ein Gesetz gleich sein und dennoch äußerst willkürlich, tyrannisch und ungerecht sein kann. Offensichtlich wäre ein Gesetz, das sämtliches Eigentum einer bestimmten Art beschlagnahmt, gleichwertig, wenn es für alle gelten würde, die diese bestimmte Art von Eigentum besitzen. Die damals geltenden Gesetze Englands sahen eine Form des Gottesdienstes vor, „zur Abschaffung der Meinungsvielfalt", wie der Titel des Gesetzes von Heinrich VIII. im Jahr 31 lautete. rezitiert wurden oder alle dazu verpflichtet wurden, dieselbe Kirche zu besuchen und denselben Eid der religiösen Vorherrschaft und die Sakramente derselben religiösen Konfession zu leisten, waren alles gleiche Gesetze, weil sie für jeden galten , unabhängig davon, was sein Gewissen vorschrieb. In der Kabine der Mayflower hatten die Pilgerväter offenbar eine Vision, die ihnen die grundlegende und wesentliche politische Wahrheit offenbarte, dass Gleichheit nur ein Attribut der Freiheit ist, die sie damals unter Einsatz ihres Lebens und der Opferung ihres Vermögens suchten und dass wahre Freiheit ebenso *gleiche Gesetze erfordert* . Um es noch einmal zu sagen: Es waren die Pilger, die als erste in unserem Land den Samen gerechter und gleicher Gesetze gesät haben, und dieser Samen hat sich zur festen Regel des amerikanischen Verfassungssystems entwickelt, einer Regel, die sich auf alle unsere politischen und bürgerlichen Rechte und Pflichten ausgeweitet hat bis es den gesamten Staatskörper erreicht, durchdringt, vereint und belebt.

Die Geschichte der Kolonie Plymouth von 1620 bis zu ihrer Übernahme durch die Kolonie Massachusetts im Jahr 1691 lehrt uns viele Lektionen in politischer Philosophie. Zwei davon möchte ich Ihnen heute Abend in Erinnerung rufen: die eine betrifft das Recht auf Privateigentum, die andere die reine Demokratie.

Die Pilgrims begannen ihre Regierung im Rahmen des Mayflower Compact mit einem System des Kommunismus oder Gemeineigentums. Das Experiment hätte die Kolonie fast zerstört. Bereits 1623 mussten sie sich davon verabschieden und das alte Gesetz des individuellen Eigentums mit seinem Anreiz und Anreiz zur persönlichen Anstrengung wiederherstellen.

Alle, die jetzt den Kommunismus in der einen oder anderen Form, oft unter Verkleidung, befürworten, könnten von Nutzen sein, die Erfahrungen von Plymouth zu studieren, die auf ein ähnlich unglückliches und katastrophales Experiment in Virginia folgten. Die Geschichte lehrt Männer oft vergeblich. Gouverneur Bradfords Bericht über dieses frühe Experiment des Kommunismus in seinen Annalen von „Plimoth Plantation" ist äußerst interessant. Das Buch ist reich an politischen Prinzipien, die heute noch genauso gültig sind wie vor dreihundert Jahren. Nachdem gezeigt wurde, dass das kommunale System völlig gescheitert war und dass, sobald es aufgegeben wurde und jeder Familie ein Stück Land zugeteilt wurde, diejenigen, die sich zuvor geweigert hatten, zu arbeiten, „sehr fleißig" wurden, sogar die Frauen gingen „bereitwillig". in dich hinein Feild „nahm" ihre Kleinen mit, um Corne zu setzen , was vorher aledg gewesen wäre „ Schwächen und Unfähigkeit ", fährt Bradford wie folgt fort:

Zusammenhang gemacht wurde – ein Weg und eine Bedingung, viele Jahre lang erprobt , und das unter frommen und nüchternen Männern – könnte durchaus die Eitelkeit dieser Einbildung von Platon und anderen Alten bezeugen, die von einigen späteren Zeiten bejubelt wurde; – das Das Wegnehmen von Eigentum und das Einbringen einer **Gemeinschaft** in einen gemeinsamen Reichtum würde sie glücklich und gedeihen lassen , als ob sie weiser wären als Gott. Denn diese Gemeinschaft (soweit sie vorhanden war) verursachte, wie sich herausstellte, viel Verwirrung und Verwirrung. Unzufriedenheit und Verzögerung vieler Arbeit – **das** wäre zu ihrem Nutzen und Trost gewesen . Für euch Yong -Männer, die am fähigsten und geeignetsten für Arbeit und Dienst waren, bemängelten, dass sie ihre Zeit und Kraft darauf verwenden sollten, für die Frauen und Kinder anderer Männer zu arbeiten , ohne dafür dafür eine Belohnung zu erhalten. Der Starke oder der Mann mit seinen Kräften hatte nicht mehr in der Verteilung von Opfern und Umhängen , als derjenige, der schwach war und nicht in der Lage war, auch nur ein Viertel zu tun , es konnte; das war gedachte Ungerechtigkeit . Die betagten und ernsteren Männer werden in Arbeitsleistung , Opfergaben , Kleidung usw. den gemeineren und jüngeren Männern gleichgestellt und gleichgestellt Irgendwie , ich fand es etwas Empörendes und Respektloses ihnen gegenüber ... Niemand soll etwas dagegen haben , das ist menschliche Korruption und nichts für Sie selbst. Ich antworte: Da alle Menschen diese Verdorbenheit in sich tragen, sah Gott in seiner Weisheit einen anderen Weg, der für sie geeigneter wäre ." [9]

Obwohl die Kolonie Plymouth als reine Demokratie begann, in der alle Männer zusammenkamen, um über Exekutiv- und Justizfragen zu entscheiden, führte das Bevölkerungswachstum und ihre Ausbreitung über ein größeres Gebiet zwangsläufig dazu, dass offizielle Geschäfte durch ausgewählte Vertreter abgewickelt wurden. Auf diese Weise wurde das repräsentative System von den Pilgern in Neuengland vielleicht fester etabliert als anderswo, und es wurde zum Grundprinzip jeglicher Effizienz, Stärke und Stabilität, über die unsere republikanischen Regierungen heute verfügen. Dieses System ist durch die Begeisterung für Veränderungen und durch die Modeerscheinungen der letzten Jahre, wie die Initiative, das Referendum, die Abberufung und die direkten Vorwahlen, bedroht. In diesen politischen Patentrezepten wurde die grobe Vorstellung wiederbelebt, dass die Massen, so unerfahren sie auch in den schwierigen und komplexen Problemen der Regierung sind, instinktiv besser qualifiziert sind, zu führen als die wenigen Gebildeten, die ausgebildet, unterwiesen und kompetent sind und als solche agieren Die Vertreter aller sind mit gutem Gewissen und vernünftiger Politik verpflichtet, die Rechte der Minderheit, des Einzelnen, der Bescheidenen und Schwachen zu berücksichtigen und zu schützen, gegen den willkürlichen Willen oder die selbstsüchtigen Interessen oder Vorurteile der Mehrheit.

Heute Abend ist keine Zeit, selbst wenn Ihre Geduld noch länger ertragen würde, das Wachstum der politischen Prinzipien zu verfolgen, die wir in der Geschichte der Kolonie Plymouth finden und die dem dortigen Experiment der republikanischen Regierung zugrunde liegen, das im Rahmen des Mayflower-Vertrags eingeleitet wurde. Wenn der Baum nach seinen Früchten beurteilt werden soll, war die Ausarbeitung dieses Vertrags im Jahr 1620 eines der wichtigsten Ereignisse in der Geschichte des amerikanischen Volkes, und das Dokument selbst ist eines der interessantesten und inspirierendsten amerikanischen Verfassungsdokumente. Aber ich habe das Gefühl, dass ich Ihnen Fragen stellen kann, die für uns alle von unmittelbarer und dringender Bedeutung sind, und zwar die Frage, ob die belebende und bewegende Botschaft der Mayflower wirklich Bestand hat – ob die herausragenden Qualitäten des Pilgers und des Puritaners überlebt haben – ob die Nachkommen der Pilger den unbesiegbaren Geist, die unbesiegbare moralische Energie und die unbezwingbare Standhaftigkeit ihrer Vorfahren geerbt haben und fortführen können – und ob diese Eigenschaften auch in unserer heutigen Zeit verfügbar sind, um die Nation sicher und weise durch die unvermeidliche Krise zu führen, die sie erlebt wir nähern uns, während die gesamte Zivilisation Europas von Tag zu Tag mehr und mehr in den Abgrund dieses schrecklichen Krieges versinkt. Das sind Probleme, mit denen sich unsere Generation früher oder später auseinandersetzen muss. Und wer sollte besser geeignet sein, uns zu führen – denn wir brauchen Führung – als Männer, die den Geist und die Traditionen der Pilger und Puritaner geerbt haben?

In dieser Krise, der größten in unseren nationalen Angelegenheiten seit 1861, hoffe ich, dass wir vom Beispiel der Gründer von Plymouth profitieren werden, die, wie Palfrey schrieb, „den Vereinbarungen zur militärischen

Verteidigung der Kolonie sorgfältig Beachtung schenkten " . Es kann auch sein, dass die Vorsehung uns in dem Nachkommen eines Pilgers den Kapitän geben wird, der sowohl unser Schild als auch unsere Waffe sein wird, so wie Myles Standish der Schild und die Waffe Ihrer Vorfahren war.

FUSSNOTEN:

[5] Bemerkungen als Reaktion auf den Toast „The Mayflower Compact" beim einundzwanzigsten jährlichen Bankett der Society of Mayflower Descendants im Bundesstaat New York, das am 23. November 1915 im Hotel St. Regis, New York, stattfand .

[6] Lafcadio Hearn, *Kokoro* , S. 289–290.

[7] Das Originalmanuskript des Mayflower Compact ist verloren gegangen oder zerstört worden. Der von Gouverneur Bradford in seinen Annalen mit dem Titel „Of Plimoth Plantation" aufbewahrte Text lautet wie folgt:

„In deinem Namen Gottes, Amen. Wir, deren Namen unterschrieben sind , die treuen Untertanen unseres schrecklichen souveränen Herrn, König James, durch die Gnade Gottes, König von Großbritannien, Frankreich und Irland, Verteidiger von euch." Glaube usw., der sich vorgenommen hat , denn e Ehre Gottes und Förderung eures christlichen Glaubens und Ehre unseres Königs und Landes , eine Reise, um eure erste Kolonie in euch zu gründen Nördliche Teile von Virginia, durch diese Gaben feierlich und gegenseitig in der Gegenwart Gottes und untereinander, schließen wir einen Bund und schließen wir uns zu einer bürgerlichen Körperschaft zusammen , für eine bessere Ordnung, Bewahrung und Förderung der oben genannten Ziele; und durch Tugend Hören Sie , solche gerechten und gleichberechtigten Maßnahmen zu erlassen , zu konstituieren und zu gestalten Gesetze , Verordnungen, Akte, Verfassungen und Ämter, von Zeit zu Zeit, wie es für euch am passendsten und passendsten erscheint Im Großen und Ganzen gut von dir Colonie , der wir alle gebührende Unterwerfung und Gehorsam versprechen. In Zeugen wovon wir hiermit unsere Namen am 11. November in Cap-Codd unterzeichnet haben, im Jahr Ihres Jahres Herrschaft unseres souveränen Herrn, König James, von England, Frankreich und Irland im 18. Jahrhundert und von Schottland im 18. Jahrhundert fünfzigviertel . An o : Dom. 1620." Gedruckt in den Sammlungen der Massachusetts Historical Society, 4. Reihe, Bd. III, S. 89–90. Siehe auch den Text in Bradfords History of Plymouth Plantation, Hrsg. WT Davis (1908), S. 107.

[8] Die Gesetzgebung gegen die Quäker, wie sie in der Kolonie Plymouth durchgesetzt wurde, scheint im Wesentlichen politischer Natur gewesen zu sein. Aus den uns vorliegenden Aufzeichnungen geht hervor, dass gegen die Quäker wegen ihrer Versuche, den Frieden zu stören und die bestehende

Rechts- und Ordnungsordnung zu stürzen, vorgegangen wurde, und nicht wegen ihrer religiösen Überzeugungen.

[9] Sammlungen der Massachusetts Historical Society, 4. Reihe, Bd. III, S. 134-136.

VERFASSUNGSMORALITÄT [10]

Der TEXT dieser Ansprache ist Grotes „Geschichte Griechenlands" entnommen. Der Historiker untersucht den Zustand der athenischen Demokratie im Zeitalter des Kleisthenes und weist darauf hin, dass es notwendig wurde, in der Menge das seltene und schwierige Gefühl zu erzeugen, das er als konstitutionelle Moral bezeichnet, und durch sie den führenden Männern aufzuzwingen. Er zeigt, dass der Kern dieses Gefühls in der selbst auferlegten Zurückhaltung liegt, dass es kaum ein Gefühl gibt, das schwieriger in einer Gemeinschaft zu etablieren ist, und dass seine Verbreitung, nicht nur unter der Mehrheit, sondern in allen Klassen, die unabdingbare Voraussetzung für eine Regierung ist einmal frei, stabil und friedvoll. Wer die Geschichte Griechenlands studiert hat, weiß, dass die griechische Demokratie letztendlich durch die Taten ihrer eigenen Bürger und deren Missachtung der verfassungsmäßigen Moral und nicht durch die Speere ihrer Eroberer gestürzt wurde.

Wir amerikanischen Anwälte wären in der Tat blind, wenn wir nicht erkennen würden, dass es derzeit im ganzen Land eine wachsende Tendenz gibt, die verfassungsmäßige Moral zu missachten. Auf allen Seiten finden wir Ungeduld gegenüber verfassungsrechtlichen Beschränkungen, die sich in vielen Formen und unter vielen manifestiert Vortäuschungen , und diese Ungeduld ist besonders stark angesichts der Maßnahmen der Gerichte zum Schutz des Einzelnen und der Minderheit vor verfassungswidrigen Verordnungen, die eine Klasse auf Kosten einer anderen begünstigen. Wie auch immer sie formuliert sind und wie sehr sie auch hinter den Bekenntnissen zu sozialen Reformen oder sozialer Gerechtigkeit verborgen bleiben mögen, der zugrunde liegende Geist ist in den meisten Fällen der der Ungeduld gegenüber jeglicher Zurückhaltung oder Rechtsstaatlichkeit.

Wir begegnen wieder dem ältesten und stärksten politischen Appell des Demagogen, der sich so oft als die trügerischste und gefährlichste Doktrin erwiesen hat, die jemals unter den Menschen aufgetaucht ist, dass das Volk unfehlbar ist und nichts Unrechtes tun kann, dass seinem Ruf Gehör geschenkt werden muss als die Stimme Gottes, und dass alles, was zu irgendeinem Zeitpunkt der Wille der Mehrheit zu sein scheint, wie unwissend und voreingenommen es auch sein mag, als Evangelium akzeptiert werden muss. Der wichtigste politische Schlachtruf scheint heute zu sein, dass das Volk, wenn es nun in der Lage ist, sich selbst zu regieren, keiner Kontrolle oder Einschränkungen mehr bedarf und dass die verfassungsmäßige Form der repräsentativen Regierung, unter der wir gelebt und gediehen haben, veraltet ist und unbefriedigend für die Massen, und dass wir eine reine Demokratie einführen und der Mehrheit selbst die Entscheidung über jede

Regierungs- oder Gesetzgebungsfrage überlassen sollten, mit der Macht, ihren Willen oder Impuls sofort und ohne Einschränkung durchzusetzen.

Wir finden viele politische und soziale Reformer, die eine absolute gesetzgebende Körperschaft befürworten, deren Erlasse als Reaktion auf die Wünsche, Interessen oder Vorurteile der Mehrheit sofort für alle verbindlich werden sollen, egal wie ungerecht oder repressiv diese Erlasse auch sein mögen . Diejenigen, die am lautesten die Vormachtstellung der gesetzgebenden Gewalt fordern, sind ebenso lautstark, wenn sie unsere Gesetzgebung als ineffizient oder korrupt bezeichnen und Misstrauen gegenüber den Volksvertretern in den gesetzgebenden Körperschaften verkünden. In einem Atemzug werden wir aufgefordert, den gesetzgebenden Körperschaften Befugnisse und Ermessensspielräume zu verleihen, die außerhalb der Kontrolle der Gerichte liegen, und im nächsten Atemzug wird uns gesagt, dass das Volk den gesetzgebenden Körperschaften nicht vertrauen dürfe und dass wir daher die Initiative und die Initiative ergreifen müssten Referendum.

Andere Reformer würden der Exekutive größere Befugnisse übertragen, um es ihr zu ermöglichen, den gesetzgebenden Körperschaften das vorzuschreiben, was ihrer Meinung nach oder vorgeblich für das Gemeinwohl oder den sozialen Fortschritt am besten ist. Letzten Endes würde uns dies natürlich auf einen reinen Despotismus reduzieren und den Kongress und die Landtagungen in die Lage des römischen Senats im zweiten Jahrhundert versetzen. So sehr wir auch auf der Grundlage der Ermahnungen und Erfahrungen der Vergangenheit argumentieren mögen, die trotzige Antwort ist, dass das Volk die Exekutive wählen wird und bereit ist, ihm zu vertrauen, eine Antwort, die völlig außer Acht lässt, dass es jetzt die Gesetzgeber wählt, denen es nicht mehr vertraut. und dass ihnen eine praktische Reform der Gesetzgebung zur Verfügung steht, wenn sie nur auf dem Charakter und den Fähigkeiten ihrer Vertreter bestehen.

Wieder andere würden den Gerichten die Befugnis und Pflicht absprechen, jeden Beschluss einer gesetzgebenden Körperschaft, der im Widerspruch zur Verfassung steht, für verfassungswidrig zu erklären und für nichtig zu erklären, oder, wenn sie nicht ganz so weit gehen, den Gerichten die Befugnis geben, verfassungsrechtliche Beschränkungen zu missachten, wann immer dies der Fall ist Richter befanden oder glaubten, dass ein Erlass mit der vorherrschenden Moral oder der Meinung der Mehrheit in Bezug auf Angelegenheiten im Zusammenhang mit der Polizeigewalt, dem sozialen Fortschritt oder der sozialen Gerechtigkeit übereinstimmte. Sie würden die Justiz dazu veranlassen, eine Verfassung nicht gemäß dem Mandat des Volkes, das sie angenommen hat, auszulegen und durchzusetzen, noch gemäß der wahren Bedeutung und Absicht der von den Verfassern verwendeten Sprache, noch gemäß festgelegten allgemeinen Regeln und

Grundsätzen, sondern entsprechend die sich ständig ändernden Wünsche, Vorstellungen oder Meinungen der Mehrheit und die persönlichen Vorstellungen sogenannter fortschrittlicher oder sympathischer Richter. Viele derjenigen, die der Justiz vorwerfen, sie habe sich die Macht angeeignet, darüber zu entscheiden, ob eine bestimmte Verordnung im Widerspruch zum grundlegenden und obersten Gesetz steht oder nicht, wie es vom Volk selbst festgelegt wurde, würden den Gerichten nun weitaus größere Macht übertragen Sie ermächtigen sie, eine Verfassung durch gerichtliche Konstruktion zu erweitern oder zu verkürzen, und würden den Richtern somit in Wirklichkeit einen willkürlichen Ermessensspielraum einräumen. Nach dieser Doktrin könnte praktisch jede Verfassungsbeschränkung leicht umgangen, pervertiert oder aufgehoben werden; Verfassungsrechte könnten verschwendet und große Meilensteine des menschlichen Fortschritts könnten untergraben werden.

Wir sollten dann eine gewaltsame Regierung durch die Justiz haben. Unser Verfassungssystem wäre nicht länger einigermaßen fest und stabil und würde nicht mehr durch die Gerechtigkeit notwendiger allgemeiner Regeln reguliert, sondern wäre einer ständigen Unsicherheit und Veränderung unterworfen, je nachdem, wie die Richter die moralische Atmosphäre des Augenblicks oder den Willen, die Meinung oder die Interessen anderer denken könnten die Mehrheit erforderlich. Natürlich wäre es besser, überhaupt keine verfassungsrechtlichen Beschränkungen zu haben und die oberste Macht und die entsprechende Verantwortung der Legislative unserer Regierung zu übertragen. Es gehört zum Wesen der richterlichen Gewalt, dass Richter bei der Entscheidung von Fällen an Grundsätze, Regeln und Präzedenzfälle gebunden sind, dass es ihnen nicht gestattet ist, willkürliches Ermessen auszuüben, und dass sie verpflichtet sind, ihre Entscheidungen zu begründen. Ein Gericht, das keinerlei Regeln oder Grundsätzen unterliegt, würde nicht die richterliche Gewalt im Sinne unseres Verständnisses ausüben. Wenn wir den Gesetzgebern oder Gerichten die Möglichkeit einräumen würden, verfassungsrechtlichen Beschränkungen zu gehorchen oder nicht zu gehorchen, je nachdem, wie es die vorherrschende moralische oder politische Stimmung zu diktieren scheint, würden wir solchen Beschränkungen sofort jegliche praktische Kraft und Wirkung entziehen und hätten nur noch eine Verfassung dem Namen und der Form nach und nicht dem Inhalt nach. Als verstorbener Oberster Richter Fuller, *Clarum et Venerabile nomen* , wie es im Lotterie-Fall so treffend ausgedrückt wurde: „Unsere Regierungsform kann ungeachtet von Gesetzen oder Entscheidungen bestehen bleiben, aber wie schon vor langer Zeit festgestellt wurde, ist es bei Regierungen wie bei Religionen so, dass die Form die Substanz des Glaubens überleben kann." [11]

Die begrenzte Zeit, die mir zur Verfügung steht, zwingt mich, diese Ansprache auf den Aspekt der Verfassungsmoral zu beschränken, der durch die Kritik an den Gerichten wegen ihrer Weigerung, verfassungswidrige Gesetze durchzusetzen, zum Ausdruck kommt. Dies scheint mir die gefährlichste aller Angriffslinien zu sein. Ich bedauere, dass ich keine Zeit habe, mich mit anderen wichtigen Aspekten meines Fachs zu befassen, wie der Bewegung für die Abberufung von Richtern und Gerichtsentscheidungen, der Agitation für die Initiative und das Referendum sowie der zunehmenden Praxis seitens der Legislative und der Exekutive die Prüfung verfassungsrechtlicher Fragen aufzugeben und diese Pflicht den Gerichten zu überlassen und so den Richtern die alleinige Verantwortung und häufig die Unbeliebtheit und sogar das Odium der Durchsetzung verfassungsrechtlicher Beschränkungen aufzubürden.

Ich gehe davon aus, dass nur wenige von uns ernsthaft vorschlagen würden, dass die Justiz über jegliche Kritik erhaben sein sollte oder dass sie als unantastbar angesehen werden sollte, so dass wir uns schweigend beugen und unterwerfen müssen, ohne das Recht auf Anfechtung, Kritik oder Tadel was auch immer die Gerichte für Gesetz erklären. Eine solche Ansicht wäre absurd. Natürlich machen Richter Fehler, so wie die klügsten und besten Männer Fehler machen. Sie sind nicht unfehlbar. Aber weder unsere gesetzgebenden Körperschaften noch die Masse sind unfehlbar. Es muss die volle Freiheit der Kritik und gegebenenfalls der Tadel gegenüber unseren Richtern und allen anderen Amtsträgern gegeben sein. Faire und gerechte Kritik wäre jedoch ausgesprochen lehrreich und könnte nur dazu führen, dass die Gerichte die Gunst und das Vertrauen der Öffentlichkeit wiederherstellen. Die Gefahr liegt nicht in der Freiheit der Kritik, sondern in unfairer und unbegründeter Kritik, die durch verzerrte oder falsche Aussagen gestützt wird. Unser Justizsystem ist von Natur aus solide und stark genug, um jeder berechtigten Kritik standzuhalten und sie zu überwinden. Wir sollten daher die ausführliche Diskussion gerichtlicher Entscheidungen in Verfassungsfällen fördern, damit die Verfassungsgrundsätze angemessen erläutert und den Menschen die Notwendigkeit der Einhaltung der verfassungsmäßigen Moral vor Augen geführt werden kann. Bestehen wir jedoch darauf, dass die Fakten wahrheitsgetreu dargelegt werden. Wenn die Gründe und Prinzipien der Gerechtigkeit, die die meisten der kritisierten Entscheidungen stützen, allen Klassen in einfacher Sprache und in Begriffen erklärt werden könnten, die sowohl für Laien als auch für Anwälte verständlich sind, wäre ein Großteil der Missverständnisse richterlicher Entscheidungen und der Vorurteile gegenüber den Gerichten und verfassungsrechtlichen Beschränkungen groß würde beseitigt werden. Dem Mann auf der Straße oder in der Werkstatt zu sagen, dass ein Gesetz im Widerspruch zur Gewährleistung eines ordnungsgemäßen Rechtsverfahrens oder des Landesrechts steht, hat für ihn keinen Sinn; Wenn er jedoch die zugrunde liegenden Grundprinzipien und die Folgen ihrer Missachtung versteht, kann er möglicherweise von der Gerechtigkeit und Angemessenheit der zur Diskussion stehenden Entscheidung überzeugt werden.

Ich werde Ihre Aufmerksamkeit auf einige Beispiele von mutmaßlichem Missbrauch oder Machtübernahme durch die Justiz lenken und versuchen, die Merkmale eines Großteils der Kritik an den Richtern und die Art und Weise aufzuzeigen, in der die Massen ständig Vorurteile haben und gegen die Gerichte aufgehetzt werden .

Der Fall vor den New Yorker Gerichten, der wahrscheinlich mehr kritisiert und falsch dargestellt wird als jeder andere, ist als Tenement House Tobacco-Fall (Matter of Jacobs) bekannt [12] und wurde im Januar 1885 entschieden die Herstellung von Tabakwaren in bestimmten Mietshäusern in New York und Brooklyn, weil das Gesetz ungerechtfertigt und unangemessen in die Freiheit des Einzelnen eingriff. Der Erlass war ein Versuch der Besitzer großer Tabakfabriken, die Konkurrenz der zu Hause arbeitenden Zigarrenhersteller zu zerstören. Es handelte sich überhaupt nicht um eine ehrliche Gesundheitsmaßnahme; Tatsächlich war es nicht darauf ausgelegt, die Gesundheit der Tabakarbeiter zu schützen, und es enthielt keine einzige Bestimmung, die in irgendeiner Weise darauf abzielte, hygienische Arbeits- oder Lebensbedingungen zu gewährleisten. Nicht ein einziges Wort in den Stellungnahmen der Gerichte im Fall Jacobs hinderte den Gesetzgeber daran, Vorschriften zu erlassen, um gesunde Bedingungen bei der Herstellung eines Artikels sicherzustellen. Seit dieser Entscheidung wurde die New Yorker Verfassung durch einen Verfassungskonvent im Jahr 1894 sorgfältig überarbeitet und darüber hinaus wiederholt geändert, wobei nicht weniger als neunzehn einzelne Änderungen vom Volk angenommen wurden, während eine große Anzahl weiterer Änderungsvorschläge ebenfalls angenommen wurden abgelehnt. Aber weder in der Überarbeitung noch in den Änderungsanträgen, ob angenommen oder abgelehnt, wurde eine Änderung der im Tenement-House-Fall erklärten Verfassungsrechtsstaatlichkeit angedeutet, obwohl das Thema dem Konvent direkt zur Kenntnis gebracht wurde. Seit mehr als einem Vierteljahrhundert haben die Menschen im Bundesstaat New York die Entscheidung des Berufungsgerichts als fair, gerecht und zufriedenstellend akzeptiert.

Jacobs lebte mit seiner Frau und seinen beiden Kindern in einem Mietshaus in der Stadt New York und bewohnte eine Wohnung mit sieben Zimmern in einem Gebäude, in dem es nur drei weitere Wohnungen gleicher Größe gab. In dieser Wohnung betrieb er das Gewerbe der Zigarrenherstellung, und die Räume, in denen er dies tat, waren vom Schlaf- und Küchenzimmer getrennt. Die Zeugenaussage ergab, dass es in diesen Schlaf- und Kochräumen keinen Tabakgeruch gab. Die Bedingungen, unter denen er sein Gewerbe in seinem eigenen Zuhause ausübte, um sich und seine Familie zu ernähren, waren viel gesünder, als wenn er und seine Assistenten gezwungen gewesen wären, in einer überfüllten Fabrik zu arbeiten, insbesondere im Jahr 1884, als es keine gab solche hygienischen Bedingungen in Fabriken, wie sie jetzt unter der wohltätigen Anwendung unserer gegenwärtigen öffentlichen Gesundheits- und Arbeitsgesetze herrschen. Es wurde gezeigt, dass zum Zeitpunkt der Verabschiedung dieser Gesetzgebung in der Stadt New York jährlich 840.000.000 Zigarren hergestellt wurden, davon etwa 370.000.000 oder 44 Prozent in den Häusern von Miets- oder Apartmenthäusern Etwa zweitausend Handwerker verdienten ihren Lebensunterhalt und ihre Familien durch die Heimarbeit. Die Gesundheitsbehörde der Stadt New York hatte nach sorgfältiger Untersuchung offiziell erklärt, wie es im Schriftsatz von Herrn Evarts, dem damaligen Leiter der amerikanischen Anwaltskammer, dargelegt wurde, „dass die Gesundheit der Mietshausbevölkerung nicht gefährdet ist." durch die Herstellung von Zigarren in diesen Häusern; dass dieser Gesetzentwurf keine Hygienemaßnahme darstellt und dass er von diesem Gremium nicht genehmigt wurde." Aus diesem Brief ging auch hervor, dass die Sterblichkeitsrate in der Stadt New York im Allgemeinen 31 von 1.000 betrug, in den Mietshäusern, in denen Zigarren hergestellt wurden, jedoch nur 9 von 1.000. Das Gesetz hätte, wenn es gültig und durchsetzbar wäre, die Konkurrenz der Heimarbeiter mit den Tabakfabriken zerschlagen; es hätte dem Bewohner des Mietshauses die Freiheit genommen, sein Handwerk der Zigarrenherstellung selbst unter den hygienischsten Bedingungen zu Hause auszuüben, und es hätte jeden dieser Arbeiter und die arbeitenden Mitglieder seiner Familie in überfüllte und im Allgemeinen ungesunde Fabriken getrieben , durch Streiks und Aussperrungen und die anderen Probleme, die mit modernen Arbeitsbedingungen einhergehen, schikaniert und unterdrückt zu werden, ganz zu schweigen davon, dass man all den physischen und moralischen Unannehmlichkeiten ausgesetzt ist, die untrennbar mit überfüllten Werkstätten verbunden sind. Das Gericht entschied, dass das Gesetz keine legitime Gesundheitsvorschrift sei und entließ Jacobs aus der Haft. Der anerkannte und angewandte Grundsatz des Verfassungsrechts bestand darin, dass eine Person nicht strafbar gemacht werden kann, wenn sie in ihrem eigenen Zuhause unter hygienischen Bedingungen einem rechtmäßigen Gewerbe nachgeht, und dass sie nicht durch diskriminierende Gesetze gezwungen werden kann, in einer überfüllten Fabrik zu arbeiten. Wäre nicht festgestellt worden, dass die Bestimmungen des Gesetzes im Widerspruch zur verfassungsmäßigen Garantie der persönlichen Freiheit stehen, hätten ähnliche Gesetze für alle Arten von Heimarbeit erlassen und alle Handwerker, ob Männer oder Frauen, hätten vertrieben werden können in Fabriken auf Befehl von Fabrikbesitzern oder Gewerkschaften, die über ausreichend politischen Einfluss verfügen, um die erforderliche Gesetzgebung durchzusetzen.

Ich schweife hier einen Moment ab, um darauf hinzuweisen, dass Menschen, die auf bestimmte Gesetze drängen, allzu oft übersehen, welche Auswirkungen die Missachtung eines Grundsatzes und die Schaffung eines Präzedenzfalls haben. Verfassungen legen allgemeine Regeln oder Grundsätze der Gerechtigkeit fest, die manchmal nicht mit der Gerechtigkeit bestimmter Fälle übereinstimmen. Die Festlegung allgemeiner Verhaltensregeln, um in der größtmöglichen Zahl von Fällen und mit den wenigsten Ausnahmen praktische Gerechtigkeit herbeizuführen, stellt die Wissenschaft der Rechtswissenschaft dar, von der die Verfassungsgebung nur ein Zweig ist, und die Anwendung dieser allgemeinen Regeln darauf Praktische Angelegenheiten sind Aufgabe von Gesetzgebern und Gerichten. Es wird häufig anerkannt und eingeräumt, dass es sich bei den den Gerichten vorliegenden Gesetzen lediglich um Einleitungsversuche und Experimente handelt, und wenn sie aufrechterhalten werden, werden mit Sicherheit andere weitaus umfassendere und radikalere Gesetze folgen. Wenn eine Gesetzgebungsbefugnis zur Regulierung eines Themas besteht, liegt der Umfang oder Grad ihrer Ausübung im Wesentlichen im Ermessen des Gesetzgebers und kann nicht von den Gerichten kontrolliert werden. Daher muss ein Gericht bei der Feststellung der Verfassungsmäßigkeit eines Gesetzes immer nicht nur die Merkmale des jeweiligen Gesetzes berücksichtigen, das ihm vorliegt, und nicht nur die Gerechtigkeit oder Begründetheit des jeweiligen Falles zwischen Mensch und Mensch oder zwischen Staat und Einzelperson. Aber was könnte nach demselben Prinzip getan werden, wenn das vorliegende Gesetz beibehalten und ein Präzedenzfall geschaffen würde ? Wenn wir also einem Gesetzgeber einmal die Befugnis einräumen, die Arbeit zu Hause unter hygienischen Bedingungen in einem Gewerbe zu verbieten, dann unterliegt jedes Gewerbe der gleichen Regulierungs- und Verbotsbefugnis, und alle arbeitenden Männer und Frauen können in überfüllte Fabriken getrieben werden.

Im Fall Jacobs verwendete der Vorsitzende Richter Noah Davis, der für das Zwischenberufungsgericht in New York sprach und zweifellos mit den damals und dort herrschenden Verhältnissen vertraut war, die folgende Formulierung: „Eine sorgfältige Untersuchung des Gesetzes hat uns davon überzeugt." Ihr Ziel bestand nicht darin, „die öffentliche Gesundheit zu verbessern, indem in bestimmten Fällen die Herstellung von Zigarren und die Zubereitung von Tabak in jeglicher Form in Mietshäusern verboten und in bestimmten Fällen die Nutzung von Mietshäusern reguliert wurde", wie im Titel angegeben, sondern darin Unterdrücken und beschränken Sie eine solche Herstellung in den durch das Gesetz abgedeckten Fällen, um einen erfolgreichen Wettbewerb zu verhindern, der anderen Arten der Herstellung derselben Artikel schadet Die Herstellung von Zigarren und Tabak in all diesen Gebäuden oder wenn eine solche Herstellung in den Wohnzimmern aller Mieter verboten wäre, wäre ein anderer Fall. Aber in der Form, in der es vor uns liegt, ist es in seiner Ungleichheit so ungerecht, so Es ist hart und unterdrückend gegenüber der Arbeit der Armut und diskriminiert so stark die stärkeren Klassen, die denselben Beruf ausüben, dass es sicherlich nicht hätte erlassen werden dürfen. Das Gesetz sollte jedoch in seiner Verabschiedung für ungültig erklärt werden, da es dem Beschwerdeführer das Recht und die Freiheit nimmt, seinen Beruf in seinem eigenen Haus für den Lebensunterhalt für sich und seine Familie zu nutzen, und ihm den Wert seiner Arbeit nimmt, der sein geschütztes Eigentum ist durch die Verfassung gleichermaßen, als ob es sich um Land oder Geld handeln würde, ohne ordnungsgemäßes Gerichtsverfahren." [13]

Den Jacobs-Fall besprechen Herr P. Tecumseh Sherman von der New Yorker Anwaltskammer, der als einer der am besten informierten Männer in unserem Staat zum Thema Arbeitsbedingungen und Arbeitsgesetzgebung gilt und einst Staatskommissar von war Labour erklärte in einem vor einigen Wochen veröffentlichten Brief, dass das Mietswohnungsgesetz, obwohl es vorgibt, der öffentlichen Gesundheit zu dienen, keine angemessene Regelung für diesen Zweck darstelle, da es willkürlich einen Artikel auswähle und dessen Herstellung unter bestimmten Bedingungen verbiete, nicht aber im Allgemeinen unhygienisch, und er fügte hinzu, dass „das Gesetz tatsächlich nicht dazu gedacht war, die Gesundheit zu schützen, sondern eine Gruppe von Konkurrenten in einem Handelskrieg aus dem Geschäft zu werfen."

Lassen Sie mich nun auf zwei Beispiele aufmerksam machen, wie diese Entscheidung kritisiert wird. In einer Ansprache an der Yale University im vergangenen Monat kritisierte der Bürgermeister der Stadt New York, der viele Jahre lang Richter am Obersten Gerichtshof des Bundesstaates gewesen war, die Gerichte und verspottete die Rechtspflege in seinem eigenen Bundesstaat. Er bezog sich wie folgt auf den Fall Jacobs: „Der erste Fall, auf den ich Ihre Aufmerksamkeit lenken möchte, ist in meinem eigenen Bundesstaat als der Fall von Tenement House Tobacco bekannt ... Sie wissen, was für eine verdichtete Bevölkerung wir in einem Teil des Landes haben." Stadt New York. Nun, wohlwollende Männer und Frauen, die dort umhergingen, fanden in den kleinen Räumen dieser überfüllten Mietskasernen bestimmte Dinge her, die nicht gesund waren. Sie fanden, dass in den Wohnzimmern dieser armen Mietskasernen Tabak zu seinen verschiedenen Produkten verarbeitet wurde . Wohlwollende Menschen, die den Armen halfen, sahen es und sahen die Übel darin. Sie sahen, wie kleine Kinder auf diese Welt geboren und in Schlafzimmern und Küchen in den Dämpfen und Gerüchen des Tabaks großgezogen wurden. Sie sahen auch längere Arbeitszeiten als erwartet Dies war der Fall, wenn Arbeiter ihre Arbeit im Laden verließen und nach Hause gingen. Also gingen sie zum Gesetzgeber und ließen ein Gesetz erlassen, das die Herstellung von Tabak in den Wohnzimmern dieser Mietshäuser verbot. Anschließend kritisierte und verurteilte Bürgermeister Gaynor das Berufungsgericht für seine Begründung und Entscheidung.

Die Tatsachen waren jedoch, dass das Gesetz nicht auf „die Wohnzimmer dieser Mietshäuser" beschränkt war, sondern für jeden Raum galt, und dass die Befürworter dieser Gesetzgebung nicht die wohlwollenden Männer und Frauen waren, die die Armen besuchen und ihnen helfen, sondern wie Bürgermeister Gaynor es sich vorgestellt hatte, sondern die Besitzer von Tabakfabriken, die die Konkurrenz der unabhängigen Arbeiter vernichten wollten. Auch in dem vor Gericht verhandelten Fall gab es nichts, was die Aussage stützte, dass irgendjemand gesehen habe, wie „kleine Kinder auf diese Welt geboren und in Schlafzimmern und Küchen in den Dämpfen und Gerüchen des Tabaks aufgewachsen sind ". Solche Bedingungen lagen den Gerichten nicht vor, und das Gegenteil wurde durch unanfechtbare Beweise im Fall Jacobs bewiesen, wie jeder, der das Protokoll liest, sehen konnte. Aber selbst wenn das Bild wahr gewesen wäre, hätte die Entscheidung in diesem Fall in keiner Weise eine ordnungsgemäße Gesetzgebung verhindert, die die Herstellung von Tabakprodukten in den Schlafzimmern und Küchen überfüllter Mietshäuser oder unter unhygienischen Bedingungen verbietet.

Ex-Präsident Roosevelt ist mit seiner Kritik am Fall Jacobs ebenso unzutreffend. Berichten zufolge soll er in einer seiner jüngsten Reden gesagt haben, dass „die Entscheidung des Gerichts in diesem Fall die Arbeit an der Mietshausreform um mindestens zwanzig Jahre verzögerte und direkt dafür verantwortlich war, dass Hunderttausende heute lebende amerikanische Bürger in Schwierigkeiten geraten." unter Bedingungen aufwachsen, die von stinkendem Dreck und Elend geprägt sind, was ihre Chancen, sich zu guten Bürgern zu entwickeln, deutlich verringert hat." Die Wahrheit ist, dass die Entscheidung die Reform von Mietshäusern nicht um einen einzigen Tag verzögerte und die Verabschiedung einer einzigen Bestimmung zur Sicherung der sanitären Bedingungen für diejenigen, die zu Hause arbeiten, nicht verhinderte. Tatsächlich wurde die erforderliche Gesetzgebung seitdem problemlos sichergestellt und in New York erlassen, ohne dass die Verfassung des Bundesstaates geändert werden musste. Unsere öffentlichen Gesundheits- und Arbeitsgesetze regeln nun die Herstellung von Tabak und anderen Artikeln in Privathaushalten und fordern und sichern hygienische Bedingungen, und Lizenzen, die die Herstellung zu Hause genehmigen, können jederzeit widerrufen werden, wenn die Umgebung unhygienisch wird.

Herr Sherman bezeichnete die Aussage von Herrn Roosevelt in Bezug auf die Auswirkungen dieser Entscheidung als absurd und fügte hinzu: „Die Entscheidung im Fall Jacobs hat bisher nicht nur Schaden im Hinblick auf die Gesundheitsreform angerichtet, sondern bereits Schaden angerichtet." gut, indem man der Reform eine richtige Richtung und ein richtiges Ziel gibt.

Die Kritik von Herrn Roosevelt erhält bereitwillig Zustimmung von einer großen Gruppe schlecht informierter Reformer, die versuchen, einige der Übel des „Schwitzens" zu verhindern, indem sie willkürlich jegliche Hausproduktion in Mietshäusern verbieten . Aber die überwiegende Mehrheit der Mietshäuser in New York gehören zu einer Klasse, die man besser als Apartmenthäuser bezeichnen könnte, die vollkommen hygienisch sind, und in solchen Häusern gibt es viel Heimarbeit guter Art, wie zum Beispiel feines Nähen, Kunstwerke usw. und unter guten Bedingungen; und es wäre ein beklagenswerter und unnötiger Eingriff in die Freiheit, solche Arbeiten als Nebeneffekt der Verhinderung von Heimarbeit in unhygienischen Slums zu verbieten."

Ein weiterer New Yorker Fall, der in ähnlicher Weise kritisiert und falsch dargestellt wird, ist der Fall Bakers oder „People *vs.* Lochner". [14] Die Entscheidung in diesem Fall, ein Gesetz für verfassungswidrig zu erklären, war die des Obersten Gerichtshofs der Vereinigten Staaten und nicht des New Yorker Berufungsgerichts; Tatsächlich bestätigte das letztgenannte Gericht die Tat, wenn auch durch ein geteiltes Gericht. Bürgermeister Gaynor erläuterte diese Entscheidung seinem Publikum in Yale, das größtenteils aus Jurastudenten bestand, in folgender Sprache: „Der nächste Fall in der Reihe war der Backofen-Fall in meinem Bundesstaat. Ein Backofen befindet sich, wissen Sie, unter der Erde. Und Wenn einer von Ihnen jemals in einem Backofen gesessen hat, brauche ich kein weiteres Wort über Backofen zu sagen. Es ist der heißeste und ungemütlichste Ort auf der Erde. Es ist ein harter Ort zum Arbeiten. Das ist er heiß und ungesund, und niemand kann es aushalten, ohne seine Gesundheit zu schädigen. Ebenso wurde im Bundesstaat New York ein Gesetz erlassen, das Hygienevorschriften für Bäckereien vorschreibt ... Diese Backöfen sind außergewöhnlich. Sie sind es unterirdisch und so heiß wie Tophet, wenn ich hier einen solchen Ausdruck verwenden darf ... Es wurde ein Gesetz erlassen, das Vorschriften für sie vorschrieb. Eine der Vorschriften besagte, dass ein Bäcker an diesen Orten höchstens zehn Stunden pro Nacht arbeiten sollte. Und in den Zeitungen wird berichtet, dass Herr Roosevelt diese Entscheidung kritisierte und seinen Zuhörern erklärte, dass „dieses New Yorker Gesetz die Beschäftigung von Männern in schmutzigen Kellerbäckereien für mehr als zehn Stunden am Tag verhinderte".

Das betreffende Gesetz galt für Hersteller von Brot, Keksen und Süßwaren. In Verbindung mit dem damals geltenden Gesetz über die öffentliche Gesundheit enthielt es angemessene Bestimmungen, um die besten Hygiene- und Belüftungsbedingungen sicherzustellen und Bäcker vor der Einwirkung von Hitze und dem Einatmen von Mehl oder anderen Partikeln zu schützen. In dem Gesetz wurde weder hinsichtlich der Arbeitszeit zwischen hygienischen und unhygienischen Arbeitsbedingungen noch zwischen

Bäckern und anderen Angestellten oder zwischen Nacht- und Tagarbeit unterschieden. Die Befugnis des Gesetzgebers, die Herstellung von Brot oder anderen Nahrungsmitteln in Kellern oder in unterirdischen Backöfen oder an schmutzigen und unhygienischen Orten, ob über oder unter der Erde, zu verhindern, wurde nicht in Frage gestellt. Die Bestimmungen des Gesetzes zur Sicherung der sanitären Bedingungen wurden von den Gerichten weder beeinträchtigt noch aufgehoben, und sie wurden seitdem für alle Zwecke als gültig durchgesetzt. Das Gesetz beschränkte sich in seiner Anwendung nicht auf Arbeiter, die nachts unter der Erde arbeiten mussten, sondern galt für alle, die Tag und Nacht in Fabriken über oder unter der Erde beschäftigt waren, in denen Brot, Süßwaren oder Kekse hergestellt wurden. Zwar wurden vor den Gerichten medizinische Autoritäten angeführt, um die Ansicht zu untermauern, dass der Beruf eines Bäckers gesundheitsschädlich sei, diese Autoritäten stützten sich jedoch auf Statistiken, die unter Arbeitsbedingungen erhoben wurden, die damals und heute nicht herrschen konnten New York, wenn die ausführlichen Vorschriften unserer Gesundheits- und Arbeitsgesetze ordnungsgemäß durchgesetzt werden. Dem Gericht wurden jedoch widersprüchliche medizinische Experten vorgetragen, die behaupteten, dass der Handel nicht gesundheitsschädlich sei.

Lochner besaß eine Bäckerei in Utica, in der er selbst arbeitete und drei oder vier Arbeiter beschäftigte. Es gab nur einen Ofen, und der befand sich oberirdisch. Das Gebäude war sauber, vor allem gut belüftet und hygienisch. Die einzige Frage vor dem Gericht in diesem Fall war, ob Lochner strafrechtlich verfolgt und inhaftiert werden konnte, weil er seinen Arbeitern erlaubte, mehr als zehn Stunden am Tag unter den besten hygienischen Bedingungen zu arbeiten, und der Oberste Gerichtshof entschied, dass dies nicht möglich sei seine verfassungsmäßigen Rechte verletzt. Hätten sich die Arbeitsbedingungen in Brot-, Keks- oder Süßwarenfabriken im Bundesstaat New York als ungewöhnlich gefährlich und zwangsläufig ungesund erwiesen, wäre das Gesetz zweifellos vom Obersten Gerichtshof bestätigt worden, ebenso wie das Bergarbeitergesetz in Utah Holden *gegen* Hardy. [15] Niemand, der die Entscheidungen der New Yorker Gerichte oder des Obersten Gerichtshofs der Vereinigten Staaten studiert hat, kann daran zweifeln, dass es eine gesetzliche Bestimmung gibt, die vernünftigerweise darauf abzielt, die Gesundheit von Bäckern und anderen Arbeitern zu schützen und Arbeit an gesundheitsschädlichen Orten zu verhindern als eindeutig in der Polizeigewalt des Gesetzgebers liegend bestätigt.

Darüber hinaus war das Gesetz einseitig und diskriminierend, da es den Arbeitgeber zum Kriminellen machte, dem Arbeiter jedoch die Freiheit ließ, zu tun, was er für richtig hielt. Einem Bäcker, der an einem Tag zehn Stunden lang für A arbeitete, stand es frei, neben B, dem Konkurrenten von A, zu gehen und, wenn er es für richtig hielt, weitere zehn Stunden für B zu arbeiten. Tatsächlich, wie mir gesagt wurde, war der Informant dran dessen Aussage Lochner verurteilt wurde, arbeitete häufig zehn Stunden am Tag für Lochner und einige Stunden zusätzlich in einer anderen Bäckerei. Wäre das Gesetz ehrlich in der Absicht konzipiert worden, die Gesundheit der Bäcker zu schützen, hätte es natürlich eine gewisse Strafe für jeden Gesetzesverstoß seitens der Arbeiter vorgesehen und ihnen nicht die Freiheit gelassen, das Gesetz zu missachten Geist, wann immer sie es für richtig hielten.

Das in diesem Bakers-Fall zugrunde liegende Prinzip war universell, und wenn Arbeitgeber in Brot-, Keks- oder Süßwarenfabriken zu Kriminellen gemacht werden könnten, weil sie ihren Angestellten erlaubten, mehr als zehn Stunden an einem Tag zu arbeiten, könnte der Gesetzgeber ähnliche Gesetze erlassen wie für alle anderen Anstellung. Kein Gericht wäre dann befugt, den Grad der Ausübung des gesetzgeberischen Ermessens in solchen Fällen zu regeln. Die Bestimmung, die den Arbeitstag zunächst auf zehn Stunden begrenzte, konnte später auf acht Stunden oder sogar auf sechs Stunden geändert werden, wie in Mores „Utopia" befürwortet wurde.

Im Februar dieses Jahres hielt Herr Roosevelt eine Rede vor dem Verfassungskonvent von Ohio, in der er die Entscheidung des Obersten Gerichtshofs der Vereinigten Staaten in den Fällen der Arbeitgeberhaftung [16] erörterte, die er während seiner Amtszeit als Präsident getroffen hatte. Das Gericht entschied dann, dass das Gesetz des Kongresses vom 11. Juni 1906, manchmal fälschlicherweise „National Workmen's Compensation Act" genannt, versucht habe, die inneren Angelegenheiten der verschiedenen Bundesstaaten sowie den zwischenstaatlichen Handel zu regeln, und dass es folglich einen Gegenstand beinhalte, der nicht unter die Verfassung fällt Die Befugnisse des Kongresses seien gegeben, und die beiden Angelegenheiten seien so vermischt, dass sie nicht getrennt werden könnten, es sei denn, das Gericht erlasse ein neues Gesetz anstelle des vom Kongress erlassenen Gesetzes. Wenn die Mehrheit des Gerichts diese Ansicht gewissenhaft vertreten hätte, hätte sie sich der offensichtlichsten Verfassungsunmoral schuldig gemacht, wenn sie nicht erklärt hätte, dass das Gesetz außerhalb der Macht des Kongresses liege, und es abgelehnt hätte, es in Kraft zu setzen. Kein ehrlicher Mann hätte, so gläubig wie die Mehrheit, etwas anderes tun können, als dem Verfassungsauftrag zu gehorchen, der ausdrücklich den Staaten die gesetzgeberischen Befugnisse vorbehält, die nicht an den Kongress delegiert sind. Im Lichte der seit langem bestehenden und klugen Regel, dass Gerichte sich der gerichtlichen Gesetzgebung entziehen und ein Gesetz nicht in einer Weise überarbeiten oder in Kraft setzen sollten, die von der gesetzgebenden Körperschaft nicht eindeutig beabsichtigt war, hätten die Richter dies natürlich nicht aufrechterhalten und durchsetzen können Gesetz nur deshalb, weil die einzelnen Fälle, vor denen sie standen, ihre Sympathie erregten oder die Ansprüche von Witwen betrafen. Das Mittel war offensichtlich und einfach. Der Kongress tagte damals, und innerhalb weniger Tage hätte ein geändertes Statut erlassen werden können, um das Gesetz auf den zwischenstaatlichen Handel zu beschränken, der allein in der verfassungsmäßigen Regulierungsbefugnis des Kongresses lag. Nach Ablauf von drei Monaten wurde ein solches Gesetz erlassen, und da das geänderte Gesetz eindeutig auf den zwischenstaatlichen Handel beschränkt war, wie es das ursprüngliche Gesetz hätte sein sollen und sein würden, wenn es ordnungsgemäß und kompetent formuliert worden wäre, wurde es vom Obersten Gerichtshof einstimmig bestätigt verfassungsrechtlich in den Fällen der zweiten Arbeitgeberhaftung, die in diesem Jahr entschieden wurden [17] , als entschieden wurde, dass der Kongress befugt sei, die Gewohnheitsrechtsregeln in Bezug auf Risikoübernahme, Mitverschulden und Handlungen von Mitangestellten im Zusammenhang mit der Regulierung von zu ändern internationaler Handel.

Über die erste Entscheidung sagte Herr Roosevelt: „Als ich Präsident war, haben wir ein nationales Arbeiterentschädigungsgesetz verabschiedet. Darin wurde, glaube ich, ein Eisenbahner namens Howard in Tennessee getötet und seine Witwe auf Schadensersatz verklagt. Der Kongress hatte das getan." tat alles, was in seiner Macht stand, um das Recht zu gewährleisten, aber das Gericht schritt ein und entschied, dass der Kongress gescheitert sei. Drei der Richter vertraten die extreme Position, dass es keine Möglichkeit gebe, wie der Kongress handeln könne, um die hilflosen Witwen und Kinder vor Leid zu schützen, und dass das Blut dieses Mannes und das Blut aller ähnlichen Männer, wenn es vergossen wird, für immer laut und vergeblich nach Gerechtigkeit schreien wird. Dies scheint eine starke Aussage zu sein, aber sie ist weit weniger stark als die tatsächlichen Tatsachen; und es fällt mir schwer, diese Aussage einigermaßen treffend zu treffen der Mäßigung. Die neun Richter des Obersten Gerichtshofs zu dieser Frage teilten sich in fünf Fragmente auf. Ein Mann, Richter Moody, legte seiner Meinung nach den Fall in seiner umfassendsten Form dar und forderte Gerechtigkeit für Howard, mit Begründungen, die in allen ähnlichen Fällen dasselbe bedeutet hätten Danach sollte Gerechtigkeit und nicht Unrecht geschehen. Dennoch hat das Gericht mit einer Mehrheit von einer Mehrheit entschieden, da ich keinen Moment davon überzeugt bin, dass das Gericht jetzt entscheiden würde, und hat nicht nur eine beklagenswerte Ungerechtigkeit im Fall des Mannes selbst aufrechterhalten, sondern auch einen Maßstab für Ungerechtigkeit für alle ähnlichen Fälle festgelegt . Auch hier bitte ich Sie, nicht an bloßen Rechtsformalismus zu denken, sondern an die großen unveränderlichen Prinzipien der Gerechtigkeit , die großen unveränderlichen Prinzipien von richtig und falsch, und darüber nachzudenken, was es für Menschen bedeutet, die für ihren Lebensunterhalt abhängig sind, und für die Frauen und Kinder, die von diesen Männern abhängig sind, wenn die

Gerichte des Landes ihnen die Gerechtigkeit verweigern, auf die sie Anspruch haben.

Wenn dieses Argument nun etwas bedeutete, bedeutete es sicherlich, dass die Richter des Obersten Gerichtshofs nach Meinung des Redners, eines ehemaligen Präsidenten der Vereinigten Staaten, die Verfassung, wie sie sie verstanden, hätten missachten müssen, um einer Witwe dies zu ermöglichen ungeachtet der Verfassungswidrigkeit des Gesetzes, aufgrund dessen sie Klage erhoben hat, wiedererlangt werden. Sie werden von Herrn Roosevelt in seiner gesamten Ansprache kein einziges Wort finden, das sich auf den einzigen Punkt bezieht, zu dem die Mehrheit, Herr Richter White, die Fälle entschieden hat. Natürlich wäre die Aussage darüber, was tatsächlich beschlossen wurde, harmlos und unsensationell gewesen. Die Kritik basierte in Form und Inhalt auf einer verzerrten und unfairen Darstellung dessen, was entschieden wurde, und sie war darauf ausgelegt, in den Köpfen der Mitglieder des Verfassungskonvents von Ohio sowie in den Köpfen der uninformierten Öffentlichkeit Überzeugungen zu erzeugen dass die Richter des Obersten Gerichtshofs der Vereinigten Staaten „einen Maßstab für Ungerechtigkeit für alle ähnlichen Fälle festgelegt" und dem Kongress die Befugnis verweigert hätten, ein faires und gerechtes Arbeitgeberhaftungsgesetz zu verabschieden, das ordnungsgemäß auf den zwischenstaatlichen Handel beschränkt sei. Das Gegenteil war eindeutig die Wahrheit, wie die spätere Entscheidung des Gerichts deutlich gezeigt hatte, denn diese letztere Entscheidung wurde gefällt und veröffentlicht, bevor Herr Roosevelt seine Ansprache hielt.

Ein weiteres Beispiel für verzerrte Aussagen und unfaire Kritik an den Gerichten finden Sie an derselben Adresse. Es bezog sich auf die Entscheidung des New Yorker Berufungsgerichts im Fall Ives *vs.* South Buffalo Railway Company [18], die letztes Jahr entschieden wurde und in der das Gericht feststellte, dass ein Gesetz zugegebenermaßen neu und revolutionär sei und eine Haftung seitens begründe ein Arbeitgeber gegenüber seinen Arbeitern, obwohl der Arbeitgeber und seine Vertreter völlig frei von Fahrlässigkeit oder Verschulden jeglicher Art waren und keine Sorgfalts-, Aufsichts- oder Auswahlpflicht vernachlässigt hatten, war verfassungswidrig, weil das Eigentum des Arbeitgebers genommen und dem Arbeiter unentgeltlich überlassen wurde Prozess des Rechts. Ives war als Bremser bei der beklagten Eisenbahngesellschaft beschäftigt. Während er auf den Waggons eines sehr langen Zuges lief, gab er dem Lokführer ein Zeichen, einen Spalt oder eine Lücke zu schließen, und wurde durch den entstehenden Stoß zu Boden geschleudert, allerdings ohne jegliche Fahrlässigkeit seitens der Eisenbahngesellschaft , und wahrscheinlich durch seine eigene Nachlässigkeit. Die Verletzung bestand aus einem verstauchten Knöchel und leichten Prellungen. In der Klageschrift wurde nicht behauptet, dass die Verletzung in irgendeiner Weise dauerhaft sei, und tatsächlich klagte Ives auf Lohnausfall während nur fünf Wochen und forderte fünfzig Dollar als Schadenshöhe. Mir wurde mitgeteilt, dass die Verletzung nicht schwerwiegend war, dass Ives sich vollständig erholte und seine Arbeit innerhalb von vier Wochen nach der Verletzung wieder aufnahm, dass die Eisenbahngesellschaft ihn letztendlich für seinen Zeitverlust bezahlte und dass er seitdem ununterbrochen bei derselben Firma beschäftigt war eine vergleichbare Tätigkeit ausüben und dass seine Fähigkeit, seinen Lebensunterhalt zu bestreiten, in keiner Weise beeinträchtigt wurde.

Wenden wir uns dem Bild zu, das Herr Roosevelt bei der Beschreibung dieses Falles gezeichnet hat, um eine Verfassungsversammlung zu unterweisen und zu leiten. „Ich denke nicht an die Terminologie der Entscheidung, noch an die meiner Meinung nach haarspalterischen und akribischen Argumente, die sorgfältig ausgearbeitet wurden, um einen großen und schrecklichen Justizirrtum zu rechtfertigen. Darüber hinaus denke ich nicht nur an die Leidtragenden in irgendeinem Fall. " Ich glaube, dass es sich bei dem verletzten Eisenbahnangestellten im New Yorker Fall um einen Mann namens Ives handelte. Das Gericht gibt dies in jedem Fall zu Aus moralischen Erwägungen hatte er das Recht, das Geld, das ihm das Gesetz zusprechen sollte, als sein Recht zurückzufordern. Doch das Gericht zwingt diesen Mann durch seine Entscheidung dazu, verstümmelt durchs Leben zu taumeln, und behält das Geld, das ihm gehören sollte, in der Schatzkammer des Unternehmens in durch dessen Dienst er als Folge seiner regulären Beschäftigung und der Bewältigung gewöhnlicher Risiken die Fähigkeit verlor, seinen eigenen Lebensunterhalt zu verdienen. Es gibt Tausende von Iveses in diesem Land; Tausende von Fällen wie dieser tauchen jedes Jahr auf, und das seit langem Das ist wahr, während die Gerichte diesen Männern wesentliche und elementare Gerechtigkeit verweigern und ihnen und dem Volk als Gegenleistung für Gerechtigkeit eine technische und leere Formel geben, ist es müßig, mich zu bitten, sie nicht zu kritisieren. Solange die Ungerechtigkeit von irgendeinem Gericht auf diese Weise verschärft wird, werde ich gegen ein solches Vorgehen mit aller Kraft protestieren, die in meinen Lügen steckt."

Um es noch einmal zu wiederholen: Ives wurde tatsächlich nicht verstümmelt; er wurde nicht dauerhaft verletzt; Ihm wurde die Möglichkeit, seinen Lebensunterhalt zu bestreiten, nicht genommen. Das Berufungsgericht gab auch nicht zu, dass Ives aus moralischen Gründen berechtigt war, das Geld, das ihm das Gesetz zu geben beabsichtigte, als seinen Anspruch zurückzuerlangen. Wäre dieser Punkt vor einem Gericht gewesen, und sei es noch so wohlwollend und sentimental, bezweifle ich sehr, dass Ives aus irgendeinem moralischen Grund berechtigt gewesen wäre, die Eisenbahngesellschaft zu zwingen, ihn für die vier oder fünf Wochen zu entschädigen , Lohnausfall, der nicht auf sein Verschulden, sondern auf seine eigene Fahrlässigkeit zurückzuführen ist. Die Aussagen, dass „das Gericht durch seine Entscheidung diesen Mann dazu zwingt, verstümmelt durchs Leben zu taumeln" und dass „er die Fähigkeit verloren hat, seinen Lebensunterhalt selbst zu verdienen", waren einfach reine Fiktion, aber natürlich waren sie bei einem emotionalen Publikum sehr wirkungsvoll und hoch darauf angelegt, Herrn Roosevelts Zuhörer und Leser gegen die Gerichte aufzuhetzen. Ich wage zu behaupten, dass es schwierig wäre, tatsächlich vor einem Gericht eine ungerechtfertigtere und unfairere Falschdarstellung der Tatsachen zu finden oder sich diese vorzustellen.

Eine weitere aktuelle Falschdarstellung besteht darin, dass der Oberste Gerichtshof der Vereinigten Staaten in den Fällen der zweiten Arbeitgeberhaftung eine Satzung des Kongresses als verfassungsgemäß bestätigt hat, die mit der Satzung identisch ist, die das New Yorker Berufungsgericht im Fall Ives für verfassungswidrig erklärt hat. Dem Volk wird gesagt, dass die New Yorker Gerichte die Bestimmung, die ein ordnungsgemäßes Verfahren im vierzehnten Verfassungszusatz verlangt, für eine Sache halten, während der Oberste Gerichtshof der Vereinigten Staaten genau die gleiche Bestimmung im fünften Verfassungszusatz für das Gegenteil hält. Doch wer sich die Mühe macht, die beiden Statuten zu lesen, wird sofort erkennen, dass sich das Gesetz des Kongresses grundlegend vom New York Workmen's Compensation Act unterscheidet. Das Gesetz des Kongresses schafft zwar die Regeln für die Handlungen von Mitbediensteten, die Risikoübernahme und die Mitfahrlässigkeit ab oder schränkt sie ein, legt aber den gewöhnlichen Eisenbahnbeförderern eine Haftung nur für „Verletzungen oder Todesfälle auf, die ganz oder teilweise auf die *Fahrlässigkeit* einer Person zurückzuführen sind". der leitenden Angestellten, Vertreter oder Angestellten eines solchen Transportunternehmens oder aufgrund von Mängeln oder Unzulänglichkeiten aufgrund von Fahrlässigkeit *an* seinen Autos, Motoren, Geräten, Maschinen, Gleisen, Straßenbetten, Werken, Booten, Kais oder anderen Geräten. " Andererseits schuf das New Yorker Gesetz die Haftung nicht für eine einzige gefährliche Beschäftigung, wie zum Beispiel das Geschäft als Güterbeförderer auf der Eisenbahn, sondern für viele andere Beschäftigungen, die nicht unbedingt gefährlich sind, und völlig unabhängig von Fahrlässigkeit oder Verschulden seitens des Arbeitgebers oder einem seiner leitenden Angestellten, Vertreter oder Angestellten. Tatsächlich gibt es in der New Yorker Entscheidung oder in den Stellungnahmen der Richter nichts, was ein mit dem Gesetz des Kongresses identisches Gesetz ungültig machen würde, wenn es jetzt vom New Yorker Gesetzgeber erlassen würde. Der Fall Ives würde ein solches Gesetz keineswegs verhindern, im Gegenteil, es wäre eine Autorität, die es unterstützt.

Ich bedauere, dass wir keine Zeit haben, diese besonderen Entscheidungen weiter zu prüfen. Meiner Meinung nach haben sie die etablierten Grundsätze des Verfassungsrechts und der Verfassungsgerechtigkeit korrekt und klug angewandt und waren moralisch richtig und gerecht. Ich plädiere jetzt für Fairness und Mäßigung bei der Diskussion der Entscheidungen unserer Gerichte und für die zwingende Notwendigkeit, diese Diskussionen auf der Wahrheit zu gründen. Botschafter Bryce sagte kürzlich in einer Ansprache: „Ihnen zu raten, sich an Fakten zu halten, bedeutet nicht, Sie von philosophischen Verallgemeinerungen abzubringen, sondern nur, Sie daran zu erinnern ... dass die Verallgemeinerungen aus den Fakten hervorgehen müssen und ohne die Fakten wertlos sind." " Mit anderen Worten: Die Berücksichtigung von Tatsachen, die nur ein anderer Begriff für Wahrheit sind, ist in Recht und Politik ebenso unverzichtbar oder sollte es sein wie in der Philosophie.

Die oben genannten Kritikpunkte müssen widerlegt werden, da sie ständig wiederholt werden und die Autorität angesehener Führer der öffentlichen Meinung haben, die derzeit das Vertrauen des Volkes zu genießen scheinen. Ihre Aussagen werden selbstverständlich als wahr akzeptiert. Die Richter werden von allen Seiten gleichermaßen falsch dargestellt und angegriffen und können sich nicht verteidigen. Bisher schien die Anwaltschaft insgesamt gleichgültig zu sein, und eine falsche Vorstellung davon, was guten Geschmack ausmacht, zwingt die Anwälte, die mit den kritisierten Fällen befasst sind, zum Schweigen. Die Menschen werden durch falsche Aussagen und unfaire Kritik in die Irre geführt, voreingenommen und aufgehetzt. Wenn die Gerichte nicht verteidigt werden, können sie sich dem Sturm unverdienter Kritik beugen. Bei der Beschaffenheit der Menschheit besteht die große Gefahr, dass die Richter durch diesen Missbrauch und dieses Geschrei unbewusst eingeschüchtert und genötigt werden. Ist es nicht höchste Zeit, dass sich die Mitglieder unseres Berufsstandes mit der Aufgabe befassen, die Gerichte zu verteidigen, indem sie dem Volk die Fakten vor Augen führen? Die Anwaltskammern des Landes werden niemals aufgefordert sein, dem Berufsstand und der Gemeinschaft einen größeren Dienst zu leisten, als dieser Flut von Falschdarstellungen und maßlosen Beschimpfungen Einhalt zu gebieten und sich darum zu bemühen, das Vertrauen in die Gelehrsamkeit, Unparteilichkeit und Unabhängigkeit unserer Richter wiederherzustellen. in der Gerechtigkeit ihrer Entscheidungen und in der Notwendigkeit, verfassungsrechtliche Beschränkungen durchzusetzen.

Die Entscheidungen der Gerichte werden nicht nur ständig verfälscht und falsch dargestellt, sondern den Menschen wird auch beigebracht, dass die Gerichte die Macht an sich gerissen haben, jedes Gesetz, das im Widerspruch zur Verfassung steht, für nichtig zu erklären, und dass eine solche Macht nie beabsichtigt war, ihnen zu übertragen die Verfasser nationaler oder staatlicher Verfassungen. Sicherlich sollte zu diesem Zeitpunkt klar sein, dass es wenig oder gar keinen Sinn hat, in Verfassungen zu erklären, dass Gesetzgeber keine Bills of Attainder oder Ex verabschieden sollen, wenn die Gerichte nicht für ungültig entscheiden und sich weigern, verfassungswidrigen Verordnungen Kraft und Wirksamkeit zu verleihen Post-facto-Gesetze oder Gesetze, die die Meinungs- oder Pressefreiheit einschränken oder die freie Religionsausübung verbieten oder das Recht auf ein Schwurgerichtsverfahren verweigern oder Inhaftierungen ohne Gerichtsverfahren vorsehen oder die Habeas-Corpus-Verfügung aussetzen oder Privatpersonen beschlagnahmen Eigentum.

Als er zu diesem Thema der richterlichen Macht und Pflicht sprach, verwendete Hamilton im „Föderalisten" eine Sprache, die nicht oft genug wiederholt werden kann. Er machte deutlich, dass man im Jahr 1788 davon ausging und erwog, dass die Gerichte die Befugnis ausüben sollten, Gesetze für ungültig zu erklären, die im Widerspruch zur Verfassung standen. Tatsächlich wurde diese Befugnis damals bereits von staatlichen Gerichten ausgeübt. Er sagte, dass verfassungsrechtliche Beschränkungen „in der Praxis nur durch die Vermittlung von Gerichten aufrechterhalten werden können, deren Aufgabe es sein muss, alle Handlungen, die dem offensichtlichen Tenor der Verfassung zuwiderlaufen, für nichtig zu erklären Rechte oder Privilegien wären bedeutungslos ... Es gibt keine Position, die auf klareren Grundsätzen beruht, als dass jede Handlung einer delegierten Autorität, die dem Tenor der Kommission, unter der sie ausgeübt wird, widerspricht, nichtig ist. Daher kein Gesetzgebungsakt , im Gegensatz zur Verfassung, gültig sein kann. Dies zu leugnen würde bedeuten, zu behaupten, dass der Stellvertreter größer ist als sein Auftraggeber, dass der Diener über seinem Herrn steht, dass die Vertreter des Volkes über dem Volk selbst stehen und dass Männer handeln Aufgrund ihrer Befugnisse dürfen sie nicht nur das tun, was ihre Befugnisse nicht gestatten, sondern auch, was sie verbieten der Richter als Grundgesetz. Es obliegt ihnen daher, dessen Bedeutung sowie die Bedeutung jedes einzelnen von der gesetzgebenden Körperschaft ausgehenden Rechtsakts zu ermitteln. Sollte zwischen den beiden ein unüberbrückbarer Widerspruch bestehen, so sollte natürlich demjenigen der Vorzug gegeben werden, das die höhere Verpflichtung und Gültigkeit hat; oder mit anderen Worten, die Verfassung sollte dem Gesetz vorgezogen werden; die Absicht des Volkes zur Absicht seiner Agenten. Diese Schlussfolgerung setzt auch keineswegs eine Überlegenheit der richterlichen Gewalt gegenüber der gesetzgebenden Gewalt voraus. Es geht nur davon aus, dass die Macht des Volkes beiden überlegen ist; und dass dort, wo der in seinen Statuten erklärte Wille des Gesetzgebers im Gegensatz zu dem in der Verfassung erklärten Willen des Volkes steht, die Richter eher von letzterem als von ersterem regiert werden sollten. Sie sollten ihre

Entscheidungen durch die Grundgesetze regeln, und nicht durch solche, die nicht grundlegend sind." [19]

Ebenso schlüssig und einer ständigen Wiederholung würdig ist die Argumentation des Obersten Richters Marshall in der Rechtssache Marbury *vs.* Madison, in der er sagte: „Auf welchen Zweck werden Befugnisse beschränkt, und zu welchem Zweck ist diese Beschränkung auf das Schreiben festgelegt, wenn diese Beschränkungen überhaupt möglich sind?" jederzeit von denjenigen verabschiedet werden, die eingeschränkt werden sollen? Die Unterscheidung zwischen einer Regierung mit begrenzten und unbegrenzten Befugnissen wird aufgehoben, wenn diese Beschränkungen die Personen, denen sie auferlegt werden, nicht einschränken und wenn verbotene und erlaubte Handlungen gleichermaßen verpflichtend sind . Es ist eine These, die zu klar ist, um angefochten zu werden, dass die Verfassung jeden ihr zuwiderlaufenden Gesetzgebungsakt regelt oder dass der Gesetzgeber die Verfassung durch einen gewöhnlichen Akt ändern kann. Zwischen diesen Alternativen gibt es keinen Mittelweg. Die Verfassung ist entweder a übergeordnetes Gesetz, das mit gewöhnlichen Mitteln nicht änderbar ist, oder es steht auf einer Ebene mit gewöhnlichen Gesetzgebungsakten und ist, wie andere Gesetze auch, änderbar, wenn es dem Gesetzgeber gefällt, es zu ändern. Wenn der erste Teil der Alternative zutrifft, dann ist ein verfassungswidriger Gesetzgebungsakt kein Gesetz; wenn der zweite Teil zutrifft, dann sind geschriebene Verfassungen absurde Versuche seitens des Volkes, eine eigene Macht einzuschränken Natur unbegrenzt." [20]

Diese Entscheidung des Obersten Gerichtshofs, wonach es die Pflicht und Befugnis der Gerichte sei, Verfassungen auszulegen und die Durchsetzung verfassungswidriger Gesetze zu verweigern, wurde im Jahr 1803 gefällt. Dennoch wurde die Verfassung der Vereinigten Staaten viermal geändert Seit dieser Entscheidung ist zwar so viel Zeit vergangen, und die Verfassung jedes Staates wurde immer wieder umgestaltet oder geändert. Keine amerikanische Verfassung hat den Gerichten jemals die Befugnis zur Auslegung von Verfassungen oder die Pflicht verweigert, die Durchsetzung von Gesetzen zu verweigern, die im Widerspruch zu verfassungsrechtlichen Beschränkungen stehen. Wenn die Befugnis, jedes Gesetz, das im Widerspruch zur Verfassung der Vereinigten Staaten steht, für nichtig zu erklären, im Jahr 1788, als Hamilton seine berühmten Aufsätze schrieb, für notwendig erachtet wurde, sollte sie in unserer Zeit der vielfältigen Gesetzgebung und der enormen Zunahme der Funktionen sicherlich weitaus notwendiger sein des Staates und eine inkompetente, rücksichtslose und unterdrückende Klassengesetzgebung, die auf fast jede erdenkliche Weise in die Rechte und Freiheiten des Einzelnen eingreift.

Darüber hinaus wäre die Verfassung der Vereinigten Staaten wahrscheinlich nie angenommen worden, wenn das Volk, wie jetzt behauptet wird, verstanden hätte, dass es dem Kongress freisteht, verfassungsrechtliche Beschränkungen und Garantien außer Acht zu lassen, und dass es überhaupt keine Möglichkeit gibt, eine Verletzung zu verhindern vom Kongress über die verfassungsmäßigen Rechte des Einzelnen außer bei Wahlen. Alle, die sich mit unserer Geschichte befassen, wissen, dass die Verfassung vom Volk mit der eindeutigen Zusage angenommen wurde, dass Änderungsanträge, die eine Grundrechtsvereinbarung zum Schutz des Einzelnen vor dem Kongress verkörpern, sofort angenommen würden. Und einer der ersten Akte des Ersten Kongresses im September 1789 bestand darin, die zehn als Federal Bill of Rights bekannten Zusatzartikel vorzulegen, die daraufhin von den Bundesstaaten ratifiziert wurden und integraler Bestandteil der Verfassung wurden. Aber welchen Nutzen oder Nutzen hätten diese Änderungen, wenn der Kongress nicht wirksam durch sie eingeschränkt und gebunden würde? Es ist keine Übertreibung zu sagen, dass den Gerichten nun die Befugnis entzogen werden sollte, Prozessparteien zu schützen, die sich auf Verfassungsgarantien berufen, und dass sie gezwungen werden sollten, Gesetze als gültige Gesetze durchzusetzen, die gegen die Beschränkungen der Gesetzgebungsbefugnis verstoßen, die das Volk bewusst verankert hat unsere Verfassungen würden zu toten Buchstaben werden, und wir könnten uns genauso gut an die reine und uneingeschränkte Demokratie Griechenlands wenden und ihr Schicksal abwarten.

In einer inspirierenden Ansprache, die er dieses Jahr vor der New York State Bar Association zum Thema gerichtliche Entscheidungen und öffentliche Gefühle hielt, sagte Senator Root eloquent: „Ein souveränes Volk, das erklärt, dass alle Menschen bestimmte unveräußerliche Rechte haben, und sich selbst die große Unpersönlichkeit auferlegt." Verhaltensregeln, die für die Wahrung dieser Rechte als notwendig erachtet werden, und erklärt gleichzeitig, dass sie diese Regeln missachten wird, wenn im Einzelfall die Mehrheit ihrer Wähler dies wünscht, einen völligen Widerspruch feststellt Es lehnt die Vorstellung einer Gerechtigkeit ab, die über den Mehrheiten steht, eines Rechts der Schwachen, das die Starken respektieren müssen. Es leugnet die lebenswichtige Wahrheit, die von der Religion gelehrt wird die in der harten Erfahrung der Menschheit verwirklicht wurde und die jede Verfassung, die Amerika erlassen hat, und jede große Erklärung für die menschliche Freiheit seit der Magna Carta inspiriert hat – die Wahrheit, dass die menschliche Natur ihren eigenen Impulsen und Leidenschaften misstrauen und für ihre eigene Kontrolle sorgen muss Zurückhaltender und leitender Einfluss erklärter Handlungsprinzipien."

In vielen der aktuellen Angriffe auf die Justiz, die häufig Projekte unterstützen, die ihren Ursprung auf dem europäischen Kontinent haben, finden wir den Vorwurf, dass die Gerichte in diesem Land – Landes- und Bundesgerichte – größere Macht ausüben als die Gerichte, wenn sie Gesetze für verfassungswidrig erklären anderer Länder sind zur Ausübung berechtigt. Als ob das ein Argument gegen amerikanische Institutionen wäre! Jeder Schüler weiß, dass die Autoren beabsichtigten, dass sich unsere Regierung von jeder anderen Regierung auf der Welt unterscheiden sollte. Die Gründer wichen nicht nur absichtlich von den Beispielen bestehender Regierungen ab, sondern versuchten auch eifrig, eine neue Form der republikanischen Regierung zu etablieren, die den Geist der Unabhängigkeitserklärung aufrechterhalten, die unveräußerlichen Rechte des Einzelnen sichern und die Minderheit davor schützen würde Unterdrückung oder Tyrannei der Mehrheit. Weil diese Rechte des Einzelnen gegenüber Mehrheiten und jeder Form staatlicher Macht gesichert und heilig gemacht werden sollten, wie die Gründer glaubten, sollten wir uns von anderen Regierungen unterscheiden. Und das wesentliche und wirksame Merkmal dieses Unterschieds lag in der Befugnis der Justizbehörde, diese Rechte aufrechtzuerhalten und zu schützen. Hochtrabende Erklärungen der Menschenrechte würden sehr wenig bedeuten, wenn sie nicht vor Gericht durchsetzbar wären.

Wenn wir unsere Regierungsform mit der anderer Länder vergleichen, wird uns gesagt, dass in England, in Frankreich oder anderswo sogenannte fortschrittliche Maßnahmen durch den Willen der Mehrheit zur sofortigen Umsetzung gezwungen wurden und dass die Gerichte dort machtlos waren Ist es mit der Einmischung ernsthaft beabsichtigt, dem Volk der Vereinigten Staaten nahezulegen, dass es daher alle verfassungsmäßigen Beschränkungen, alle seine alten und ehrlichen Verfassungsprinzipien beiseite werfen und den Schutz von Leben, Freiheit und Eigentum vollständig in den Händen lassen sollte? der Legislative? Gibt es nicht immer noch bestimmte Rechte, die selbst diejenigen, die unsere Institutionen angreifen, unter dem Schutz der Verfassung, die sie verspotten, gerne von unseren Gerichten geschützt hätten? Wenn darauf gedrängt wird, dass die Gerichte nicht befugt sein sollten, eine Handlung für verfassungswidrig zu erklären, sondern verpflichtet sein sollten, alle Gesetzesverordnungen durchzusetzen, auch wenn einige von ihnen im Widerspruch zur Verfassung stehen könnten, ist dann klar, dass die Bill of Rights dann dem Gesetz überlassen bleiben würde Willkürlicher Ermessensspielraum oder Willkür des Gesetzgebers, und dass es folglich keinen größeren praktischen Schutz für den Einzelnen bieten würde als die Papierverfassungen einiger südamerikanischer Republiken, die ebenfalls beredte Erklärungen zu den Rechten des Einzelnen enthalten? Wird vergessen oder übersehen, dass in England und Frankreich und all den anderen Ländern, mit deren Regierungssystemen das unsere verglichen wird, die gesetzgebende Gewalt praktisch die oberste Gewalt ist und dass sie nach ihrem bloßen Willen ächten, enteignen oder einsperren kann – was sie leugnen kann?

Religionsfreiheit, Einschränkung der Meinungs- und Pressefreiheit, Verabschiedung von Attentats- und Ex-post-facto-Gesetzen, Aussetzung des Habeas-Corpus-Urteils, Verhängung grausamer und ungewöhnlicher Strafen, Verweigerung des Rechts der Person, die eines Verbrechens beschuldigt wird, auf ein Gerichtsverfahren oder überhaupt eine Anhörung, privates Eigentum entschädigungslos beschlagnahmen und die Verbindlichkeit von Verträgen beeinträchtigen?

Nehmen wir zum Beispiel an, dass der Kongress oder eine staatliche gesetzgebende Körperschaft es für angebracht hielt, diejenigen einzusperren, die sich nicht zur Religion der Mehrheit bekannten oder deren Formen und Grundsätze befolgten. Wer außer den Gerichten könnte die Minderheit dann vor solchen tyrannischen Maßnahmen schützen, und wie könnten die Gerichte sie schützen, außer indem sie das Gesetz für verfassungswidrig und nichtig erklären und sich weigern, es durchzusetzen? Wir müssen nur ein paar Generationen zurückgehen, um in England und den amerikanischen Kolonien genau solche Gesetze zu finden, und unsere Verfassungen versuchen, ihre Wiederholung zu verhindern. Nehmen wir noch einmal an, dass der Kongress oder ein Landtag ein Gesetz verabschieden sollte, das die Meinungs- oder Pressefreiheit einschränkt und diejenigen, die gegen das Gesetz verstoßen, strafrechtlich verfolgt und mit Gefängnis bestraft. Wie könnte der Einzelne dann außer durch die Justiz geschützt werden, und wie könnte die Justiz ihn schützen, wenn er nicht die Befugnis ausübt, das Gesetz für verfassungswidrig zu erklären?

Erklären die Agitatoren, die unser Verfassungssystem angreifen, ihren Zuhörern, dass in den ausländischen Regierungen, mit denen sie Vergleiche anstellen, die gesetzgebende Gewalt Arbeiter in jedem Gewerbe dazu zwingen könnte, so viele Stunden am Tag zu solchen Löhnen und unter solchen Bedingungen zu arbeiten? Bedingungen, die die Mehrheit erlassen wollte? Angenommen, die gesetzgebende Körperschaft von Pennsylvania würde ein Gesetz verabschieden, das Arbeiter in Kohlebergwerken dazu zwingt, zwölf oder mehr Stunden am Tag gegen eine von ihr festgelegte Entschädigung zu arbeiten, und vorsieht, dass die Weigerung ein Verbrechen darstellen sollte. Oder ähnlich im Fall der Bahnangestellten. Dabei würde der Gesetzgeber im berühmten englischen Statute of Labourers sowie in zahlreichen anderen europäischen Verordnungen einen Präzedenzfall finden. Die gesetzgebende Körperschaft von Pennsylvania könnte ein Gesetz verabschieden, das dem des britischen Parlaments im Jahr 1720 und erneut im Jahr 1800 ähnelt und es für Arbeiter zu einem Verbrechen macht, sich zusammenzuschließen, um einen Lohnvorschuss zu erhalten oder ihre Arbeitszeit zu verkürzen oder zu ändern. Ist es unvorstellbar, dass die Zeit kommen könnte, in der die Mehrheit der Wähler in Pennsylvania glauben wird, dass es zwingend erforderlich ist, die Arbeit in Kohlebergwerken und auf den Eisenbahnen auf diese Weise zu regulieren? Beide Industriezweige sind unverzichtbar, dienen jedem Haushalt im Staat und wirken sich auf jeden aus Einzelne, ob reich oder arm, und alle dazu zwingen, Tribut zu zahlen? Könnten nicht Vorurteile und Eigeninteressen zu einem solchen Gesetz verführen oder es dazu zwingen, und könnte es nicht von der Mehrheit erlassen werden, insbesondere wenn die Betroffenen Ausländer ohne politische Macht wären? Ist es undenkbar, dass die Eigentümer der Kohlebergwerke und der Eisenbahnen eines Tages eine Mehrheit in der Legislative haben könnten? Aber wie könnten diese Bergleute und Eisenbahnangestellten vor solchen Verordnungen und strafrechtlicher Verfolgung geschützt werden, wenn die Gerichte nicht die Befugnis hätten, Gesetze für verfassungswidrig zu erklären und ihre Durchsetzung zu verweigern, weil sie den Einzelnen seiner verfassungsmäßigen Rechte berauben würden?

In neun von zehn Fällen wäre die Antwort auf diese Vorschläge derjenigen, die heute die Justiz angreifen, zweifellos, dass niemand die Absicht hat, so extrem zu gehen, und dass niemand eingestellt werden möchte oder jemand anderen einstellen möchte völlig der Gnade des Gesetzgebers ausgeliefert. Daher würden sie einräumen, dass einige Rechte dennoch von den Gerichten geschützt werden sollten. Aber enthält diese Antwort nicht den Kern des gesamten Problems und das gesamte Prinzip und die Tugend des amerikanischen Systems verfassungsrechtlicher Beschränkungen? Wenn die Kritiker unseres Systems einige Rechte, insbesondere ihre eigenen, durch die Gerichte schützen lassen würden, müssten sie dann nicht zugeben, dass sie in Wahrheit nur Änderungen wünschen, wenn es um die Rechte anderer geht, und dass sie an der Verfassung und anderen haften würden? sich auf den Schutz der richterlichen Gewalt in allen Bereichen berufen, in denen ihre persönliche Freiheit und ihre eigenen Persönlichkeits- und Eigentumsrechte berührt werden? Oberster Richter Cullen vom New Yorker Berufungsgericht sagte kürzlich: „Das große Unglück der Zeit ist die Manie, alles menschliche Verhalten gesetzlich zu regeln, von der Verantwortung, von der nur wenige befreit sind, da viele unserer intelligentesten und am höchsten gebildeten Bürger, die die gesetzgeberische Einmischung in die Angelegenheiten, an denen sie interessiert sind, als Bevormundung und Sozialismus ablehnen, sind am beharrlichsten bei dem Versuch, das Verhalten anderer gesetzlich zu regeln.“ [21]

Ich bezweifle nicht, dass wir, wenn wir vor einem großen Tribunal der amerikanischen öffentlichen Meinung eine erschöpfende Debatte führen und die Argumente gegen die richterliche Gewalt in Verfassungsfällen Schritt für Schritt analysieren und sichten könnten, letztendlich diejenigen finden würden, die es sind Wenn man den Gerichten so heftig vorwirft, dass sie durch die Weigerung, verfassungswidrige Gesetze durchzusetzen, die Macht an sich gerissen haben, würde man dennoch den fortgesetzten Schutz der Gerichte in Bezug auf ihre eigenen verfassungsmäßigen Rechte und Freiheiten wünschen und nur Änderungen und Einschränkungen in Bezug auf die Rechte und Freiheiten fordern Freiheiten anderer. Ich bin zuversichtlich, dass, wenn es dem Volk der Vereinigten Staaten überlassen bliebe, durch seine Stimmen die einfache Frage zu entscheiden, ob es die grundlegenden, elementaren und unveräußerlichen Rechte, die jeder amerikanische Bürger jetzt genießt, in die Hände des Kongresses oder der gesetzgebenden Körperschaften seiner Bundesstaaten legen würde – die in der Unabhängigkeitserklärung verkündeten unveräußerlichen Rechte – würde eine überwältigende Mehrheit gegen jede solche Änderung stimmen. Tatsächlich könnte diese Überzeugung durch die jüngsten Erfahrungen in Australien, der Hochburg des Radikalismus, gestützt werden. Ein Versuch, durch eine Verfassungsänderung die Macht der Justiz in arbeitsrechtlichen Kontroversen einzuschränken und dem australischen Parlament alle für die Behandlung von Arbeitsfragen erforderlichen Befugnisse zu übertragen, war dort Gegenstand eines Referendums und wurde bei den Wahlen entschieden abgelehnt. Sind wir wahrscheinlich weniger konservativ als die Australier oder sind wir uns der Notwendigkeit kluger verfassungsrechtlicher Garantien und Beschränkungen weniger bewusst?

Die Wahrheit ist, dass unsere nationalen und staatlichen Verfassungen einer fairen und gerechten Ausübung der sogenannten Polizeigewalt oder Maßnahmen für sozialen Fortschritt oder soziale Gerechtigkeit nicht im Wege stehen und dass sie eine vernünftige und gerechte Ausübung nicht verhindern Vorschriften, die darauf abzielen, die Gesundheit zu schützen und das Wohlergehen der Gemeinschaft insgesamt zu fördern, oder die Verabschiedung ordnungsgemäßer und angemessener Fabrikgesetze oder ordnungsgemäßer und angemessener Arbeitnehmerentschädigungsgesetze. Die Hauptursache des Problems besteht darin, dass die Gesetze, deren Durchsetzung die Gerichte verweigern müssen, sehr oft voreilig und grob formuliert sind und oft von Natur aus unvernünftig und ungerecht sind.

Aber selbst wenn dies nicht der Fall sein sollte; Selbst wenn das Volk nach vollständiger Darlegung der Fakten und gründlicher Erläuterung der Auswirkungen der Änderung nach reiflicher Überlegung den Wunsch hegt, unseren gesetzgebenden Körperschaften größere Macht zu verleihen oder die Macht der Gerichte einzuschränken, sind die Mittel in ihrer Reichweite. In New York und in anderen Bundesstaaten kann die Verfassung problemlos innerhalb von zwei Jahren geändert werden.

Es wurde wiederholt behauptet, dass die Verfassung der Vereinigten Staaten praktisch nicht mehr änderbar ist, obwohl ihre Änderung in Wirklichkeit keine größeren Schwierigkeiten mit sich bringt, als beabsichtigt waren oder vernünftigerweise notwendig erscheinen würden, oder als sich ergeben würden, wenn wir es jetzt wären Ausarbeitung einer neuen nationalen Verfassung. Der vorgeschriebene Mechanismus einer Abstimmung durch zwei Drittel beider Kammern des Kongresses und einer Ratifizierung durch drei Viertel der Bundesstaaten zwingt lediglich zur Beratung und verhindert übereiltes und unüberlegtes Handeln. Wenn die Bevölkerung des Landes wirklich eine bestimmte Änderung der Verfassung der Vereinigten Staaten wünscht, sollte diese innerhalb von weniger als zwei Jahren leicht erhältlich sein.

So wurden die ersten zehn Änderungsanträge im September 1789 vom Kongress vorgeschlagen und in jenen Tagen des langsamen Reisens und der schwierigen Kommunikation von acht Staaten innerhalb von sechs Monaten und von den erforderlichen drei Vierteln innerhalb von zwei Jahren angenommen. Der zwölfte Verfassungszusatz, der 1803 vorgeschlagen wurde, wurde innerhalb von neun Monaten ratifiziert. Der dreizehnte Verfassungszusatz, der 1865 vom Kongress vorgeschlagen wurde, wurde innerhalb von zehn Monaten von den Parlamenten von 27 der damals 36 Bundesstaaten ratifiziert; und der fünfzehnte Verfassungszusatz, der letzte, der im Februar 1869 vorgeschlagen wurde, wurde innerhalb eines Jahres von 29 der 37 Staaten ratifiziert. Die Verzögerung bei der Annahme des vorgeschlagenen sechzehnten Zusatzartikels, der den Kongress zur Erhebung einer Einkommensteuer ermächtigt, ist ausschließlich auf die Tatsache zurückzuführen, dass es ernsthafte Meinungsverschiedenheiten darüber gibt, ob diese Befugnis übertragen werden sollte oder nicht, obwohl die Befürworter des Zusatzartikels dies selbstbewusst verkündeten das Bestehen eines nahezu allgemeinen Wunsches seitens der Bevölkerung nach einer solchen Verfassungsänderung. [22]

Einer der heimtückischsten Vorschläge, die man der Bevölkerung im Allgemeinen machen kann, ist, dass es eine unüberwindbare Schwierigkeit gibt, Änderungen an unseren Verfassungen durchzusetzen, ebenso irreführend und gefährlich wie es für sie ist, wenn ihnen gesagt wird, dass ihre Wünsche dadurch vereitelt werden die Justiz und dass sie Reformen durchführen müssen, indem sie entweder die Gerichte unter Druck setzen oder die Grundlagen ihrer Verfassungen untergraben. Die zukünftige Zufriedenheit der Menschen setzt voraus, dass sie das Gefühl haben, dass die Regierungen der Bundesstaaten und des Bundes ihre Regierungen sind, dass sie selbst letztendlich die souveräne Macht sind und dass es ihnen freisteht, das organische Gesetz von Zeit zu Zeit im Laufe ihrer Reife zu ändern und ein bewusstes Urteil muss als notwendig oder wünschenswert erachtet werden. Alles, was die Konservativen verlangen können oder verlangen, ist, dass das Volk bewusst und unter Umständen handelt, die so berechnet sind, dass es Zeit und Gelegenheit für eine vollständige Erklärung und ein vollständiges Verständnis des Umfangs und der Tendenz der vorgeschlagenen Änderungen bietet, damit Fehler entdeckt werden können und entlarvt, damit Theoriebildung, Sentimentalismus, Lärm und Vorurteile sich erschöpfen und der nüchterne zweite Gedanke in jedem Teil des Landes geltend gemacht werden kann. Wenn dann beschlossen wird, unsere Verfassungen zu ändern, auch wenn Leben, Freiheit und Eigentum dem uneingeschränkten Ermessen und der Gnade unserer Gesetzgeber unterworfen werden, muss dem Willen des souveränen Volkes gehorcht werden. Hoffen und beten wir jedoch, dass die angenommenen Änderungsanträge konservativ und klug sein werden und dass die Rechte der Minderheit gegenüber der Mehrheit nicht achtlos für den vorübergehenden Vorteil einer Klasse gegenüber einer anderen geopfert werden, und dass dies der Fall sein wird Seien Sie sich darüber im Klaren, dass die individuelle Freiheit das lebenswichtige Anliegen jedes Menschen, ob reich oder arm, sein sollte, da sie für die Aufrechterhaltung der Institutionen, die wir als besonders und überaus amerikanisch schätzen, von wesentlicher Bedeutung ist. Versuchen wir insbesondere zu vermeiden, dass irgendeiner Klasse Verfassungsänderungen oder Gesetzeserlasse für ihre eigenen besonderen Zwecke zugute kommen. Während wir in voller Sympathie, Großzügigkeit und Nächstenliebe den legitimen Forderungen der arbeitenden Klassen sowie der Armen und Demütigen nachkommen, sollten wir dennoch die Augen offen halten, um solche bösartigen Folgen zu verhindern, die sich aus verfassungsmäßigen oder gesetzlichen Bestimmungen ergeben würden, die nominell zum Wohle des Wohlergehens formuliert sind der Arbeit, sondern in Wirklichkeit mit dem Ziel, den Interessen einer bestimmten Klasse gegenüber einer anderen zu dienen, wie wir gesehen haben, war dies bei der New Yorker Mietshausgesetzgebung von 1884 der Fall. In der Zwischenzeit warten solche Änderungen auf ordnungsgemäße, ordnungsgemäße und vernünftige Weise Lassen Sie uns unserem verfassungsmäßigen System treu und ergeben sein, das uns seit mehr als einem Jahrhundert durch jeden Sturm und so oft „trotz falscher Lichter am Ufer" getragen hat. Seien wir auch ehrlich und fair und, wenn möglich, maßvoll in unserer Kritik an allen Amtsträgern, sei es in der Legislative, der Exekutive oder der Judikative.

Abschließend noch ein Wort zur besonderen Aufgabe unseres Berufsstandes. Es ist weder die Kanzel noch die Presse, sondern das Gesetz, das jede Faser des gesamten Lebensgefüges erreicht und berührt , das jedes Recht des Einzelnen umgibt und bewacht, das die größten und kleinsten menschlichen Angelegenheiten erfasst und das alles erfasst ganze Gemeinschaft und jedes Menschenrecht . Wenn wir Anwälte unseres Berufs würdig sind, sind wir verpflichtet, nicht nur die verfassungsmäßigen Garantien vor Gericht für einzelne Mandanten zu verteidigen, sondern die Menschen zu gegebener Zeit und außerhalb der Zeit zu lehren, die verfassungsmäßigen Rechte anderer zu schätzen und zu respektieren und sie zu respektieren Schätzen Sie die Institutionen, die wir geerbt haben. Es ist unsere Pflicht, den Reichen und Armen, allen Gewerben und Berufen, allen Ständen und allen Klassen, in den Städten und auf den Ebenen verfassungsmäßige Moral zu predigen. Es ist unsere Aufgabe, die Mitglieder jeder Klasse davon zu überzeugen, dass die Missachtung der Grundrechte anderer auf lange Sicht im Widerspruch zu ihrem eigenen dauerhaften Wohlergehen und Glück stehen würde und nicht zugelassen werden darf, wenn wir ein freies Volk bleiben wollen. Welche höhere Pflicht, welche edlere Aufgabe könnte uns auferlegen, als den Wert und die Heiligkeit der alten und ehrlichen Grundsätze der Gerechtigkeit zu lehren, die in unseren Verfassungen verankert sind und unsterblich sind wie die ewigen Wahrheiten, aus denen sie ihren Ursprung haben, und allen Klassen die Tugend zu predigen politischer Gerechtigkeit und selbst auferlegter politischer Zwänge, ohne die es keine echte Verfassungsmoral geben kann.

FUSSNOTEN:

[10] Ansprache vor der Pennsylvania State Bar Association auf ihrer achtzehnten Jahrestagung, die am 25. Juni 1912 in Cape May, New Jersey, stattfand.

[11] 188 United States Reports, S. 375.

[12] 98 New York Reports, p. 98.

[13] 33 Hun's Reports, S. 380, 382, 383.

[14] 177 New York Reports, p. 145; 198 Berichte der Vereinigten Staaten, S. 45.

[15] 169 United States Reports, S. 366.

[16] 207 United States Reports, S. 463.

[17] 223 United States Reports, S. 1.

[18] 201 New York Reports, p. 271.

[19] The Federalist, Ford-Ausgabe, S. 520, 521, 522.

[20] 1 Cranch's Reports, S. 176-177.

[21] 204 New York Reports, p. 534.

[22] Seitdem diese Ansprache gehalten wurde, wurde der sechzehnte Verfassungszusatz ratifiziert. Sie wurde am 16. Juli 1909 vom Kongress vorgeschlagen und am 25. Februar 1913 für wirksam erklärt. Die siebzehnte Änderung wurde am 15. Mai 1912 vom Kongress vorgeschlagen und am 31. Mai 1913 für wirksam erklärt. Angesichts dieser Demonstration sollte es

sicherlich keine sein länger darauf hingewiesen, dass die Verfassung der
Vereinigten Staaten praktisch nicht änderbar sei.

DIE ELFTE ÄNDERUNG [23]

Von DEN wichtigen Fragen des Verfassungsrechts, mit denen das Land derzeit konfrontiert ist, hat keine größere Auswirkungen auf den Frieden und die Harmonie unseres dualen Regierungssystems als die Befugnis eines Bundesgerichts, einem Staatsbeamten die Durchsetzung der Bestimmungen eines Staatsgesetzes zu untersagen steht im Widerspruch zur Verfassung der Vereinigten Staaten. Diese Frage stellt sich normalerweise im Zusammenhang mit dem elften Verfassungszusatzartikel, der besagt, dass „die richterliche Gewalt der Vereinigten Staaten nicht so ausgelegt werden darf, dass sie sich auf Klagen aus Rechts- oder Billigkeitsgründen erstreckt, die von Bürgern der Vereinigten Staaten gegen einen der Vereinigten Staaten eingeleitet oder strafrechtlich verfolgt werden." eines anderen Staates oder durch Bürger oder Untertanen eines fremden Staates." In New York, North Carolina, Alabama, Missouri, Kansas, Minnesota und anderen Bundesstaaten kam es zu ernsthaften Kontroversen über den Erlass von einstweiligen Verfügungen durch Bundesgerichte gegen Staatsbeamte. Auf einer Versammlung von Generalstaatsanwälten mehrerer Bundesstaaten, die im September und Oktober 1907 in St. Louis stattfand, wurde ein Mahnmal an den Präsidenten und den Kongress verabschiedet, in dem sie dafür beteten, dass die Zuständigkeit der Bezirksgerichte der Vereinigten Staaten in dieser Hinsicht eingeschränkt werden möge Klagen, die eingereicht werden, um Staatsbeamte daran zu hindern, staatliche Gesetze oder Anordnungen staatlicher Verwaltungsräte durchzusetzen. In seiner jährlichen Botschaft an den Kongress machte der Präsident dieses Gremium auf die Angelegenheit aufmerksam und erklärte, dass häufig Unzufriedenheit mit der Anwendung des Verfahrens der einstweiligen Verfügung durch die Gerichte zum Ausdruck gebracht werde, wenn es um staatliche Gesetze gehe. Die Zusammenkunft des Kongresses war geprägt von der Einführung zahlreicher Gesetzesentwürfe zur Einschränkung der Befugnis der Bundesgerichte, einstweilige Verfügungen zu erlassen, und von der Vorlage mehrerer gemeinsamer Resolutionen zur Änderung der Verfassung der Vereinigten Staaten, die dasselbe Ziel hatten. Die Frage wird vielleicht im nächsten Präsidentschaftswahlkampf eine wichtige Rolle spielen. Es könnte daher angebracht sein, zu diesem Zeitpunkt einen Blick auf die Geschichte des elften Zusatzartikels zur Verfassung der Vereinigten Staaten zu werfen, um zu sehen, welches Licht diese Geschichte auf die Absichten seiner Verfasser wirft. Wollten sie mit dem Verbot von Klagen einer Einzelperson gegen einen Staat den Gerichten der Vereinigten Staaten die Befugnis verweigern, einem Staatsbeamten die Durchsetzung eines Staatsgesetzes zu untersagen, das im Widerspruch zur Verfassung der Vereinigten Staaten steht?

In den Jahren 1787 und 1788, als die Bevölkerung der Vereinigten Staaten über die Verabschiedung der Verfassung nachdachte, gab es widersprüchliche Ansichten darüber, ob ein einzelner Staat Anspruch auf die Beitreibung von Ansprüchen gegen ihn erheben kann. Hamilton, Madison und Marshall vertraten die Meinung, dass ein Staat nach der Verfassung in ihrer Fassung nicht von einer Einzelperson verklagt werden könne. Eine Reihe prominenter Männer, darunter Edmund Pendleton, Patrick Henry und George Mason, waren der Meinung, dass der Wortlaut der Gerichtsklausel die Zuständigkeit für die Behandlung und Entscheidung einer solchen Klage verleihe. Einige forderten dies als Einwand gegen die Verfassung. Andere, darunter James Wilson aus Pennsylvania und Edmund Randolph aus Virginia, zwei der angesehensten Anwälte und Publizisten der Zeit und Mitglieder des Verfassungskonvents, behaupteten nicht nur, dass die Zuständigkeit übertragen wurde, sondern dass es klug und notwendig sei, dass eine solche Zuständigkeit vorhanden sei . Wilson drängte darauf, dass „wenn ein Bürger eine Kontroverse mit einem anderen Staat hat, es ein Tribunal geben sollte, in dem beide Parteien auf einer gerechten und gleichen Grundlage stehen können", und Randolph argumentierte, dass die Gerichtsbarkeit dazu tendieren würde, „bestehende Ansprüche gültig und wirksam zu machen". und letztendlich die Gerechtigkeit zu sichern, die in jeder regulären Regierung zu finden ist." Die Verfassung der Vereinigten Staaten wurde in der vorgelegten Fassung mit der Maßgabe angenommen, dass unverzüglich Änderungen vorgeschlagen würden. Der Erste Kongress legte zwölf Änderungsanträge vor, von denen zehn angenommen wurden, aber die Eignung eines Staates wurde in keinem von ihnen erwähnt.

Die Frage wurde 1792 in einer Klage von Chisholm, einem Bürger des Bundesstaates South Carolina, gegen den Bundesstaat Georgia vor dem Obersten Gerichtshof der Vereinigten Staaten unter dessen ursprünglicher Zuständigkeit zur gerichtlichen Entscheidung vorgelegt. [24] Ziel der Klage war die Beitreibung einer Schuld. Das Gericht bestand damals aus dem Obersten Richter Jay und den Richtern Cushing, Wilson, Blair, Johnson und Iredell. Am 18. Februar 1793 entschied das Gericht, wobei nur Richter Iredell anderer Meinung war, dass ein Staat gemäß der ursprünglich verabschiedeten Verfassung von einem Bürger eines anderen Staates vor diesem Gericht im Rahmen einer Assumpsit-Klage verklagt werden könne, um die Zahlung eines Vertrags durchzusetzen Schulden. Diese Entscheidung, der die Einleitung der Klage Vassal *vs.* Massachusetts folgte, löste bei den Staaten, insbesondere bei denen, die hoch verschuldet waren, Irritation und Besorgnis aus. Die antiföderalistischen Drucke machten lautstark Beschimpfungen gegen die Entscheidung, die als Verletzung der Souveränität der Staaten bezeichnet wurde, und es wurde erklärt, dass das Volk „aufgefordert sei, seine Schwerter gegen diesen Eingriff in seine Rechte zu ziehen". Es wurde, wenn auch mit einiger Übertreibung, gesagt, dass „die

Staaten sich regelrecht gegen die Entscheidung auflehnten". Vier Staaten protestierten offiziell. Obwohl Georgia der erste Staat war, der sich auf die ursprüngliche Zuständigkeit des Obersten Gerichtshofs berief, weigerte er sich dennoch, in der Chisholm-Klage aufzutreten und reichte eine Einwendung und einen Protest gegen die Ausübung der Gerichtsbarkeit ein. Nach der Entscheidung widersetzte es sich offen der Autorität der nationalen Justiz. In der Tat wird von McMaster, Cooley und anderen Autoren festgestellt, dass die gesetzgebende Körperschaft von Georgia sofort ein Gesetz verabschiedet hat, das jedem Beamten, der versucht, in einer Klage gegen den Staat einen Prozess zu führen, den Tod ohne Unterstützung des Klerus vorsieht, aber es gibt keine Aufzeichnungen darüber Eine solche Satzung kann gefunden werden. Wahrscheinlich handelte es sich bei dem angeblichen Gesetz, wie jemand vermutet hat, um einen Gesetzentwurf, der nur von der unteren Hälfte der Legislative verabschiedet wurde. Auf jeden Fall wiesen die gesetzgebenden Körperschaften von Virginia, Massachusetts und Connecticut ihre Senatoren und Vertreter an, die Annahme einer Änderung der Verfassung sicherzustellen, die Klagen einzelner Personen gegen einen Staat verhindern sollte.

Am 20. Februar 1793, zwei Tage nach der Stellungnahme im Fall Chisholm *vs.* Georgia, wurde im Senat der Vereinigten Staaten eine Resolution vorgelegt, in der eine Änderung der Verfassung mit folgendem Wortlaut vorgeschlagen wurde: „Die richterliche Gewalt der Vereinigten Staaten soll nicht verlängert werden." auf alle Rechts- oder Billigkeitsklagen, die gegen einen der Vereinigten Staaten von Bürgern eines anderen Staates oder von Bürgern oder Staatsangehörigen eines fremden Staates eingeleitet oder verfolgt werden."

Der Änderungsvorschlag wurde im Zweiten Kongress einigermaßen debattiert, aber nicht angenommen. Auf dem Dritten Kongress am 2. Januar 1794 beantragte Caleb Strong, einer der Senatoren aus Massachusetts, die Annahme einer Resolution, die die Form der vorgeschlagenen Änderung wie folgt änderte: „Die richterliche Gewalt der Vereinigten Staaten." darf nicht *so ausgelegt werden, dass es* sich auf Klagen aus Rechts- oder Billigkeitsgründen erstreckt, die gegen einen der Vereinigten Staaten von Bürgern eines anderen Staates oder von Bürgern oder Staatsangehörigen eines fremden Staates eingeleitet oder verfolgt werden."

Die Änderung wurde in dieser Form schließlich am 4. März 1794 angenommen und sofort den gesetzgebenden Körperschaften der verschiedenen Staaten zur Ratifizierung vorgelegt, aber bis März 1797 gab es noch acht Staaten, die wahrscheinlich nicht darauf reagiert hatten Der politische Aufruhr hatte nachgelassen, und es bestand keine Forderung mehr nach einer Änderung. Tatsächlich musste der Kongress den Präsidenten bitten, mit den herausragenden Staaten zu diesem Thema zu kommunizieren.

Schließlich wurde in einer Botschaft von Präsident Adams an den Kongress vom 8. Januar 1798 erklärt, dass die vorgeschlagene Änderung von drei Vierteln der Staaten ratifiziert worden sei, und sie wurde daraufhin zum elften Änderungsartikel zur Verfassung der Vereinigten Staaten. New Jersey und Pennsylvania hatten sich geweigert, es zu ratifizieren, während South Carolina und Tennessee keine Maßnahmen ergriffen hatten.

Zunächst fällt der ungewöhnliche und eigenartige Wortlaut des Änderungsantrags auf. Anstatt zu erklären, wie die Verfassung in Zukunft lauten soll, wird erklärt, wie sie „nicht ausgelegt" werden soll. Diese Ausdrucksweise wurde aus politischen Gründen und als Zugeständnis an die Empfindlichkeiten der Verfechter staatlicher Rechte verwendet. Extremisten wollten eine Erklärung, die nicht nur die jüngste Verfassungskonstruktion des Obersten Gerichtshofs außer Kraft setzt und die Existenz einer solchen Befugnis leugnet, sondern auch jegliche Gerichtsbarkeit in anhängigen und künftigen Fällen verdrängt. Der Verfassungszusatz zielt daher nicht darauf ab, die Verfassung zu ergänzen oder zu ändern, sondern sie unverändert beizubehalten und gleichzeitig ihren Umfang und ihre Wirkung zu kontrollieren, indem sie verbindlich festlegt, wie sie nicht ausgelegt werden soll.

Zur Formulierung des Änderungsantrags sagte Oberster Richter Marshall im Fall Cohens *vs.* Virginia: „Es gehört zu unserer Geschichte, dass bei der Verabschiedung der Verfassung alle Staaten hoch verschuldet waren; und die Befürchtung, dass diese Schulden vor den Bundesgerichten verfolgt werden könnten, war ein sehr schwerwiegender Einwand gegen dieses Instrument." Es wurden Klagen erhoben und das Gericht behielt seine Zuständigkeit bei. Der Alarm war allgemein; und um die so weit verbreiteten Befürchtungen zu zerstreuen, wurde dieser Änderungsantrag im Kongress vorgeschlagen und von den gesetzgebenden Körperschaften der Bundesstaaten angenommen. Sein Motiv war nicht die Aufrechterhaltung Die Souveränität eines Staates aus der Degradierung, die zu einem obligatorischen Erscheinen vor dem Tribunal der Nation führen soll, lässt sich aus den Bestimmungen der Änderung ableiten. Sie umfasst keine Kontroversen zwischen zwei oder mehr Staaten oder zwischen einem Staat und einem fremden Staat . Die Zuständigkeit des Gerichts erstreckt sich immer noch auf diese Fälle: und in diesen Fällen kann ein Staat immer noch verklagt werden. Wir müssen die Änderung also einem anderen Grund als der Würde eines Staates zuschreiben. Es ist keine Schwierigkeit, diesen Grund zu finden. Diejenigen, die daran gehindert wurden, eine Klage gegen einen Staat zu erheben oder eine Strafverfolgung einzuleiten, die vor der Annahme der Änderung eingeleitet werden könnte, waren Personen, die wahrscheinlich dessen Gläubiger sein könnten. Es gab nicht viel Grund zu der Befürchtung, dass ausländische Staaten oder Schwesterstaaten in nennenswertem Umfang

Gläubiger sein würden, und es gab Grund, in diesen Fällen die Zuständigkeit des Gerichts beizubehalten, da dies für die Wahrung des Friedens von entscheidender Bedeutung sein könnte. Die Änderung erstreckte sich daher auf Klagen, die von Einzelpersonen eingeleitet oder verfolgt werden, nicht jedoch auf Klagen von Staaten.

„Der erste Eindruck, den dieser Zusatz erweckt, ist, dass er nur für die Fälle gedacht war, in denen eine Einzelperson vor den Gerichten der Union eine Klage gegen einen Staat einreicht. Wenn wir die Ursachen berücksichtigen." auf die es zurückzuführen ist, werden wir zu derselben Schlussfolgerung geführt. Ein allgemeines Interesse könnte durchaus darin bestehen, einem Staat die volle Befugnis zu überlassen, bei der Begleichung seiner Schulden oder anderer Ansprüche gegen ihn seine Bequemlichkeit zu konsultieren; aber nein Es könnte ein Interesse daran bestehen, die Beziehungen zwischen dem Ganzen und seinen Teilen so zu verändern, dass der Regierung die Mittel entzogen werden, die Verfassung und Gesetze durch die Instrumente ihrer Gerichte vor aktiver Verletzung zu schützen. [25]

Es wird auch darauf hingewiesen, dass sich die Änderung nicht auf Klagen eines eigenen Staatsbürgers gegen einen Staat bezieht. Dies lag zweifellos daran, dass die Verfassung die richterliche Gewalt der Vereinigten Staaten, wenn sie vom Charakter der Parteien abhängt, nicht auf Kontroversen zwischen einem Staat und seinen eigenen Bürgern ausdehnte, sondern nur auf Kontroversen zwischen einem Staat und Bürgern eines anderen Staates oder Bürgern oder Untertanen fremder Staaten. Die Unterscheidung zwischen der Zuständigkeit, die von der Art oder dem Gegenstand der Kontroverse unabhängig vom Charakter der Parteien abhängt, wie z. B. Fällen, die sich aus der Verfassung, den Gesetzen und Verträgen der Vereinigten Staaten ergeben, und der Zuständigkeit, die vom Charakter der Parteien unabhängig vom Charakter der Parteien abhängt Art oder Gegenstand der Kontroverse war damals wahrscheinlich nicht so klar erkannt worden, wie es später von Oberster Richter Marshall getan wurde. Das Fehlen der Erwähnung von Klagen seiner eigenen Bürger gegen einen Staat im elften Verfassungszusatz führte fast einhundert Jahre später zu der Behauptung, dass ein Staat in einem sich ergebenden Fall von einem seiner eigenen Bürger vor einem Bezirksgericht der Vereinigten Staaten verklagt werden könne gemäß der Verfassung. Dies wurde in der Wahlperiode im Oktober 1889 in den Fällen Hans *vs.* Louisiana und North Carolina *vs.* Temple gefordert, [26] aber das Gericht wies die Behauptung zurück und entschied, dass ein Staat von einer Einzelperson nicht einmal vor einem Gericht der Vereinigten Staaten verklagt werden könne ein Fall, der sich aus der Verfassung ergibt. Herr Richter Bradley gab die Stellungnahme des Gerichts ab. Er kritisierte die Argumentation der Mehrheit im Fall Chisholm *vs.* Georgia und bestätigte die abweichende Meinung von Richter Iredell, dass nach der ursprünglich angenommenen Verfassung keine Klage einer Einzelperson gegen einen Staat zur Durchsetzung seiner Schulden aufrechterhalten werden dürfe außer mit seiner Zustimmung. Herr Richter Harlan stimmte jedoch der Auffassung zu, dass eine Klage direkt gegen einen Staat durch einen seiner eigenen Bürger zur Durchsetzung einer Schuld nicht in die richterliche Gewalt der Vereinigten Staaten falle, kritisierte jedoch die Bemerkungen von Herrn Richter Bradley dazu Die Entscheidung im Fall Chisholm *vs.* Georgia wurde für die Entscheidung des Falles nicht als notwendig erachtet und vertrat die Auffassung, dass die frühere Entscheidung auf einer fundierten Auslegung der Verfassung in der damaligen Fassung dieses Instruments beruhte.

In Stellungnahmen des Obersten Gerichtshofs heißt es, dass ein Staat von einer Einzelperson vor einem Gericht der Vereinigten Staaten verklagt werden kann, wenn er auf seine Immunität verzichtet und einer Klage zustimmt. Es ist jedoch schwer vorstellbar, wie die Zustimmung oder der Verzicht eines Staates in jedem Fall und unter allen Umständen den Bundesgerichten die Zuständigkeit für eine Klage eines Bürgers eines anderen Staates oder eines Bürgers oder Subjekts eines ausländischen Staates gegen ihn übertragen kann angesichts des zwingenden Mandats der Änderung, dass „die richterliche Gewalt der Vereinigten Staaten *nicht so ausgelegt werden darf, dass sie sich* auf" eine solche Klage erstreckt. Es ist wahr, dass das Gericht im Fall Clark *vs.* Barnard sagte, dass die Immunität eines Staates von einer Klage vor einem Bundesgericht ein persönliches Privileg sei, auf das er nach Belieben verzichten könne, und dass sein Erscheinen als Beklagter einer Partei vor einem Gericht des Bundesstaates Die Vereinigten Staaten würden sich freiwillig ihrer Gerichtsbarkeit unterwerfen, [27] aber in diesem Fall intervenierte der Staat als Akteur und sein Eingreifen war so, dass er im Wesentlichen als Kläger behandelt werden konnte und die Gerichtsbarkeit auf der Grundlage aufrechterhalten werden konnte, dass ein Staat klagen kann eine Einzelperson vor einem Bundesgericht. Obwohl Herr Richter White im neueren Fall Gunter *vs.* Atlantic Coast Line [28] in der Stellungnahme des Gerichts erklärte, es sei eine elementare Annahme, dass ein Staat seine Immunität aufheben könne, wird festgestellt, dass in In diesem Fall richtete sich die Klage tatsächlich gegen einen Beamten des Bundesstaates South Carolina, und der Bundesstaat selbst war nicht an der Akte beteiligt. Mir scheint, bei allem Respekt, dass das Gericht diesen Punkt noch nicht eindeutig geklärt hat, noch hat es, soweit ich weiß, jemals den grundlegenden Grundsatz in Frage gestellt, dass ein Bundesgericht in keinem Fall, für den das Gericht zuständig ist, die Zuständigkeit ausüben kann Die Macht der Vereinigten Staaten, wie sie in der Verfassung delegiert und definiert ist, erstreckt sich nicht. Eine ganz andere Frage stellt sich, wenn wir darüber nachdenken, ob ein Beamter eines Staates einer Klage vor einem Bundesgericht zustimmen kann oder dazu befugt sein kann; mit anderen

Worten, ob er auf die Einrede verzichten kann, dass der Staat eine notwendige Partei der Klage sei. Daraus folgt nicht, dass ein Staat, weil er nicht verklagt werden kann, seinen Vertreter nicht ermächtigen darf, sich in der Sache zu verteidigen, ohne sich darauf zu berufen, dass der Staat nicht die eigentliche Interessenpartei ist, und dass dies bei der Verweigerung der Gerichtsbarkeit über den Staat als Auftraggeber nicht der Fall ist zwangsläufig eine Verweigerung der Gerichtsbarkeit gegenüber dem Beamten bedeuten, wenn er als sein Vertreter oder Vertreter eine rechtswidrige Handlung vornimmt oder zu begehen versucht. Daher wird auch eine andere Frage im Rahmen der späteren Änderungsanträge aufgeworfen, von denen man annehmen kann, dass sie den elften Änderungsantrag dahingehend qualifiziert haben, dass er den Kongress ermächtigt, ihre Bestimmungen durch geeignete Gesetze durchzusetzen. Zu diesem Punkt bin ich jetzt nicht bereit, eine Meinung zu äußern.

Bei der Auslegung des elften Verfassungszusatzes zum Zweck der Feststellung seiner wahren Absicht und Bedeutung, wie auch bei der Auslegung der meisten Bestimmungen der Verfassung und ihrer gleichzeitigen Änderungen, ist der Verweis auf die Geschichte und das Gewohnheitsrecht Englands im Allgemeinen der sicherste Leitfaden was damals verstanden und beabsichtigt wurde. In dieser Geschichte werden die wahren Quellen unserer Institutionen zu finden sein, denn diese sind im Wesentlichen und überwiegend englisch. Die rechtlichen und politischen Institutionen Englands waren den Autoren und dem Volk ständig im Gedächtnis geblieben. Das Gewohnheitsrecht wurde lange Zeit mit Zuneigung und Ehrfurcht als Geburtsrecht der Amerikaner und gleichzeitig als Hüter ihrer privaten Rechte und ihrer öffentlichen Freiheiten betrachtet. Tatsächlich hatte der im Oktober 1774 versammelte Kontinentalkongress erklärt, dass die Kolonien Anspruch auf das Gewohnheitsrecht hätten.

Die Theorie der Immunität eines Staates oder der Vereinigten Staaten vor Klagen einer Einzelperson ohne deren Zustimmung wird häufig als analog zum monarchischen Prinzip hinsichtlich der Immunität des Königs vor Klagen ohne seine Zustimmung angesehen, die üblicherweise in der Maxime ausgedrückt wird: „ Der König kann nichts falsch machen. Die Idee dahinter scheint gewesen zu sein, dass es in England als Verletzung der Souveränität der Krone und als Herabwürdigung ihrer Würde angesehen würde, den König einer Klage einer Einzelperson ohne deren Zustimmung zu unterwerfen, die nach seinem willkürlichen Ermessen gewährt oder abgelehnt werden kann . Es ist sehr zweifelhaft, ob eine solche Idee im Gewohnheitsrecht oder in der Geschichte Englands oder im traditionellen Brauch und in der Erfahrung dieses Landes in einem Ausmaß Unterstützung findet, wie es oft behauptet wird.

Im Gegenteil galt es in England seit langem als gefestigtes Recht, dass der Untertan bei jeder Verletzung seiner gesetzlichen Rechte durch den König oder die Regierung Anspruch auf einen wirksamen Rechtsbehelf hatte. Er hatte das Recht, den König auf Rückgabe von Eigentum oder Geld oder auf Schadensersatz wegen Vertragsbruch zu verklagen und Beamte der Krone wegen unerlaubter Handlung zu verklagen. Die jahrhundertelang etablierte Praxis bestand darin, dem König eine Petition mit der Bitte vorzulegen, ihn verklagen zu dürfen, und es war üblich, dass der König auf der Petition natürlich sein Fiat bestätigte, dass das Recht erfüllt werden sollte. Danach verlief die Aktion wie jede andere Aktion zwischen Subjekt und Subjekt. Dieses Recht wurde sowohl Fremden als auch Untertanen zugestanden. Obwohl die Klageerlaubnis nominell oder theoretisch aus Gnade und nicht auf Zwang erteilt wurde, war es tatsächlich die verfassungsmäßige Pflicht des Königs, sie zu gewähren, und sie wurde selten verweigert. Nach dem Gewohnheitsrecht war der Untertan von Rechts wegen – als eine der uralten Freiheiten der Engländer – berechtigt, seinen König über die Art jeder Beschwerde zu informieren, und zwar in der Sprache von Blackstone: „wie das Gesetz dies voraussetzt." Von einer Verletzung zu wissen und sie wiedergutzumachen, ist in der königlichen Brust untrennbar miteinander verbunden. Dann erlässt er, natürlich, im eigenen Namen des Königs seine Befehle an seine Richter, um der geschädigten Partei Gerechtigkeit widerfahren zu lassen.

als bloße Gnadensache, sondern als Recht anzusehen ist in der Klasse der Fälle, auf die es anwendbar ist, zu klagen und Wiedergutmachung zu erhalten. So sagte Oberster Richter Marshall, der im Februar 1803 die Stellungnahme des Gerichts im Fall Marbury *vs.* Madison verkündete: „In Großbritannien wird der König selbst in der respektvollen Form einer Petition verklagt, und er versäumt es nie, dieser nachzukommen." das Urteil seines Gerichts." [29] In der Rechtssache Vereinigte Staaten *vs.* O'Keefe untersuchte das Gericht in seiner Amtszeit im Dezember 1870 die Art des Rechtsmittels bei der Auslegung des Gesetzes des Kongresses vom 27. Juli 1868, jetzt Abschnitt 1068 der überarbeiteten Statuten der Vereinigten Staaten. Herr Richter Davis sagte im Namen des Gerichts: „Dieses wertvolle Privileg, das dem Subjekt zur Zeit Eduards des Ersten zugesichert wurde, ist jetzt im Gewohnheitsrecht Englands verankert. Da das Gebet der Petition ex debito justitiae gewährt werden *kann*. "Es wird als Petition of Right bezeichnet und ist ein gerichtliches Verfahren, das wie Klagen zwischen Untertanen und Untertanen verhandelt werden kann denn es ist die Pflicht des Königs, sie zu gewähren, und das Recht des Untertanen, sie zu verlangen. Und wir stellen fest, dass sie niemals abgelehnt wird, außer in sehr außergewöhnlichen Fällen, und dies beweist nichts gegen die Existenz des Rechts. ... Auch wenn die Vorgehensweise bei der Durchsetzung formell und zeremoniell ist, ist sie dennoch ein praktisches und wirksames Mittel gegen den Eingriff der

souveränen Macht in die Rechte des Einzelnen." [30] Und im späteren Fall
Carlisle *vs.* Vereinigte Staaten entschied das Gericht, dass die Regierung
Großbritanniens im Rahmen des als Petition of Right bekannten Verfahrens
nicht nur „das Recht einräumte, Ansprüche gegen diese Regierung vor ihren
Gerichten zu verfolgen". gegenüber Untertanen, sondern gegenüber
Außerirdischen. [31] Noch später im berühmten Fall United States *vs.* Lee, bei
dem es sich um eine Klage handelte, um das als Arlington National Cemetery
bekannte Eigentum aus dem Besitz von Beamten der US-Regierung
zurückzugewinnen, lieferte Herr Richter Miller das In der Stellungnahme des
Gerichts heißt es: „Es wird davon ausgegangen, dass die Petition of Right,
wie sie in der Rechtspflege in England praktiziert und beachtet wurde, bei
der Sicherung der Rechte der Freier gegen die Krone in allen geeigneten
Fällen ebenso wirksam war." Gerichtsverfahren , als das, was das Gesetz den
Untertanen des Königs in Rechtsstreitigkeiten untereinander gewährt." [32]

Der Rechtsbehelf im Rahmen des Rechtsbehelfs besteht bis heute
unbeschadet fort. Das Verfahren wird nun durch die Satzung 23 und 24
Victoria, Kap. geregelt. 34, verabschiedet am 3. Juli 1860. Das Gesetz sieht
vor, dass der König im Rahmen dieses Verfahrens nach dem Gesetz oder
nach Billigkeit verklagt werden kann, je nachdem, wie es der jeweilige Fall
erfordert, und dass der gewährte Rechtsbehelf „jede Art der beantragten oder
erbetenen Entschädigung umfasst". in einem solchen Rechtsantrag, sei es
eine Rückgabe eines immateriellen Rechts oder eine Rückgabe von
Grundstücken oder beweglichen Sachen oder eine Zahlung von Geld oder
Schadensersatz oder auf andere Weise." Bei der Gewährung oder Ablehnung
der Petition handelt der König auf Anraten des Innenministers, und dieser
ist gegenüber dem Parlament verantwortlich für den Fall, dass er willkürlich
oder zu Unrecht eine Ablehnung befürwortet.

Der Rechtsantrag ist jedoch nur in Fällen möglich, in denen die Rückgabe
von Grundstücken oder Gütern oder, falls eine Rückgabe nicht möglich ist,
eine Entschädigung in Geld angestrebt wird, oder wenn der Anspruch aus
einem Vertrag resultiert, z. B. für Güter an die Krone oder den öffentlichen
Dienst geliefert werden. Sie erstreckt sich nicht auf Fälle unerlaubter
Handlung. Sollte der König persönlich eine unerlaubte Handlung,
beispielsweise einen Hausfriedensbruch, begehen oder damit drohen, könnte
er weder vor einem Zivil- noch vor einem Strafgericht belangt werden; Die
ordentlichen Gerichte haben keine Möglichkeit, ihn persönlich
einzuschränken oder zu bestrafen oder ihm Wiedergutmachung für ein von
ihm persönlich begangenes Unrecht zu gewähren. Die Maxime „Der König
kann nichts Unrechtes tun" hindert nicht nur jedes ordentliche Gericht
daran, Schadenersatz gegen den König selbst zu gewähren, sondern die
Gerichte sind auch in Fällen unerlaubter Handlung nicht gegen ihn
zuständig.

Dennoch bedeutete diese alte und grundlegende Maxime nie, dass der König über dem Gesetz stand oder ungestraft gegen das Gesetz verstoßen konnte, noch wurde sie jemals in dem Sinne verstanden, dass alles, was der König tat, als gerecht und rechtmäßig anzusehen war. Im Gegenteil, in den Tagen von Bracton wurde furchtlos verkündet , dass der König unter dem Gesetz stehe und verpflichtet sei, ihm zu gehorchen, und in seinem Krönungseid schwöre er, es zu befolgen und zu respektieren.

Was auch immer die persönliche Immunität des Königs gewesen sein mag, es war schon lange vor der Verabschiedung der Verfassung der Vereinigten Staaten im Gewohnheitsrecht festgelegt worden, dass sich die Immunität vor Klagen nicht auf einen Beamten oder Bediensteten der Krone erstreckte . Allein die Befreiung des Königs von der Haftung vor Gericht in Fällen unerlaubter Handlung begründete endgültig die persönliche Verantwortung eines Beamten oder Dieners der Krone, und die Anweisung oder Autorität des Königs stellte keine Begründung oder Verteidigung für eine unrechtmäßige und rechtswidrige Handlung dar von jedem Beamten oder Bediensteten durchgeführt. Wie der Oberste Gerichtshof im Fall Langford *gegen* die Vereinigten Staaten sagte: „Die englische Maxime besagt nicht, dass die Regierung oder diejenigen, die sie verwalten, nichts Unrechtes tun können; denn es ist Teil des Prinzips selbst, dass Unrecht geschehen kann.“ von der Regierungsgewalt vorgenommen, wofür vorerst das Ministerium verantwortlich gemacht wird.“ [33]

Jahrhundertelang prahlten die Engländer damit, dass kein Regierungsbeamter über dem gewöhnlichen Gesetz stehe. In seinen interessanten Vorlesungen in Oxford als Nachfolger von Blackstone in der Vinerian -Professur sagt Professor Dicey: „In England wurde die Idee der rechtlichen Gleichheit oder der universellen Unterwerfung aller Klassen unter ein von den ordentlichen Gerichten verwaltetes Gesetz vorangetrieben.“ bis zum Äußersten. Bei uns trägt jeder Beamte, vom Premierminister bis zum Polizisten oder Steuereinnehmer, die gleiche Verantwortung für jede Handlung, die ohne rechtliche Grundlage begangen wird, wie jeder andere Bürger. Es gibt zahlreiche Berichte, in denen Beamte dies getan haben wurden vor Gericht gestellt und in ihrer persönlichen Eigenschaft mit einer Strafe oder der Zahlung von Schadensersatz für Handlungen haftbar gemacht, die in ihrem offiziellen Charakter, aber über ihre rechtmäßige Autorität hinaus begangen wurden. Ein Kolonialgouverneur, ein Außenminister, a Militäroffizier und alle Untergebenen sind, obwohl sie die Befehle ihrer offiziellen Vorgesetzten ausführen, für jede Handlung, die das Gesetz nicht erlaubt, ebenso verantwortlich wie jede private und inoffizielle Person. [34] Und Anson weist in seinem Buch „Law and Custom of the Constitution“ darauf hin, dass die englische Verfassung „nie einen Unterschied zwischen Bürgern, die Beamte des Staates sind, und solchen, die es nicht sind, in Bezug auf das Gesetz, das ihr Verhalten regelt, anerkannt hat." oder die Gerichtsbarkeit, die sich mit ihnen befasst." Im berühmten Fall Entick *vs.* Carrington (1765) beantragte ein Außenminister als Beamter der Krone Immunität von einer Schadensersatzklage, indem er sich auf eine rechtswidrige Handlung durch die Staatsräson berufen hatte, doch Lordoberrichter Camden erklärte dies „mit Respekt". Im Hinblick auf das Argument der staatlichen Notwendigkeit oder einer angestrebten Unterscheidung zwischen staatlichen Straftaten und anderen Straftaten versteht das Gewohnheitsrecht diese Art von Argumentation nicht, und unsere Bücher berücksichtigen solche Unterscheidungen auch nicht." [35] Und einhundert Jahre später erklärte Lordoberrichter Cockburn im Fall Feather *vs. The Queen, dass „keine Autorität erforderlich ist, um festzustellen, dass ein Diener der Krone für eine unerlaubte Handlung, die einem anderen angetan wurde, gesetzlich verantwortlich ist.* "unterworfen, obwohl von der Autorität der Krone ausgeübt, eine Position, die unserer Meinung nach auf Grundsätzen beruht, die zu gut etabliert sind, um in Frage gestellt zu werden, und die gleichermaßen wesentlich sind, um einerseits die Würde der Krone aufrechtzuerhalten, und andererseits Rechte und Freiheiten des Subjekts andererseits. [36]

Darüber hinaus gilt die Regel des *„respondeat superior"* nicht für den König. Die schlüssige Rechtsvermutung besagt, dass der König kein rechtliches Unrecht begehen kann, und dies führt zu der weiteren schlüssigen Vermutung, dass er im Auge des Gesetzes kein Unrecht genehmigen oder anordnen kann. Jeder leitende Beamte der Krone wird daher wie ein Auftraggeber behandelt und als solcher persönlich verantwortlich gemacht, wenn er in ein gesetzliches Recht des Untertanen eingegriffen hat, auch wenn er möglicherweise auf direkten Befehl des Königs gehandelt hat , auf seinen Befehl und sogar in seiner Gegenwart. Die zivilrechtliche Verantwortungslosigkeit des Königs für unerlaubte Handlungen hätte nicht mit einem Beweis der Gerechtigkeit aufrechterhalten werden können, wenn die Beamten und Beauftragten der Krone nicht persönlich für die von ihnen begangenen illegalen Handlungen zur Verantwortung gezogen worden wären und wenn der König nicht dazu gezwungen worden wäre Handeln Sie durch verantwortungsbewusste Agenten. Seit frühester Zeit wurde es als wesentlich erachtet, dass der König immer durch einen Offizier oder Diener handeln sollte, damit es jemanden gab, dem die Verantwortung übertragen werden konnte. Lord Coke erklärt in seinen „Instituten", dass „der König, da er eine politische Körperschaft ist, nur durch Akte befehlen kann". Sitte und Gesetz verlangten schon früh, dass alle Exekutivakte, an denen der Souverän notwendigerweise beteiligt war, in bestimmten Formen erfolgen und durch die Unterschrift oder das Siegel eines Beamten beglaubigt werden sollten. Das Eingreifen eines Beamten war immer notwendig. Tatsächlich kann ein Minister oder Beamter der Krone für jede rechtswidrige Handlung voll zur Verantwortung gezogen werden. Anson stellt fest, dass „es kaum etwas gibt, was der Souverän ohne das Eingreifen schriftlicher Formen tun kann, und nichts, wofür ein Minister nicht verantwortlich ist."

Obwohl in England die Fälle gegen Offiziere der Krone im Allgemeinen vor Gericht verhandelt wurden, kann es keinen begründeten Zweifel daran geben, dass das Bundeskanzleramt zum Zeitpunkt der Verabschiedung unserer Verfassung die volle Macht hatte, mittels einstweiliger Verfügung Einspruch zu erheben einen Beamten der Krone davon abzuhalten, gegen das Gesetz zu verstoßen, wenn der Rechtsbehelf in einer Klage auf Schadensersatz oder auf Besitz von Immobilien oder persönlichem Eigentum völlig unzureichend und unwirksam gewesen wäre. Der große Staatsprozess, bekannt als der Fall der Bankiers, [37] bei dem Lord Somers vom House of Lords überstimmt wurde, ließ keinen Zweifel über den Grundsatz und die Zuständigkeit der Gerichte bei Klagen gegen Kronbeamte aufkommen. Wie Professor Goodnow in seiner Arbeit über „Vergleichendes Verwaltungsrecht" gezeigt hat, waren die englischen Gerichte seit langem auf die eine oder andere Weise daran gewöhnt, Bedienstete der Krone und leitende Beamte der Regierung zu kontrollieren und sie zur Einhaltung des Gesetzes zu zwingen. Alle großen Erlasse, bei denen es sich zunächst um Prärogativbescheide handelte, wurden ursprünglich zur Kontrolle von Verwaltungs- oder Justizbeamten erlassen. Das war die ursprüngliche Funktion von Man Damus, Habeas Corpus, Quo Warranto, Verbot. Es stimmt zwar, dass einstweilige Verfügungen in England offenbar selten als Mittel zur Verhinderung von Verwaltungsmaßnahmen eingesetzt wurden, und es gibt nur wenige Fälle, in denen sie auf diese Weise eingesetzt wurden, aber nach festen Grundsätzen drohte jeder Verwaltungs- oder Exekutivbeamte Eine rechtswidrige Handlung zu begehen, die den Einzelnen in seinen Eigentumsrechten verletzen würde, fiel in die Zuständigkeit der Billigkeitsgerichte bei Streitigkeiten, die deren Eingreifen erforderten.

Es trifft auch zu, dass es in England keine Fälle gibt, in denen Beamte wegen der Durchsetzung eines Parlamentsbeschlusses zu Schadensersatz verurteilt wurden oder von der Umsetzung seiner Bestimmungen abgehalten wurden, aber das ist natürlich das Ergebnis der Gesetzgebung Souveränität des Parlaments und der Tatsache, dass ihm keine verfassungsrechtlichen Beschränkungen auferlegt sind. Dennoch würden dieselben Grundsätze, die Regierungsbeamte in England für jede begangene oder drohende rechtswidrige Handlung dem allgemeinen Recht und den ordentlichen Gerichten unterwerfen, eindeutig den Erlass von einstweiligen Verfügungen gestatten, die die Durchsetzung eines verfassungswidrigen Gesetzes einschränken, wenn es verfassungsrechtliche Beschränkungen der Gesetzgebung gäbe Macht des englischen Parlaments. So wäre beispielsweise ein Kolonialgesetz oder eine Gemeinde- oder Verwaltungsvorschrift, Satzung oder Verordnung, die im Widerspruch zu einem Parlamentsbeschluss steht, rechtswidrig und nichtig, und ihre Durchsetzung könnte im Rahmen festgelegter Grundsätze eingeschränkt werden, wenn andere Gründe dafür vorliegen Es bestand eine Billigkeitsgerichtsbarkeit.

Im Lichte der seit langem etablierten und bekannten Regeln des Gewohnheitsrechts ist die Festlegung der Unterscheidung zwischen Klagen gegen den König auf Grundlage der Petition of Right und Klagen gegen Beamte der Krone wegen Verletzung der gesetzlichen Rechte von Einzelpersonen von größter Bedeutung und überzeugend, wenn nicht sogar überzeugend, dass die Verfasser des elften Verfassungszusatzes seine Formulierung auf Klagen direkt gegen einen Staat beschränkten und nicht versuchten, Klagen gegen Beamte eines Staates zu verbieten, wenn sie als dessen Vertreter fungierten. Sie konnten kaum gewollt haben, dass ein Grundsatz wie „Der König kann nichts Unrechtes tun" in unserem Regierungssystem Platz haben sollte, zum Nachteil der verfassungsmäßigen Rechte des Einzelnen. Wir haben keinen König, auf den es angewendet werden könnte. Sie hatten sicherlich nicht die Absicht, weniger Schutz und Wiedergutmachung gegen die Verletzung der Bürgerrechte durch die Machthaber zu bieten, als dies im monarchischen England den Untertanen des Königs gewährt wurde. Sie konnten sich der berühmten Fälle, in denen die rechtliche Verantwortung aller Beamten der englischen Regierung und ihre Unterordnung unter die Zuständigkeit der ordentlichen Gerichte festgestellt wurde, nicht entgehen lassen. Sie müssen darüber nachgedacht haben, dass staatliche Gesetze im Widerspruch zur Verfassung der Vereinigten Staaten erlassen werden könnten und dass diese Gesetze zwangsläufig durchgesetzt werden müssten oder dass Staatsbeamte Versuche unternehmen müssten, sie durchzusetzen. Und sie müssen erkannt haben, dass die Verfassung in vielerlei Hinsicht vollständig umgesetzt werden könnte, wenn Staatsbeamten als Vertreter ihres jeweiligen Staates Immunität vor einer Klage vor einem Gericht der Vereinigten Staaten gewährt würde, weil sie für und im Namen ihres Staates handelten unwirksam und wertlos.

Das Versäumnis, Klagen gegen Beamte eines Staates zu verbieten, muss daher vorsätzlich gewesen sein. Tatsächlich ist es höchst unwahrscheinlich, dass irgendjemand damals der Meinung war, dass die verwendete Formulierung weit genug war, um Klagen gegen Beamte eines Staates zu verbieten. Im Gegenteil ist es angebracht anzunehmen, dass die Verfasser des elften Verfassungszusatzes nicht die Absicht hatten, einem Beamten eines Staates zu gestatten, unter dem Deckmantel oder Vorwand eines verfassungswidrigen Staatsgesetzes in ein durch die Verfassung garantiertes Recht einzugreifen oder es zu verweigern der Vereinigten Staaten, oder dass ein solcher Staatsbeamter vor einer Klage vor einem Gericht der Vereinigten Staaten immun sein sollte, nur weil er in repräsentativer Funktion als Vertreter des Staates handelte . Den Gerichten der Vereinigten Staaten oblag die besondere Aufgabe, die Verfassung zu wahren, soweit dies durch die Justiz gewährleistet werden kann. Der „Föderalist" zeigt, wie klar davon ausgegangen wurde, dass die Bundesgerichte befugt sein sollten, staatliche Gesetze außer Kraft zu setzen, wenn sie offensichtlich gegen die Verfassung verstoßen. Wenn Staatsbeamte der Zuständigkeit der nationalen Gerichte entzogen würden, könnte ihr Eid, die Verfassung der Vereinigten Staaten zu unterstützen, zu einer bloßen leeren Zeremonie ohne durchsetzbare Verpflichtung oder Sanktion werden. Wenn Beamte eines Staates nicht nach Billigkeitsprinzip vor einem Bundesgericht verklagt werden könnten, um die Durchsetzung verfassungswidriger staatlicher Gesetze anzuordnen, wären viele der Bestimmungen der Verfassung, die die gleiche Autorität wie der elfte Verfassungszusatz haben, möglicherweise nicht wirksam durchsetzbar, außer durch die Gnade der Staaten. Die Verbote gegen die Staaten, die zum Zeitpunkt der Verabschiedung des elften Verfassungszusatzes bestanden, wie zum Beispiel, dass kein Staat Kreditscheine ausstellen oder etwas anderes als Gold- und Silbermünzen als Zahlungsmittel für die Begleichung von Schulden verwenden darf oder einen Schuldschein oder ähnliches ausstellen darf Ex-post-facto-Gesetze oder Gesetze, die die Vertragspflicht beeinträchtigen oder Abgaben oder Zölle auf Importe oder Exporte erheben, könnten weitgehend aufgehoben und praktisch unwirksam gemacht werden, wenn Beamte eines Staates nicht vor einem Bundesgericht verklagt werden könnten. Tatsächlich würde dem dreizehnten, vierzehnten und fünfzehnten Verfassungszusatz ein großer Teil seiner beabsichtigten Wirkung entzogen, wenn Staatsbeamte, die verfassungswidrige Staatsgesetze durchsetzen und mit Staatsgewalt ausgestattet sind, nicht vor einem Bundesgericht verklagt und verurteilt werden könnten.

Da jeder dieser nachfolgenden Zusatzartikel jedoch vorsieht, dass „der Kongress befugt ist, diesen Artikel durch entsprechende Gesetze durchzusetzen", wurde vorgeschlagen, diese Bestimmung so auszulegen, dass sie das Verbot des elften Zusatzartikels einschränkt und den Kongress ermächtigt, diesen Artikel zu übertragen Die Gerichte der Vereinigten Staaten sind für Klagen gegen Bundesstaaten oder Staatsbeamte als geeignetes Mittel zur Durchsetzung späterer Änderungen zuständig. Herr Richter Shiras verwies auf diese Ansicht im Fall Prout *vs.* Starr und sagte: „Geschweige denn kann der elfte Verfassungszusatz erfolgreich als unüberwindbares Hindernis für die gerichtliche Untersuchung geltend gemacht werden, ob die heilsamen Bestimmungen des vierzehnten Verfassungszusatzes durch staatliche Erlasse missachtet wurden." ." [38]

Die Gerichte der Vereinigten Staaten und der verschiedenen Bundesstaaten haben im Allgemeinen das englische Gewohnheitsrecht übernommen und angewendet, was die Zugänglichkeit von Exekutiv- und Verwaltungsbeamten zur Zuständigkeit der ordentlichen Gerichte und ihre persönliche Verantwortung für alle von ihnen oder unter ihnen begangenen rechtswidrigen Handlungen betrifft Richtung. Es steht außer Frage, dass der elfte Verfassungszusatz Staatsbeamte nicht vor Klagen vor einem Gericht der Vereinigten Staaten schützt, um Schadensersatz für eine Verletzung privater Rechte unter dem Deckmantel eines verfassungswidrigen Gesetzes zu verlangen oder den Besitz von Immobilien zurückzugewinnen Eigentum in der Obhut dieser Beamten. Die Regel ist unumstößlich, dass kein Beamter in diesem Land so hoch steht, dass er über der Verfassung der Vereinigten Staaten steht, und dass kein Beamter des Gesetzes, weder auf staatlicher noch auf nationaler Ebene, unter dem Deckmantel oder Vorwand eines Gesetzes, sei es auf nationaler oder nationaler Ebene, dagegen verstoßen darf Staat, im Widerspruch zu seinen Bestimmungen. Die Tatsache, dass ein Beamter im Namen eines Staates auf Weisung oder Autorität eines verfassungswidrigen Gesetzes oder auf Befehl eines Vorgesetzten gehandelt hat, stellt keinen Einwand gegen eine Klage auf Rückerstattung oder Schadensersatz wegen Verletzung individueller Rechte dar mehr als der Befehl des Königs oder des Premierministers würde in England eine Verteidigung ausmachen. Das angebliche Gesetz wird als Nichtigkeit und in jeder Hinsicht als absolut nichtig behandelt, außer vielleicht, weil es das Vorliegen von Böswilligkeit, Bösgläubigkeit oder krimineller Absicht negiert. Aber es verleiht keine Befugnis oder Autorität und bietet keine Verteidigung oder Schutz.

Die grundlegende Argumentation, auf der diese Schlussfolgerungen basieren, ist, dass der Staat, die abstrakte politische Einheit, nur auf der Grundlage gültiger Gesetze sprechen und handeln kann, dass ein verfassungswidriges Gesetz nicht sein Rechtsakt sein kann und dass er rechtlich gesehen keine Handlung im Konflikt autorisieren kann mit der Verfassung, dass kein Beamter eines Staates, nicht einmal der Gouverneur, eine gesetzliche Pflicht oder eine gesetzliche Exekutivfunktion haben kann, die Verfassung zu missachten oder zu verletzen, und dass jedes in seinem Namen versuchte Unrecht endgültig seinem Beamten zuzurechnen ist, der sich nicht auf seine Vertretungsfähigkeit berufen kann. Der Unterschied zwischen der Regierung eines Staates und dem Staat selbst wird von Richter Matthews im Leitfall Poindexter *vs.* Greenhow erläutert. [39]

Am schwierigsten sind jedoch Fragen, die sich im Zusammenhang mit Billigkeitsklagen stellen, um Staatsbeamte daran zu hindern, angeblich verfassungswidrige staatliche Gesetze durchzusetzen. Die einfachsten Grundsätze der Gerechtigkeit scheinen in vielen Fällen einen vorbeugenden Rechtsbehelf zu erfordern, denn es könnte von entscheidender Bedeutung sein, dass ein Beamter davon abgehalten wird, eine rechtswidrige Handlung zu begehen, die dem Einzelnen irreparablen Schaden zufügt. Offensichtlich wäre es unfair und ungerecht, diesem zu sagen, dass er warten muss, bis seine Rechte verletzt oder sein Eigentum beschlagnahmt oder zerstört wird. Dieser Punkt wurde dem Obersten Gerichtshof erstmals 1824 im entscheidenden Fall Osborn *vs.* Bank of the United States vorgelegt. [40] In einer der berühmten Stellungnahmen des Obersten Richters Marshall wurde dann erklärt, dass ungeachtet des elften Verfassungszusatzes ein Bezirksgericht der Vereinigten Staaten nach Billigkeit dafür zuständig sei, einen Staatsbeamten von der Ausführung oder Durchsetzung eines verfassungswidrigen Staatsgesetzes abzuhalten, wenn dies der Fall sei Die Durchführung würde die durch die Verfassung der Vereinigten Staaten garantierten Rechte und Privilegien eines Beschwerdeführers verletzen und zu irreparablen Schäden und Verletzungen für ihn führen, für die es auf dem Rechtsweg keinen klaren, angemessenen und vollständigen Rechtsbehelf gibt.

Von der allgemeinen Doktrin des Osborn-Falls ist nie abgewichen worden, und es wurden unzählige Klagen geführt, die Eigentumsrechte vor der Durchsetzung staatlicher Gesetze schützten, die im Widerspruch zur Verfassung der Vereinigten Staaten standen. Es ist keine Übertreibung zu sagen, dass diese Doktrin mehr als jede andere die Verfassung zu einem wirksamen Schutzschild gegen unterdrückende, tyrannische und konfiskatorische Gesetzgebung gemacht und die Staaten gezwungen hat, dem obersten Gesetz der Verfassung zu gehorchen. Die Argumentation des Obersten Richters Marshall ist sehr logisch und klar und äußerst überzeugend. Wenn, wie damals als unbestreitbar anerkannt wurde, das Privileg oder die Immunität des Staates als Auftraggeber dem Beamten als Bevollmächtigten nicht mitgeteilt wurde und wenn gegen den Beamten eine Klage erhoben werden würde, bei der eine vollständige Entschädigung für einen Rechtsstreit erforderlich wäre Verletzung, die sich aus einer rechtswidrigen Handlung aufgrund eines verfassungswidrigen und nichtigen Gesetzes ergibt, gibt es keinen Grund, warum die präventive Befugnis eines Gerichts der Billigkeit nicht auch auf einen solchen Beamten Anwendung finden sollte oder warum sie ihn nicht von der Begehung eines Unrechts abhalten sollte wofür es ihn bestrafen würde. „Wenn", fährt der Oberste Richter fort, „die Partei vor dem Gericht für den gesamten Schaden verantwortlich wäre, warum kann sie dann nicht von der Begehung ausgeschlossen werden, wenn keine andere Partei vor Gericht gebracht werden kann?" Es wurde darauf hingewiesen, dass gerade die Tatsache, dass der Staat nicht verklagt werden könne, ein Grund dafür sei, die Klage gegen den Beamten oder Agenten in dessen Abwesenheit weiterzuführen. Wir haben hier ein weiteres Beispiel dafür, wie in der Entwicklung von Rechtsprinzipien dieselben Ursachen dieselben Ergebnisse hervorbringen. Wie in England führte die Tatsache, dass der König nicht vor den ordentlichen Gerichten für ein Unrecht verklagt werden konnte, zu der Regel, dass seine Immunität oder Verantwortungslosigkeit nicht auf seine Diener oder Agenten ausgedehnt werden durfte und diese für alles persönlich haftbar gemacht werden sollten Sie taten dies auf Befehl des Königs und verletzten damit die gesetzlichen Rechte eines Einzelnen. Daher führte bei uns die Tatsache, dass ein Staat nicht vor einem Bundesgericht verklagt werden konnte, zu der Regel, dass seine Immunität oder Verantwortungslosigkeit nicht auf seine Beamten und Beamten ausgedehnt werden durfte dass sie als verantwortliche Auftraggeber strafbar waren, auch wenn sie aufgrund eines Staatsgesetzes und als Beauftragte oder Vertreter des Staates handelten.

Oberster Richter Marshall sagte im Osborn-Fall auch, dass es „als Regel festgelegt werden könnte, die keine Ausnahme zulässt, dass in allen Fällen, in denen die Zuständigkeit von der Partei abhängt, es die im Protokoll genannte Partei ist. Folglich der elfte Verfassungszusatz . " , das die in der Verfassung gewährte Zuständigkeit für Klagen gegen Staaten einschränkt, ist notwendigerweise auf die Klagen beschränkt, in denen ein Staat aktenkundig Partei ist. Die Änderung hat ihre volle Wirkung, wenn die Verfassung so ausgelegt wird, wie sie es hätte wurde ausgelegt, wenn die Zuständigkeit des Gerichts niemals auf Klagen ausgedehnt worden wäre, die gegen einen Staat, von Bürgern eines anderen Staates oder von Ausländern erhoben wurden. Der Staat ist nicht aktenkundig Partei und das Gericht ist für diejenigen zuständig, die Parteien sind Nach den Akten geht es in Wirklichkeit nicht um die Frage der Zuständigkeit, sondern darum, ob das Gericht in Ausübung seiner Zuständigkeit ein Urteil gegen die Beklagten erlassen sollte; ob davon auszugehen ist, dass sie ein echtes oder nur nominelles Interesse haben Parteien." Diese Argumentation wurde vom Obersten Gerichtshof noch 1872 im Fall Davis *vs.* Gray [41] bekräftigt, bei dem es sich um eine Klage gegen den Gouverneur des Bundesstaates Texas handelte. Aber in späteren Fällen wurde es zurückgewiesen, und das Gericht hat erklärt, dass „es als ständige, durch seine jüngsten Entscheidungen begründete Doktrin dieses Gerichts angesehen werden muss, dass die Frage, ob eine Klage unter das Verbot des elften Verfassungszusatzes fällt. " nicht immer anhand der Namensparteien in der Akte zu bestimmen." [42]

sie nicht schließlich die wahre und vernünftige Regel verkörpert, die diese Frage leiten sollte, insbesondere im Hinblick auf die Tatsache dass die Entscheidungen, die von seiner Begründung abweichen, kein eindeutiges Kriterium angegeben haben, das uns bei der Entscheidung leiten könnte, wann eine Klage gegen einen Staatsbeamten als Klage gegen den Staat im Sinne des elften Verfassungszusatzes anzusehen ist und wann nicht . Die Frage muss so betrachtet werden, als ob die Zuständigkeit der Bundesgerichte nie auf Klagen einer Einzelperson gegen einen Staat ausgedehnt worden wäre. Die entscheidende Frage in einer Klage gegen einen Staatsbeamten sollte logischerweise darin bestehen, ob der beantragte Rechtsbehelf oder Rechtsbehelf ordnungsgemäß gewährt werden kann, wenn der Staat nicht als Beklagter auftritt; mit anderen Worten, ob der Staat eine notwendige und unverzichtbare Partei ist oder nicht; und diese Untersuchung sollte durch das Ergebnis oder die Belastung des Urteils, das gefällt werden kann, bestimmt werden. Wenn die Klage beispielsweise darauf abzielt, die Durchsetzung eines verfassungswidrigen Gesetzes zur Regulierung von Tarifen oder zur Erhebung von Steuern anzuordnen, muss davon ausgegangen werden, dass der Staat das Unrecht nicht genehmigt hat und dass er kein rechtliches Interesse oder Interesse an einer nichtigen Inkraftsetzung seines Gesetzes haben kann Gesetzgeber, und dass es nicht dazu gehört werden kann, das Recht geltend zu machen, dass seine Beamten zu seinen Gunsten die Verfassung der Vereinigten Staaten verletzen. Wenn andererseits die angestrebte Erleichterung oder Abhilfe die Eigentumsrechte oder Gelder des Staates beeinträchtigt oder ihn zur Zahlung seiner Schulden zwingt oder die konkrete Erfüllung eines Vertrags durch den Staat oder das Tun oder Unterlassen von Handlungen erfordert Bei jeder Handlung des Staates selbst muss das Gericht zwangsläufig entscheiden, dass es sich um eine notwendige und unverzichtbare Partei handelt und dass die Klage abgewiesen werden muss, da sie mangels Zuständigkeit nicht vor einem Bundesgericht verklagt werden kann. Diese Entlassung erfolgte jedoch nicht aus Mangel an Gerichtsbarkeit oder richterlicher Macht über den einzelnen Staatsbeamten als Angeklagten, noch weil die Klage gegen den Staat gerichtet war – denn der Staat war keine Partei und auf seine Anwesenheit sollte verzichtet werden –, sondern weil der Staat ein unverzichtbarer Beklagter war und die Klage in seiner Abwesenheit nicht fortgesetzt werden konnte. Eine Wiederholung dieser Ansicht würde dazu führen, dass die Prüfung vieler Fälle vereinfacht und viele widersprüchliche Argumente in Einklang gebracht würden. Wir sollten dann über ein eindeutiges und logisches Kriterium verfügen, das uns bei Verfahren gegen Staatsbeamte leiten kann. Wenn das Gericht feststellte, dass der Staat keine notwendige und unverzichtbare Partei sei, würde sich die Frage in solchen Fällen auf die Untersuchung beschränken, ob der Rechtsbehelf gegen den Beamten im Rahmen der geltenden Grundsätze der Billigkeit, Rechtsprechung und des Verfahrens gewährt werden sollte.

Es bleibt die Frage, ob eine strafrechtliche Verfolgung angeordnet werden soll. Sollte die Zuständigkeit eines Gerechtigkeitsgerichts nur deshalb aufgehoben werden, weil der Staat seine Beamten ermächtigt hat, verfassungswidrige Vorschriften, die Eigentumsrechte beeinträchtigen, durch einen Straftäter statt durch eine Zivilklage durchzusetzen? Der Oberste Gerichtshof hat entschieden, dass er ungeachtet des allgemeinen Grundsatzes, dass ein Billigkeitsgericht nicht für einen Gesetzentwurf zur

Aussetzung eines Strafverfahrens zuständig ist, einem Staatsbeamten dennoch die Einleitung eines solchen Verfahrens verbieten kann, wenn dadurch Eigentumsrechte verletzt und zerstört werden Instrumentalität eines verfassungswidrigen Gesetzes, das seine Durchsetzung im Strafverfahren vorsieht. Die Natur einer im Wesentlichen zivilrechtlichen Frage oder Kontroverse, beispielsweise zwischen Verladern oder Passagieren auf der einen Seite und einer Eisenbahngesellschaft auf der anderen Seite über die Angemessenheit der Tarife, kann nicht durch gesetzgeberisches Erlass geändert werden. Die Ausübung einer solchen Zuständigkeit zur Einschränkung von Strafverfahren hat sich in vielen Fällen der letzten Zeit als notwendig erwiesen, in denen eine Verteidigung in einem Strafverfahren vor einer Jury den Personen, deren Eigentumsrechte betroffen waren, keinen fairen oder angemessenen Schutz bieten würde. Der Rechtsstreit beispielsweise im Rahmen eines Billigkeitsgesetzes zur Einschränkung der Durchsetzung eines verfassungswidrigen Strafgesetzes zur Regelung der Tarife stellt eine Kontroverse zivilrechtlicher Natur mit dem Beamten und nicht mit dem Staat dar, und die einzige Frage ist, ob ein Billigkeitsgericht dies tun sollte eingreifen oder diejenigen, denen ein Strafverfahren droht, zu ihrer Verteidigung durch Einspruch gegen die Anklage oder das Verfahren in der Sache belassen. Letzteres wird immer dann erfolgen, wenn eine Verteidigung vor Gericht einigermaßen fairen und angemessenen Schutz bietet. Wenn jedoch eine Verteidigung vor Gericht keinen angemessenen Schutz bietet und ein irreparabler Vermögensschaden droht, gibt es keinen Grund, warum ein Billigkeitsgericht in einem solchen Fall nicht eingreifen und Schutz und Entschädigung gewähren sollte.

Für viele mag es zweifelhaft erscheinen, ob die beiden führenden Fälle, die jetzt so viel Aufmerksamkeit erregen, nämlich In re Ayers [43] und Fitts *vs.* McGhee [44] , unbedingt eine Frage im Rahmen des elften Verfassungszusatzes aufwarfen und ob dies nicht der Fall sein sollte wurden ausschließlich mit der Begründung abgewiesen, dass ein Billigkeitsgericht die angedrohten Klagen oder Strafverfolgungen nicht hätte anordnen dürfen. Wahrscheinlich wäre keine der in diesen beiden Fällen diskutierten Billigkeitsklagen nach den allgemeinen Grundsätzen der Billigkeitsrechtsprechung haltbar gewesen, selbst wenn der Staat vor einem Gericht der Vereinigten Staaten verklagt worden wäre, da kein irreparabler Schaden drohte und die Möglichkeit einer Verteidigung bestand Das Gesetz schien einen angemessenen Schutz zu bieten.

Die Frage des Rechts, einen Staatsbeamten zu verklagen, um die Durchsetzung eines verfassungswidrigen Gesetzes zur Regulierung der Tarife und Gebühren von Eisenbahngesellschaften einzuschränken, ist derzeit in einigen Aspekten vor dem Obersten Gerichtshof anhängig, und zwar in wichtigen Fällen, die Gesetze von Minnesota und North Carolina betreffen. Diese Fälle wurden umfassend und sachkundig dargelegt und werden derzeit beraten. Sie können dazu führen, dass einige der Argumente in den früheren Fällen noch einmal überdacht werden. Daher könnte in Kürze eine umfassende Entscheidung getroffen werden, die einige der Gründe für das bestehende Missverständnis und den Konflikt zwischen den Bundesstaaten und den Bundesgerichten beseitigen wird. [45]

Die uns zur Verfügung stehende Zeit macht es unmöglich, die vielen bemerkenswerten und interessanten Fälle zu betrachten, die im Rahmen des elften Verfassungszusatzes entstanden sind und uns häufig in den Bereich des öffentlichen Rechts und der Staatskunst führen. Die wichtigsten Entscheidungen liegen natürlich beim Obersten Gerichtshof, aber viele aufschlussreiche Meinungen finden sich auch bei den unteren Bundesgerichten. Die ständige Zunahme staatlicher Aufgaben und der Eingriffe in die Freiheit und Handlungsfähigkeit des Einzelnen wird in Zukunft mit Sicherheit eine fruchtbare Quelle für Rechtsstreitigkeiten sein und eine häufige Prüfung des Anwendungsbereichs des elften Verfassungszusatzes erforderlich machen.

Bei der Erörterung des Themas von Klagen zur Beschränkung der Durchsetzung vermeintlich verfassungswidriger staatlicher Gesetze sollten wir die Versuche in den jüngsten Erlassen zur Regulierung von Tarifen und Gebühren nicht übersehen oder unbemerkt lassen, Eisenbahnen und andere Unternehmen des öffentlichen Dienstes zu sofortigem Gehorsam und zur Aufgabe zu zwingen oder einzuschüchtern ihres verfassungsmäßigen Rechts, die Gerichte anzurufen, zu verletzen, indem sie ihnen enorme und unangemessene Geldstrafen und Strafen auferlegen oder ihnen mit dem Verlust des Schutzes der Regierung drohen. Bei Gesetzesverstößen drohen hohe Bußgelder oder Strafen; und da die Transaktionen dieser Körperschaften im Allgemeinen sehr zahlreich sind, würde die Missachtung einer Satzung, und sei es nur in gutem Glauben, um ihre Gültigkeit zu prüfen, in wenigen Tagen das Risiko eines Bankrotts mit sich bringen. Der erklärte oder schlecht verheimlichte Zweck dieser Bußgelder und Strafen sowie des Rückgriffs auf das Strafrecht besteht darin, jegliche Einmischung von Gerechtigkeitsgerichten zu verhindern. Die Idee, die von vielen Seiten und unter vielen Tarnungen vertreten wird, scheint darin zu bestehen, dass Unternehmen verboten werden sollen, es sei denn, sie verzichten auf ihr Recht, sich an die Gerichte zu wenden, um sich gegen verfassungswidrige Gesetze und nichtige und repressive Gesetze zu schützen. Dieser unfaire Geist ist weit verbreitet. Während beispielsweise der Federal Employers' Liability Act, der kürzlich vom Obersten Gerichtshof der Vereinigten Staaten für verfassungswidrig erklärt wurde, von diesem Gericht beraten wurde, kritisierte Präsident Roosevelt in seiner Rede in Jamestown die Eisenbahngesellschaften dafür, dass sie die Gültigkeit des Gesetzes bestritten und vorgeschlagen hatten dass „das Gesetz so beschaffen sein sollte, dass es den Eisenbahnen unmöglich sein wird, es erfolgreich zu bekämpfen, ohne dadurch unter allen Umständen jegliches Recht auf den Schutz der Bundesregierung einzubüßen."

Die Gerichte haben wiederholt darauf hingewiesen, dass die Eigentümer von Eigentum, das einer öffentlichen Nutzung dient, Anspruch auf eine faire und angemessene gerichtliche Untersuchung haben, wenn sie geltend machen, dass die vom Gesetzgeber vorgeschriebenen Sätze oder Gebühren unangemessen und beschlagnahmend seien. Damit wird lediglich anerkannt, dass die Eigentümer von Eisenbahnen und anderem Eigentum Anspruch auf einen Tag vor Gericht haben, genauso wie die bescheidenste Person Anspruch auf einen Tag vor Gericht hat, wenn die Regierung in ihre verfassungsmäßigen und erworbenen Eigentumsrechte eingreift. Wenn das Privateigentum des Einzelnen für eine öffentliche Nutzung genutzt werden soll, wäre es natürlich offensichtlich unfair und ungerecht, dem Gesetzgeber zu erlauben, abschließend zu bestimmen, was ihm zu zahlen ist, und ihm jede angemessene Möglichkeit vor Gericht zu verweigern das Gesetzeserlass zu überprüfen. Das gleiche Prinzip gilt für Unternehmen des öffentlichen Dienstes. Sie haben das Recht, sich an die Gerichte zu wenden, um über die Gültigkeit von Gesetzen zu entscheiden, die sie dazu zwingen sollen, Dienstleistungen zu einem vom Gesetzgeber festgelegten Satz zu erbringen, wenn sie der Ansicht sind, dass dieser Satz unangemessen niedrig und konfiszatorisch ist; und bis zur gerichtlichen Untersuchung sollten sie nicht dem Risiko einer Anhäufung ruinöser Strafen ausgesetzt sein. Der New York Public Service Commissions Act vom letzten Jahr erkennt dies grundsätzlich an. Doch anstatt eine faire Anhörung zu gewähren oder ein Gerichtsverfahren vorzusehen, in dem die Angemessenheit der gesetzlichen Sätze umgehend untersucht werden kann, scheint das ständige Bestreben darin zu bestehen, den Rückgriff auf die Gerichte so gefährlich zu gestalten, dass Immobilieneigentümer ihr Recht auf eine Gebühr aufgeben Tag vor Gericht, anstatt das Risiko einzugehen, dass Strafen anfallen und sich anhäufen, was zur Beschlagnahmung ihres Eigentums führen könnte. So sah das jüngste New Yorker Gasgesetz, das vom Bezirksgericht der Vereinigten Staaten für verfassungswidrig erklärt wurde, keine gerichtliche Untersuchung vor und die verhängten Strafen beliefen sich auf 1.000 US-Dollar für jeden überhöhten Preis oder Verstoß gegen das Gesetz. Da allein die Consolidated Gas Company mehr als 390.000 Kunden hatte, würde ein zu hoher Betrag auf nur einen Monatsrechnungen bis zu einem Versuch, das Gesetz nach Treu und Glauben zu prüfen, die sagenhafte Gesamtsumme von 390.000.000 US-Dollar an Strafen nach sich ziehen, also fast das Fünffache des Gesamtwertes Gegenstand des Unternehmens. Wenn das New Yorker Gesetz zumindest in dieser Hinsicht nicht vom Obersten Gerichtshof im anhängigen Berufungsverfahren für nichtig erklärt wird, [46] könnte die

Consolidated Gas Company völlig ruiniert sein, weil sie zuvor ihr Rechtsrecht auf eine faire gerichtliche Untersuchung geltend gemacht hat gezwungen zu sein, das zu akzeptieren, worauf es bestand und was das Gericht bisher für einen konfiskatorischen und unangemessenen Satz hielt; das heißt, weil er es gewagt hat, vor seiner Verurteilung auf eine faire gerichtliche Anhörung zu bestehen. Das Kansas-Gesetz zur Regulierung von Viehhöfen, das vom Obersten Gerichtshof für verfassungswidrig erklärt wurde, [47] verhängte Strafen, die an einem Tag 15.000.000 US-Dollar oder fast das Doppelte des Wertes des gesamten Eigentums der Viehhofgesellschaft hätten betragen können. Das jüngste Eisenbahngesetz in North Carolina sieht Bußgelder in Höhe von 2.500.000 US-Dollar pro Tag vor und würde die Eisenbahngesellschaften in wenigen Tagen in den Bankrott treiben. Das Eisenbahngesetz von Minnesota sieht Strafen vor, die sich in einem Monat auf mehrere hundert Millionen Dollar belaufen können.

Zu diesen Strafen sagte der Richter des US-Bezirksgerichts Lochren zu Recht: „Es steht außer Frage, dass eine solche Gesetzgebung bösartig ist, fast eine Schande für die Zivilisation unserer Zeit und ein Vorwurf für die Intelligenz und den Gerechtigkeitssinn jeder Legislative, die dazu in der Lage wäre." Bestimmungen dieser Art erlassen."

Wenn eine solche Politik der Nötigung und Einschüchterung möglicherweise von den Regierungen des Staates oder der nationalen Regierungen in irgendeiner Form oder unter irgendeinem Vorwand durchgesetzt werden kann, werden wir nicht länger unter einer verfassungsmäßigen Regierung mit wirksamen Garantien für individuelle Rechte und Freiheiten leben. Wenn der Kongress oder ein Der Gesetzgeber eines Bundesstaates kann jede Gruppe von Personen dazu zwingen, sich einem verfassungswidrigen Gesetz zu unterwerfen, indem er ruinöse Bußgelder und Strafen oder andere Bestimmungen verhängt, die *auf Terrorismus* abzielen, oder indem er damit droht, dieser Klasse den Schutz der Regierung zu entziehen, dann gelten die verfassungsmäßigen Beschränkungen, die durch sie auferlegt werden Das Volk kann leicht umgangen und zunichte gemacht werden, und unsere angeblichen Rechte und Freiheiten werden nur in der Gnade oder Selbstbeherrschung der Gesetzgeber bestehen. Eine Klasse wird heute ausgewählt, aber morgen wird eine andere Klasse ausgewählt, abhängig nur von den Interessen oder Vorurteilen oder Versuchungen oder Launen der vorübergehenden Mehrheit. Eine solche willkürliche und unverantwortliche Machtausübung steht in völligem Widerspruch zur gesamten Theorie unserer Institutionen und stellt eine völlige Missachtung und Missachtung jener grundlegenden und unveränderlichen Prinzipien der Gerechtigkeit dar, unter denen allein freie Regierungen existieren können. Wie Oberster Richter Marshall im großartigen Fall Marbury *vs.* Madison sagte – und das Gericht sah sich damals einer feindseligen Exekutive, einem feindseligen Kongress und einer feindseligen öffentlichen Meinung gegenüber – „Das Wesen der bürgerlichen Freiheit besteht sicherlich im Recht jedes Einzelnen darauf." Anspruch auf den Schutz der Gesetze erheben, wann immer er einen Schaden erleidet. Eine der ersten Pflichten der Regierung besteht darin, diesen Schutz zu gewähren ... Die Regierung der Vereinigten Staaten wurde mit Nachdruck als eine Regierung der Gesetze und nicht der Menschen bezeichnet. Das wird sie sicherlich tun diese hohe Bezeichnung nicht mehr verdienen, wenn die Gesetze keinen Rechtsbehelf für die Verletzung eines wohlerworbenen Rechtsanspruchs vorsehen." [48]

Einige der derzeit im Kongress anhängigen Gesetzentwürfe sehen vor, den Bundesgerichten die Befugnis zu entziehen, in diesen Fällen einstweilige Verfügungen zu erlassen. Dies wäre eine Politik, die mit einer unermesslichen Gefahr für Eigentumsinteressen sowie für die persönliche Freiheit verbunden wäre. Dies käme häufig einer völligen Rechtsverweigerung gleich. Die Verzögerung eines Rechtsstreits könnte leicht zum Ruin führen. Aber zweifellos sind einige Reformen erforderlich. Es steht außer Frage, dass einstweilige Verfügungen gegen die Durchsetzung staatlicher Gesetze zur Regelung öffentlicher Dienstleistungsunternehmen niemals ohne vorherige Ankündigung an die Volksvertreter und ohne volle Gelegenheit zur Anhörung erlassen werden sollten, und auch dann nur bei deutlichstem Anzeichen einer Bedrohung irreparabler Schaden bis zur Verzögerung einer vollständigen Anhörung in der Sache. Solche Fälle sollten nicht nur so schnell wie möglich verhandelt werden, sondern die Gerichte sollten auch darauf bestehen, dass beide Seiten bei der Zeugenaussage mit größtmöglicher Eile vorgehen. Eine Anhörung in öffentlicher Sitzung und nicht vor einem Meister würde dieses Ergebnis erheblich erleichtern. Das Volk hat Anspruch auf eine rasche Klärung der betreffenden Fragen, damit es unverzüglich in den Genuss des Gesetzes kommt, wenn es verfassungsgemäß ist, oder es sofort ändern kann, wenn es verfassungswidrig ist. Es gibt keinen Grund, warum eine solche Klage in den meisten Fällen nicht innerhalb von 60 Tagen zur endgültigen Anhörung bereit sein und tatsächlich verhandelt werden sollte oder warum sie nicht innerhalb von weniger als einem Jahr endgültig vor den Berufungsgerichten entschieden werden sollte. Es sollte in allen Kalendern Vorrang haben. Der Expedition Act des Kongresses, der auf Fälle anwendbar ist, die sich aus den Kartell- und zwischenstaatlichen Handelsgesetzen ergeben, wäre ein gutes Modell für Fälle, in denen es um die Gültigkeit staatlicher Gesetze geht.

Die Bedingungen, mit denen die Menschen jetzt in vielen Staaten konfrontiert sind, in denen die Gesetze zur Regulierung öffentlicher Dienstleistungsunternehmen oft über Jahre durch Rechtsstreitigkeiten gebunden sind, neigen dazu, Unzufriedenheit, Ungeduld und Unzufriedenheit mit den Gerichten hervorzurufen und den Wunsch nach einer revolutionären Veränderung aus einer unerträglichen Situation hervorzurufen. Gesetze, die öffentliche Versorgungsleistungen regeln, sind oft unerlässlich zum Schutz vor denjenigen, die andernfalls die Macht hätten, die Bedürfnisse der Menschen auszunutzen, und es ist eine Schande, dass die Durchsetzung solcher Gesetze durch Gerichtsverfahren noch Jahre nach ihrem Inkrafttreten verzögert werden kann. So wie die Verzögerungen in unserem Strafverfahren nach Abhilfe schreien, so schreien die Verzögerungen in dieser Art von Rechtsstreitigkeiten nach sofortiger und wirksamer Abhilfe. Es ist von größter Bedeutung, dass die Menschen davon überzeugt werden, dass sie vor den Gerichten und insbesondere vor den Bundesgerichten eine rasche Entscheidung aller Rechtsstreitigkeiten erreichen können, die die Gültigkeit der Rechtsvorschriften zur Regulierung öffentlicher Dienstleistungsunternehmen betreffen, die sie oder ihre Vertreter für notwendig erachtet haben ihr Schutz vor Erpressung oder Unterdrückung. In den meisten Fällen wird sich jedoch herausstellen, dass die Vertreter des Staates ebenso für die Verzögerungen verantwortlich sind wie ihre Gegner.

der breiten Bevölkerung in die Weisheit und Unparteilichkeit der Bundesrichter aufrechtzuerhalten, die so oft aufgefordert werden, die Gültigkeit staatlicher Gesetze zu beurteilen, die angeblich im Widerspruch zur Verfassung stehen die Vereinigten Staaten und dabei, Gerechtigkeit zwischen dem Staat und dem Individuum – zwischen der Mehrheit und der Minderheit – zu üben. Es sollte uns als Anwälten ein tiefes Anliegen sein, allen Laien bewusst zu machen, dass die Ausübung dieser Zuständigkeit durch die Bundesgerichte für die Wahrung und Aufrechterhaltung der Verfassung notwendig ist und dass es richtig und gerecht ist, dass jeder Bürger sie haben sollte das Privileg, sich an die nationalen Gerichte zu wenden, um den Schutz der ihm durch die nationale Verfassung garantierten Rechte und Freiheiten zu beantragen. Ebenso wichtig ist es, dass das Volk erkennen sollte, dass die Bundesrichter, wenn sie Klagen führen, um die Durchsetzung vermeintlich verfassungswidriger staatlicher Gesetze einzuschränken, ihre Pflicht nur gemäß ihrem Amtseid erfüllen, der sie in der edlen Sprache von 1789 verpflichtet „Recht ohne Rücksicht auf Personen zu üben", „den Armen und den Reichen das gleiche Recht zu gewähren" und „ihre Pflicht treu und unparteiisch im Einklang mit der Verfassung und den Gesetzen der Vereinigten Staaten zu erfüllen und zu erfüllen". Eine Untersuchung der Fälle, in denen einstweilige Verfügungen gegen die Durchsetzung staatlicher Gesetze erlassen wurden, muss jeden aufrichtigen Verstand davon überzeugen, dass die Befugnis in der großen Mehrheit der Fälle unparteiisch, mit Takt und kluger Diskretion ausgeübt wurde und dass solche einstweiligen Verfügungen nur erlassen wurden als Eigentumsrechte mit einer irreparablen Verletzung bedroht zu sein schienen. In all diesen

Fällen Unfehlbarkeit zu erwarten wäre zu viel. Fehler werden jedoch im Berufungsverfahren korrigiert.

Angriffe auf unsere Justiz und ungerechtfertigte und ungerechtfertigte Kritik an unseren Richtern untergraben das Vertrauen der Menschen in die Gerichte und bedrohen die gesamte Struktur unserer Zivilisation. Die Richter der Vereinigten Staaten reagieren zu Recht auf die öffentliche Meinung und sind über ungerechtfertigte und ignorante Kritik beunruhigt. Sie wissen, wie wichtig es ist, das Vertrauen der Öffentlichkeit zu bewahren. Sie sind sich bewusst, wie ihre Meinungen immer wieder zeigen, dass „das große Ziel der öffentlichen Rechtspflege neben der Rechtfertigung darin bestehen sollte, der Öffentlichkeit Zufriedenheit zu verschaffen." Aber sie können die Wahrheit nicht der Popularität opfern, die Verfassung nicht der gegenwärtigen Zweckmäßigkeit. Diejenigen, die die Bundesrichter angreifen, sollten bedenken, dass die Gründer in ihrer Weisheit die richterliche Macht darstellten, unser Bollwerk gegen unüberlegtes, übereiltes und tyrannisches Handeln seitens der Machthaber und unseren Schutzschild gegen „diese plötzlichen und starken Leidenschaften, denen wir ausgesetzt sind". entlarvt" und die, wenn sie nicht kontrolliert und ungezügelt wird, zum Ruin führen kann. So unpopulär und unangenehm die Aufgabe auch sein mag, einen Beschluss des Kongresses oder eines Landesgesetzgebers aufzuheben, so schmerzhaft es für jeden gerechten Mann sein muss, Gegenstand einer Verleumdung zu werden, ein Bundesrichter hat keine Wahl, keinen Ermessensspielraum, keinen Willen dazu Er ist sein eigener Richter, muss aber jeden Fall, der ihm im Rahmen der Zuständigkeit seines Gerichts gemäß der Verfassung und den Gesetzen der Vereinigten Staaten übertragen und auferlegt wird, nach seinem Gewissen anhören und entscheiden. Denken wir immer an die erhabenen Worte des großen Obersten Richters im Fall Aaron Burr in der Entscheidung, die vor hundert Jahren so viel öffentliches Vorurteil und Aufsehen erregte, als er über die Pflichten eines Richters sagte: „Wenn er in diesem Fall keine andere Wahl hat; wenn ihm keine Alternative geboten wird als eine Pflichtverletzung oder die Schmach derer, die der Welt angehören, verdient er sowohl die Verachtung als auch die Empörung seines Landes, das zögern kann." die man umarmen kann. [49]

FUSSNOTEN:

[23] Ansprache vor der New York State Bar Association auf ihrer einunddreißigsten Jahrestagung am 25. Januar 1908 in New York.

[24] 2 Dallas' Reports, p. 419.

[25] 6 Wheaton's Reports, S. 406-407.

[26] 134 United States Reports, S. 1, 22.

[27] 108 United States Reports, S. 447.

[28] 200 United States Reports, S. 283, 284.

[29] 1 Cranch's Reports, S. 163.

[30] 11 Wallace's Reports, p. 183.

[31] 16 Wallace's Reports, p. 156.

[32] 106 United States Reports, S. 205.

[33] 101 United States Reports, S. 343.

[34] The Law of the Constitution, 8. Aufl., S. 189.

[35] Berichtet von Hargrave, 19 Howell's State Trials, S. 1030, 1073.

[36] 6 Best und Smith's Queen's Bench Reports (1865), S. 297.

[37] Berichtet in 14 Howell's State Trials, S. 1-114.

[38] 188 United States Reports, S. 543.

[39] 114 United States Reports, S. 270.

[40] 9 Wheaton's Reports, p. 738.

[41] 16 Wallace's Reports, p. 220.

[42] In re Ayers, 123 United States Reports, p. 487.

[43] 123 United States Reports, S. 443.

[44] 172 United States Reports, S. 516.

[45] Ex parte Young (Generalstaatsanwalt von Minnesota), berichtet in 209 United States Reports, S. 123 und der Fall Hunter (Sheriff von Buncombe County, NC) *vs.* Wood, 209 United States Reports, S. 205.

[46] Willcox *vs.* Consolidated Gas Co., 212 United States Reports, S. 19.

[47] Cotting *vs.* Kansas City Stock Yards Co., 183 United States Reports, S. 79.

[48] 1 Cranch's Reports, S. 163.

[49] 4 Cranch's Reports, Anhang, S. 507-508.

Kritik der Gerichte [50]

Die ANGRIFFE auf unsere Gerichte, die ständig in der Presse im ganzen Land veröffentlicht werden, offenbaren ein Gefühl der Feindseligkeit gegenüber dem gegenwärtigen System der Rechtspflege, das wahrscheinlich das bedeutungsvollste Zeichen unserer Zeit ist. Dass die Gesetzlosen, die glücklicherweise immer noch in der Minderheit sind, denjenigen feindlich gesinnt sein sollten, denen die Aufgabe übertragen ist, den Gehorsam gegenüber den Gesetzen des Staates oder der Nation durchzusetzen und zu erzwingen, ist keineswegs überraschend und in bevölkerungsreichen Gemeinden vielleicht fast unvermeidlich . Aber es ist in der Tat überraschend und ein berechtigter Grund für tiefe Besorgnis und Besorgnis, dass Tausende von ehrlichen, fleißigen, moralischen und gesetzestreuen Bürgern glauben, dass die Gesetze nicht unparteiisch oder gerecht verwaltet werden, und dass dieser falsche Glaube eingeschärft werden sollte , nicht nur von der Presse und prinzipienlosen Demagogen und Politikern, sondern auch von angesehenen Führern der amerikanischen Arbeiterschaft und der amerikanischen öffentlichen Meinung und sogar von Pädagogen. Dieser Glaube hat sich so weit verbreitet und in den Köpfen großer Teile unseres Volkes aller Schichten, ob gebildet oder ungebildet, so fest verankert, dass nur noch eine möglichst ausführliche Betrachtung und Diskussion des Themas ausreichen würde. Zahlreiche Briefe, die der Unterausschuss der New York State Bar Association erhalten hat und von denen einige mit seinem Bericht eingereicht werden, zeigen die Intensität der Feindseligkeit gegenüber den Gerichten und das Ausmaß, in dem sie auf Unwissenheit, Vorurteilen und Bosheit beruht. Die Tatsache, dass die Verfasser der meisten dieser Briefe aufrichtig sind, muss nicht bestritten werden, aber wenn man dies zugibt, zeigen viele der Aussagen ein völliges Versagen bei der Untersuchung der Fakten und eine völlige Gleichgültigkeit gegenüber der Wahrheit, und einige sind offensichtlich kindisch, oder unentschuldbar ungenau und rücksichtslos. Andererseits muss der Geist, der in den Briefen einiger Gewerkschaftsführer zum Ausdruck kommt, die Hoffnung auf ihre loyale Unterstützung bei einer unparteiischen und gründlichen Untersuchung wecken. Durch die Zusammenarbeit mit ihnen könnte viel Gutes erreicht werden. Ein solcher Brief, wie er beispielsweise kürzlich von Herrn Hugh Frayne, dem Hauptorganisator der American Federation of Labour, eingegangen ist, deutet darauf hin, dass ein Meinungsaustausch zu wünschenswerten Ergebnissen führen könnte. So mühsam und mühsam die Aufgabe auch sein mag, es wäre ein großer Dienst für das ganze Land, wenn ein von der New York State Bar Association und den anderen Anwaltskammern des Staates ernannter gemeinsamer Ausschuss sich verpflichten würde, alle Fälle zu untersuchen, die Arbeit oder Soziales betreffen Gesetzgebung und veröffentlichen Sie einen Bericht, der die wahren Tatsachen und die Rechtsgrundsätze in jedem Fall darlegt. Schade ist, dass viele der Kritiker unserer Gerichte bedauerlicherweise keine Ahnung von den Themen haben, über die sie schreiben oder debattieren, und – in manchen Fällen unbewusst und unbeabsichtigt – die Fakten falsch darstellen und verdrehen.

Zum jetzigen Zeitpunkt wird es sinnvoll sein, nur einige der Punkte zu prüfen, die sich aus den Untersuchungen Ihres Unterausschusses ergeben.

Das Thema einer gerechten Entschädigung von Arbeitnehmern für Verletzungen, die sie im Rahmen ihrer Arbeit erlitten haben, ist eines der wichtigsten und weitreichendsten Themen, die von unseren Korrespondenten diskutiert wurden, und seine zunehmenden Schwierigkeiten und Komplexitäten erfordern viel mehr Untersuchungen, als wir bisher tun konnten Gib es. Die durch Maschinen hervorgerufene Revolution, die unvermeidlichen Gefahren, die mit ihrem Einsatz einhergehen, die Ansammlung von Männern, Frauen und Kindern in Fabriken und Werkstätten erfordern Änderungen in den Rechtsnormen, die die Pflichten und Verantwortlichkeiten der Arbeitgeber regeln. Die Regeln des Gewohnheitsrechts, die heute von so vielen verurteilt werden und über Bord geworfen werden sollen, wurden ursprünglich von den vernünftigsten Erwägungen der öffentlichen Ordnung, der praktischen Angelegenheiten und der Regierung sowie der Gerechtigkeit zwischen Mensch und Mensch diktiert. Die in diesen Regeln geregelten Pflichten des Herrn gegenüber dem Diener waren human und entsprachen den Bedürfnissen der Zeit, in der sie sich entwickelten, und die Regeln selbst sind in den allermeisten Fällen immer noch angemessen und gerecht. Danach ist der Kapitän dazu verpflichtet, seinem Diener die gleiche Sorgfalt zukommen zu lassen, die er für seine eigene Sicherheit tun sollte, und er ist verpflichtet, für einen einigermaßen sicheren Ort zu sorgen, an dem sein Diener arbeiten kann, sowie für die Bereitstellung einigermaßen sicherer Geräte und Maschinen . Wählen Sie Mitbedienstete aus, die einigermaßen kompetent und umsichtig sind, und ernennen Sie jemanden, der einigermaßen kompetent und umsichtig ist, wenn die Art des Geschäfts einen Aufseher oder Superintendenten erfordert. Die Anwendung dieser Regeln, die das Verhalten und die Pflichten des Herrn regeln, in Verbindung mit den Regeln, die das Verhalten und die Pflichten des Dieners regeln – wie etwa die Übernahme der gewöhnlichen Risiken der Beschäftigung, die Doktrin des Mitdieners und die Regel als B. auf Mitverschulden – führt unweigerlich zu äußerst schwierigen und komplexen Fragen. Diese Regeln sind immer noch richtig und gerecht in ihrer Anwendung auf Fälle, in denen es um die häusliche Beziehung zwischen dem Landwirt und seinen Landarbeitern, dem Kleinunternehmer und seinen Arbeitern, dem Hausbesitzer und seinen

Hausangestellten, dem Metzger, Maler, Zimmermann oder Schmied geht seine Arbeiter. In all diesen Fällen gilt, so scheint es uns, heute im Prinzip ebenso viel wie vor einem halben Jahrhundert, dass der Herr nicht verpflichtet ist, sich mehr um seinen Diener zu kümmern, als man vernünftigerweise von ihm selbst erwarten kann. und dass ein Diener bessere Möglichkeiten als sein Herr hat, das Verhalten seines Mitdieners zu überwachen, sich vor ihm zu schützen und die Nachlässigkeit zu verhindern. Solange die Haftung auf der Theorie oder dem Grundsatz der Fahrlässigkeit beruht, ist es so wahr wie eh und je, dass ein Bediensteter im Allgemeinen die gewöhnlichen und offensichtlichen Risiken der Beschäftigung, die er annimmt, tragen muss wofür er voraussichtlich eine angemessene und zufriedenstellende Entschädigung verlangt. Ebenso gilt in den meisten Fällen auch heute noch, dass der Diener, der Mitverschulden begangen hat, seinem Herrn die Verantwortung für die Verletzung nicht zuschieben darf. Die Argumentation der Richter, die diese Lehren im Common Law begründeten und aufrechterhielten, wurde nie widerlegt. Dennoch handelt es sich lediglich um Rechtsnormen, die nicht von der Justiz, sondern von der Legislative geändert werden können; und nach Meinung des Autors gibt es in der Staats- oder Landesverfassung keine Bestimmung, die ihre Aufhebung verhindern würde, wenn dies von einer gesetzgebenden Körperschaft als notwendig oder wünschenswert erachtet würde.

Aber der moderne Industrialismus, die Entwicklung von Maschinen, die Beschäftigung einer großen Zahl von Männern und Frauen in überfüllten Fabriken und die Arbeit im Zusammenhang mit gefährlichen Produktions- und Transportinstrumenten usw. haben die Bedingungen verändert, so dass das, was auch heute noch für die Landwirtschaft gilt, sich verändert hat , der Haushalt, der kleine Handwerker, der Zimmermann, der Maler, der Metzger, der Lebensmittelhändler usw., gilt nicht für die geschäftigen Bienenstöcke der Produktion, des Transports mit Dampf oder Elektrizität oder anderer gefährlicher Industrien. Die Zunahme von Unfällen, die scheinbare Gewissheit, dass viele Opfer unvermeidlich sind, die Rücksichtslosigkeit, die der moderne Kampf ums Dasein hervorruft, die zunehmende Schwierigkeit bei vielen Beschäftigungen, den Grad der Schuld zu messen, die dringenden Bedürfnisse und die Unvorsichtigkeit der Armen: Diese und andere Überlegungen sind gut rechtfertigen das Eingreifen des Gesetzgebers als gesetzgebende Gewalt des Staates, um Gesetzesänderungen vorzunehmen – Änderungen, die die Gerichte nicht vornehmen sollten, denn ihre Pflicht oder Funktion besteht nicht darin, Gesetze zu erlassen, sondern zu erklären, was das Gesetz war oder jetzt ist. Anstatt also die Gerichte zu missbrauchen, wie viel klüger und anständiger wäre es für Gewerkschaften, Gewerkschaftsführer oder Sozialreformer, beim Gesetzgeber eine Gesetzesänderung einzureichen und den Versuch aufzugeben, die Justiz einzuschüchtern und zu zwingen die gewünschte Veränderung. Einer unserer Korrespondenten spricht von der „giftigen Mitdienerlehre". Doch die Verantwortung für die Aufrechterhaltung dieser Doktrin, wenn sie in einem oder allen Beschäftigungsverhältnissen unerwünscht geworden ist, liegt vollständig beim Gesetzgeber und nicht bei den Gerichten. Wir wären überrascht, wenn irgendein Anwalt oder Student, der auch nur die geringste Kenntnis des amerikanischen Verfassungsrechts besitzt, ernsthaft behaupten würde, dass der Gesetzgeber diese Doktrin nicht ändern könne, ohne unsere Verfassungen zu ändern oder zu manipulieren.

Es ist jedoch angebracht und angebracht hinzuzufügen, dass viele Anwälte und Laien davon überzeugt sind, dass es vom Standpunkt der öffentlichen Ordnung und der praktischen Gerechtigkeit aus gesehen ein Fehler wäre, die bestehenden Regeln in jedem Fall, in dem das Verhältnis zwischen Herrn und Diener bestehen könnte, wahllos abzuschaffen. und dass eine solch radikale Maßnahme mehr schaden als nützen würde. Dies ist sicherlich das Urteil kompetenter Beobachter der Funktionsweise des britischen Gesetzes. Eine Gesetzesänderung, die klug wäre, wenn sie sich auf große Fabriken und gefährliche Beschäftigungen, auf Arbeit im Zusammenhang mit gefährlichen Maschinen, auf den Dienst auf Eisenbahnen, in großen Elektrowerken usw. usw. beschränken würde, könnte äußerst unklug, ungerecht und repressiv sein wenn es beispielsweise auf den Kleinbauern, den Handwerker, den Mechaniker oder den Hausbesitzer angewendet wird. Eine anerkanntermaßen weise und gerechte Regel kann im einen Fall das Extrem von Torheit und Unterdrückung im anderen sein. Ein Unfall auf einem Bauernhof, der durch Nachlässigkeit oder Trunkenheit eines Landarbeiters verursacht wurde, könnte unter einigen der vorgeschlagenen Reformen oder Neuerungen den umsichtigsten Landwirt aus Gründen, die außerhalb seiner Kontrolle liegen, in den Bankrott treiben; und eine ähnliche Katastrophe könnte leicht den kleinen Handwerker, Mechaniker oder Hausbesitzer treffen und die Ersparnisse der Jahre zunichtemachen. Es ist natürlich keine Antwort, wenn man sagt, dass der Bauer, der Handwerker, der Hausbesitzer, der Männer oder Frauen beschäftigt, versichern können. Warum sollte diese Form der Besteuerung auf geringe Einkünfte erhoben werden, die häufig nicht ausreichen, um über die Runden zu kommen? Warum sollte der Landwirt oder Handwerker mit begrenzten Mitteln gezwungen sein, den privaten Versicherungsgesellschaften Tribut zu zahlen, die sich so oft zusammenschließen, um die höchstmöglichen Prämien zu erpressen?

Lassen Sie jeden Herrn für seine eigene Fahrlässigkeit verantwortlich sein, aber gehen Sie davon aus, dass jeder Herr – jeder Arbeitgeber eines anderen – so weit zum Versicherer der Sicherheit seines Dieners wird, dass der Herr für Verletzungen haftbar gemacht wird, die nicht auf sein Verschulden zurückzuführen sind sein eigenes, sondern auf die Nachlässigkeit und Nachlässigkeit des Dieners selbst oder eines Mitdieners zurückzuführen.

Ein interessantes Beispiel für die Wirkungsweise eines Gesetzes im Zusammenhang mit etablierten Rechtsnormen findet sich im Fall Knisley *vs.* Pratt. [51] Der Gesetzgeber hatte bestimmte Vorrichtungen zum Schutz von Frauen und Kindern vorgeschrieben, einschließlich einer Bestimmung, dass Zahnräder an Maschinen ordnungsgemäß geschützt werden sollten. Bei der Verabschiedung dieser Bestimmung war sich der Gesetzgeber, wie die Gerichte aufgrund der geltenden Konstruktionsregeln annehmen mussten, der bestehenden Gesetze im Bundesstaat New York in Bezug auf die Übernahme offensichtlicher und gewöhnlicher Risiken bei der Beschäftigung von Männern und Frauen voll bewusst volljährig und leistungsfähig. Die Klägerin im Fall Knisley war eine volljährige und geschäftsfähige Frau, und sie war sich der Gefahr durchaus bewusst, die sie einging, wenn sie sich einer in Betrieb befindlichen Maschine zu nahe näherte. Wäre das Gesetz kompetent verfasst worden, hätte es – *vorausgesetzt natürlich, dass der Verfasser der Stellungnahme und der Gesetzgeber dies beabsichtigt hatten* – vorgesehen, dass die Regel der Risikoübernahme nicht für Fälle gelten sollte, die in ihren Zuständigkeitsbereich fallen; Mit anderen Worten wäre vorgesehen gewesen, dass der Kapitän für jeden Schaden haftbar sein sollte, der einem Diener zugefügt wird, weil er es versäumt hat, den gesetzlich vorgeschriebenen Schutz zu gewährleisten, unabhängig davon, ob der Diener von dieser Nachlässigkeit wusste oder in irgendeiner Weise zu seinem eigenen Schaden beitrug Verletzung. Keine Bestimmung der Landes- oder Bundesverfassung hinderte den Gesetzgeber daran, vorzuschreiben, dass der Arbeitgeber für die Folgen seiner eigenen vorsätzlichen Nichteinhaltung einer gesetzlichen Bestimmung zum Schutz des menschlichen Lebens und insbesondere des Lebens von Frauen und Kindern absolut haftbar sein sollte. Das Gericht im Fall Knisley hat nicht den geringsten Hinweis darauf gegeben, dass der Gesetzgeber das Gesetz nicht auf diese Weise ändern könnte. Nachdem die Entscheidung in diesem Fall verkündet worden war, hätte eine Gesetzesänderung problemlos innerhalb einer Woche vorgenommen werden können, da die gesetzgebende Körperschaft damals tagte – im Februar 1896. Dennoch sind inzwischen siebzehn Jahre ohne einen solchen Erlass vergangen Das Berufungsgericht wurde vor dem ganzen Land wegen seines mangelnden Mitgefühls für die Armen und Hilflosen und für den sozialen Fortschritt angegriffen, was unter anderem in dieser Entscheidung zum Ausdruck kommt!

Es stimmt, dass die Doktrin des Falles Knisley kürzlich vom Berufungsgericht im Fall Fitzwater *vs.* Warren außer Kraft gesetzt wurde. [52] Viele Anwälte sind jedoch der Meinung, dass das Gericht diese Änderung besser dem Gesetzgeber überlassen hätte, der sie, wenn er dies gewollt hätte, auch schon vor siebzehn Jahren hätte vornehmen können, und nicht zusätzlichen Grund für die Kritik geliefert hätte, dass unsere Gerichte auf gerichtliche Hilfe zurückgreifen Gesetzgebung. Trotz des Fitzwater-Falls wäre es für den Gesetzgeber immer noch klug, *wenn er der Meinung ist, dass die Rechtsstaatlichkeit so sein sollte, wie sie jetzt angekündigt wurde* , ein ordnungsgemäß formuliertes Gesetz zu erlassen, in dem festgelegt wird, dass ein Kapitän immer dann Wachen oder anderen Schutz leisten muss, wenn eine gesetzliche Bestimmung vorschreibt Wenn er seine Bediensteten in gefährlichen Beschäftigungen oder im Zusammenhang mit der Verwendung gefährlicher Maschinen beschäftigt, so macht ihn seine Unterlassung, dies zu tun, haftbar, unabhängig von den Grundsätzen der Risikoübernahme, des Verschuldens der Mitbediensteten oder der Mitfahrlässigkeit.

Die Art und Weise, wie in den letzten Jahren Nominierungen für Richterämter und insbesondere für das Berufungsgericht vorgenommen wurden, hat auch bei unseren Korrespondenten zu heftiger Kritik geführt.

Bekanntlich bemüht sich die Anwaltskammer des Staates New York seit vielen Jahren nahezu einstimmig darum, Nominierungen für Richterämter von anderen Nominierungen zu trennen und so die Richterkammer von der Politik zu trennen. Es war die Anwaltskammer, die die Neuernennung von Richtern für das Berufungsgericht auf unparteiischer Basis gefordert und erzwungen hat. Es war die Anwaltskammer, die die Neuernennung und Wahl von Richter Gray und Oberrichter Cullen sowie anderen Mitgliedern unseres höchsten Gerichts forderte und durchsetzte. Es ist einfach verleumderisch zu behaupten, dass einer der derzeitigen Richter dieses großen Gerichts auf Wunsch oder Diktat dessen ernannt wurde, was unsere Korrespondenten „die Interessen" nennen. Das Gegenteil ist die Wahrheit; und die gesamte Geschichte und das Verhalten des Gerichts widerlegen eine ebenso verächtliche wie unbegründete Anschuldigung.

Die Anwaltskammer des Staates drängte letztes Jahr praktisch einstimmig auf die Verabschiedung der als Judicial Candidates Bill bekannten Maßnahme, die vorsah, dass die Namen von Justizkandidaten nicht mehr in der Parteispalte auf dem allgemeinen und offiziellen Stimmzettel gedruckt werden sollten, sondern auf in einem gesonderten Stimmzettel oder in einer gesonderten Spalte der Wahlmaschinen, in beiden Fällen ohne Angabe einer Partei, mit dem Ziel, dass Kandidaten für ein Richteramt als Einzelpersonen und nicht als Mitglieder oder Kandidaten einer politischen Partei gewählt werden können . Für die erklärten Sozialreformer und Gewerkschaftsführer, die unser Justizsystem so vehement angreifen, bot sich dann eine hervorragende Gelegenheit, eine Bewegung zur Abschaffung der Richterwahl aus der Politik zu unterstützen. Aber davon wurde nicht Gebrauch gemacht. Der Gesetzentwurf wurde abgelehnt. Sie erhielt kaum

Unterstützung von Seiten der Presse und sehr wenig, wenn überhaupt, Unterstützung von Sozialreformern oder Arbeitnehmervertretern. Es wird zweifellos auch dieses Jahr wieder eingeführt; Es wurde erneut von der Anwaltskammer der Stadt New York genehmigt und wird wahrscheinlich erneut von der Landesvereinigung und der Anwaltskammer des Staates insgesamt genehmigt. Lassen Sie die Arbeitsorganisationen nun dabei helfen und zusammenarbeiten, die Verabschiedung dieses Gesetzes herbeizuführen, und helfen Sie dabei, die Wahl von Richtern auf der Grundlage ihrer eigenen Verdienste und ihres persönlichen Charakters sicherzustellen, unabhängig von Erwägungen des politischen Dienstes oder der Gunst oder Unterstützung politischer Führer oder Chefs oder anderer irgendeine bestimmte Klasse.

Vor einigen Jahren unternahm die Anwaltskammer in New York einen ernsthaften Versuch, die Wahl der Richter des Obersten Gerichtshofs auf einer unparteiischen und unpolitischen Grundlage sicherzustellen. Ein Ausschuss aus Mitgliedern der Anwaltskammer ernannte Anwälte mit den höchsten Ansehen in ihrem Beruf, anerkannten Fähigkeiten und Kenntnissen sowie einwandfreiem Charakter. Diese Kandidaten wurden besiegt, und die Gewerkschaften trugen wesentlich zu dieser Niederlage bei. Diese Organisationen unterstützten damals die Bewegung zur Trennung der Gerichte von der Politik in keiner Weise und waren der Ernennung von Männern mit höchstem Charakter und höchster Qualifikation für Richterämter völlig gleichgültig gegenüber.

Die klare Wahrheit zu diesem Punkt kann als Anschauungsbeispiel dienen und nützlich sein. Die am wenigsten kompetenten und am wenigsten erfahrenen Richter des Obersten Gerichtshofs im Bezirk New York und anderswo im Bundesstaat sind im Allgemeinen diejenigen, die nominiert wurden, weil sie von Arbeitsorganisationen unterstützt wurden oder von ihnen akzeptiert werden sollten. Überall im Land heißt es, dass immer dann, wenn Arbeitsorganisationen die Ernennung von Richtern diktieren oder kontrollieren, sie Anwälte mit geringerer Bildung und Begabung auswählen und nicht mit überlegenem Charakter und überlegener Unabhängigkeit. Es ist höchste Zeit, dass die Arbeiter über diese Wahrheit gründlich nachdenken.

Eine der wahren Ursachen für die Unzufriedenheit mit der Rechtspflege an unseren Landesgerichten und insbesondere in den größeren Städten besteht darin, dass Richter nicht aufgrund ihrer juristischen Fähigkeiten und ihres persönlichen Charakters ernannt und gewählt werden, sondern aufgrund ihrer Parteizugehörigkeit oder ihres persönlichen Charakters angebliche Freundschaft oder Sympathie für oder Neigung, eine Klasse gegenüber einer anderen zu bevorzugen. Dass das Personal unseres Berufungsgerichts und unserer Berufungsabteilungen bisher einheitlich hoch und rein gehalten wurde, liegt an den ständigen Bemühungen der Rechtsanwaltskammer . Wenn nun die Gewerkschaften und die Bevölkerung im Allgemeinen mit der Anwaltschaft zusammenarbeiten, die in dieser Angelegenheit die richtigen Führer der öffentlichen Meinung ist, wird es viel weniger Anlass für Beschwerden über Verzögerungen, Inkompetenz oder Parteilichkeit bei der Rechtspflege geben. Die Vermehrung inkompetenter Richter bedeutet die Vervielfachung der Ursachen für Verzögerungen, neue Verfahren, Verweigerung oder Fehlurteile der Justiz, Kosten, Unzufriedenheit und Misstrauen. Die Heilung dieser Übel liegt bei den Menschen selbst, und sie wird nur dann herbeigeführt, wenn sie auf der Ernennung und Wahl von Anwälten mit Gelehrsamkeit, Charakter und Unabhängigkeit bestehen.

Allen, die die Fakten studiert und über bestehende Tendenzen nachgedacht haben, muss klar sein, dass die Änderungen der Gesetze zur Nominierung und Wahl in öffentliche Ämter in den letzten zwanzig Jahren dazu gedient haben, die Kontrolle über politische Führer und politische Maschinen zu stärken und aufrechtzuerhalten. Viele Gesetzesentwürfe, die als Reformen eingebracht und lautstark bejubelt wurden, erwiesen sich in Wahrheit gar nicht als Reformen, sondern als Schritte im Dunkeln und als Rückschritte.

Einige unserer Korrespondenten machen die Gerichte für die „Verzögerung des Gesetzes" verantwortlich, doch es gibt keinen Fehler in unserem System, für den kompetente Richter weniger verantwortlich wären. In den meisten Fällen der Verzögerung in Zivilsachen liegt die Schuld bei den Anwälten. Nichts hat mehr dazu beigetragen, die Rechtspflege in Verruf zu bringen, als die Praxis, Fälle mit manchmal unbegründeten Ausreden jedes Jahr und Jahr für Jahr zu vertagen. Selbst in der Stadt New York muss es keine unangemessene Verzögerung geben und würde es auch nicht geben, wenn Anwälte bereit wären, ihre Fälle zu verhandeln, wenn sie zum ersten Mal in den Kalendern aufgeführt werden. Die Richter beschweren sich ständig über die Zögerlichkeit der Anwaltschaft. Eine weitere Ursache für Verzögerungen ist die Praxis, Klagen einzureichen und Berufung einzulegen, um Vergleiche zu erzwingen. Es sollte ein höheres Maß an beruflicher Verantwortung gefördert werden, und Anwälte, die das Verfahren der Gerichte missbrauchen und die Ethik ihres Berufs missachten, sollten streng bestraft oder beruflich geächtet werden.

Ebenso ist in Strafsachen der eigentliche Grund für Verzögerungen in fast allen Fällen das Versäumnis oder die Unfähigkeit der Staatsanwaltschaft, ihre Fälle gewissenhaft voranzutreiben; und der häufige Personalwechsel unserer Amtsträger ist ebenfalls ein Grund für große Verzögerungen. Immer wenn ein Beamter die Nachfolge eines anderen antritt, ist die Zeit, in der der neue Amtsinhaber sich über die Ereignisse vor seinem Amtsantritt informiert und sich mit den anhängigen Fällen vertraut macht, sehr viel verlorene Zeit. Eine längere Amtszeit der Staatsanwaltschaft würde wahrscheinlich zu einer schnelleren und effizienteren Durchsetzung des Gesetzes führen. Es besteht auch kein Zweifel daran, dass viele Beamte und ihre Assistenten nicht das gleiche Maß an Verantwortung für die zügige Erledigung öffentlicher Aufträge empfinden, wie sie es bei der Vertretung privater Kunden tun würden. Die Bemerkungen von Herrn Richter Scott im jüngsten Fall „People *vs.* Turley" sind in der Tat zeitgemäß und sollten allen Staatsanwaltschaften im ganzen Staat zur Kenntnis gebracht werden. Er verwendete folgende Formulierung: „Gegenwärtig gibt es viele wohlbegründete Beschwerden über die Langsamkeit, mit der das Strafrecht durchgesetzt wird, und insbesondere über die große Zeitspanne, die häufig zwischen einer Verurteilung und der Überprüfung vergehen darf die Verurteilung durch die Berufungsgerichte. Unter Personen, die mit den Regeln des Strafverfahrens nicht vertraut sind, wird den Gerichten nicht unnatürlich, sondern höchst ungerechterweise eine große Mitverantwortung für diesen Zustand zugeschrieben. Die Schuld liegt woanders. Die Berufungsgerichte sind dazu machtlos handeln, bis ihnen von den mit dieser Pflicht Betrauten Berufung vorgelegt wird. Wenn die Angelegenheit zur Anhörung gebracht wird, endet die Verzögerung, und über die Berufung wird ausnahmslos umgehend entschieden. Der vorliegende Fall ist ein besonders offenkundiger Fall. Der Angeklagte wurde verurteilt im März 1909 und wurde fast sofort gegen Kaution freigelassen, bis Berufung eingelegt wurde, und zwar aufgrund einer Bescheinigung über berechtigte Zweifel. Die Akte ist nicht umfangreich und die damit verbundenen Rechtsfragen sind weder schwierig noch kompliziert, und dennoch ist der Angeklagte auf freiem Fuß dreieinhalb Jahre, bevor die Berufung zur Entscheidung eingelegt wird. Natürlich war der Beklagte unter solchen Umständen völlig zufrieden und hatte es nicht eilig, seine Berufung vorzutragen. Die Pflicht, die Berufung umgehend einzulegen, lag wie in jedem Fall beim Bezirksstaatsanwalt, der es jederzeit in seiner Macht hatte, eine Anhörung der Berufung zu erzwingen, indem er deren Abweisung beantragte. Dieses Gericht hat sich nie als unwillig erwiesen, den Bezirksstaatsanwalt dabei zu unterstützen und mit ihm zusammenzuarbeiten, um zu erzwingen, dass Berufungen in Strafsachen mit angemessener Schnelligkeit vorgebracht werden müssen. Die Abhilfe bei unangemessenen Verzögerungen bei der endgültigen Entscheidung über Strafrechtsbeschwerden liegt in seinen Händen." [53]

Man erinnert sich gerne an eine Reihe wichtiger Mordfälle, bei denen zwischen der Verurteilung des Angeklagten und der Verhandlung vor dem Berufungsgericht Jahre verstrichen sind. Durch diese unnötige Verzögerung wird dem Verurteilungsurteil nicht nur viel von seiner Wirkung als Beispiel und abschreckender Präzedenzfall genommen, sondern in Fällen von Aufhebungen und neuen Gerichtsverfahren gehen manchmal auch Beweise verloren, und die Schuldigen entkommen so. Im zuletzt gemeldeten Mordfall aus dem Bezirk New York, „People *vs.* Lustig", [54] wurde der Angeklagte im

Juni 1910 wegen Mordes ersten Grades verurteilt, die Berufung wurde jedoch erst im Juni zur Anhörung vor dem Berufungsgericht eingereicht Am 14. Juni 1912 wurde das Urteil innerhalb von zwei Wochen nach der Auseinandersetzung, also am 29. Juni 1912, entschieden und aufgehoben. In der Zwischenzeit waren, wie uns mitgeteilt wurde, wichtige Zeugen verschwunden, und der Angeklagte ist nun auf sich allein gestellt Anerkennung und wird wahrscheinlich nicht noch einmal versucht!

Ein weiterer Fall scheinbar unentschuldbarer Verzögerung ist People *vs.* Koerner. [55] Das Verbrechen des Mordes wurde im September 1896 begangen. Der Angeklagte wurde innerhalb eines Monats danach angeklagt und am 1. März 1897 wegen Mordes ersten Grades verurteilt. Die Berufung wurde vor dem Berufungsgericht vor vier Gerichten verhandelt Monate, am 22. Oktober 1897, und das Urteil wurde am 23. November 1897 aufgehoben. Der Fall wurde dann erneut verhandelt und endete am 15. März 1898 mit einem Schuldspruch wegen Mordes zweiten Grades. Die Aufzeichnungen der Die Gerichte belegen, dass die Berufung gegen dieses Urteil erst am 12. Dezember 1906 der Berufungsabteilung zur Entscheidung vorgelegt wurde und dann am 11. Januar 1907 zu einer Bestätigung durch dieses Gericht führte und dass die Berufung nicht vor dem Gerichtshof diskutiert wurde Berufungen bis zum 19. Februar 1908, als das Urteil ohne Stellungnahme in weniger als drei Wochen bestätigt wurde!

Doch wegen der Verzögerungen in diesen und ähnlichen Fällen werden die Gerichte kritisiert und ihre Strafjustiz wird von der Presse und anderen Kritikern maßlos angegriffen, ungeachtet der Sorgfalt der Richter bei der Entscheidung über Berufungen, die ihnen ordnungsgemäß zur Prüfung vorgelegt wurden.

Es mag wahr sein, dass der Druck unzähliger Fälle den Bezirksstaatsanwalt im Bezirk New York dazu zwingt , die Argumentation von Berufungen hinauszuzögern; Die Abhilfe besteht jedoch darin, ihm zusätzliche kompetente Assistenten zur Verfügung zu stellen und sich auf keinen Fall wahlloser Kritik oder unbegründetem Missbrauch der Gerichte hinzugeben oder auf Allheilmittel der Strafprozessreform zurückzugreifen, die allzu oft nur die Formalität vervielfachen und dem Einzelnen den notwendigen Schutz entziehen , und mehr oder weniger Verwirrung stiften.

Ich möchte nun auf das Thema der einstweiligen Verfügungen im Zusammenhang mit Streiks aufmerksam machen. Ich werde nicht die These vertreten, dass Streikende in industriellen Kontroversen oder bei Arbeitern und Arbeitsorganisationen nicht über dem Gesetz oder einem eigenen Gesetz stehen sollten. Ich gehe davon aus, dass dies in diesem Staat immer noch eine Selbstverständlichkeit ist und als selbstverständlich angesehen werden kann. Die Geschichte lehrt uns sicherlich, dass in einem freien Land keine Klasse sicher von der Pflicht zum Gehorsam gegenüber den Gesetzen entbunden werden kann und dass der fleißige, ehrliche und gesetzestreue Arbeiter am meisten darunter leiden wird, wenn der Ungehorsam zugunsten der arbeitenden Klassen zugelassen wird auf Dauer. Wir nehmen uns auch nicht die Zeit, darauf hinzuweisen, dass keine zivilisierte Gemeinschaft es einer Klasse lange erlauben kann, zu verstümmeln, zu morden, Eigentum zu zerstören oder andere gewaltsam daran zu hindern, ihren Lebensunterhalt zu verdienen, um die Einhaltung der Forderungen dieser Klasse zu erzwingen.

Natürlich gäbe es bei Arbeitskonflikten keinen Anlass für den Einsatz einstweiliger Verfügungen, wenn keine Gewaltandrohungen und keine Gefahr von Personen- oder Sachschäden bestünden. Wenn die Arbeitsorganisationen dieses Landes jetzt ernsthaft, effektiv und aufrichtig mit der Anwaltschaft zusammenarbeiten, um Gewalt und Unruhen ein Ende zu setzen, die die unglücklichen, aber scheinbar unvermeidlichen Begleiterscheinungen jedes langwierigen modernen Streiks sind, wird es keine mehr geben Anlass, die Gerichte wegen des Erlasses von einstweiligen Verfügungen zu verurteilen, da dann keine Notwendigkeit für einstweilige Verfügungen besteht.

Ein Aspekt des Unterlassungsproblems wird in der nun eingereichten Korrespondenz hervorgehoben und sollte hier behandelt werden. Es geht darum, die Beklagten zu benachrichtigen, bevor eine einstweilige Verfügung erlassen wird. Als der Oberste Gerichtshof der Vereinigten Staaten kürzlich seine neuen Regeln verabschiedete, darunter eine zu einstweiligen Verfügungen, verkündeten Herr Gompers und andere Gewerkschaftsführer lautstark, dass sie einen großen Sieg errungen hätten. So wird im „Literary Digest" vom 16. November 1912 von Herrn Gompers berichtet, dass er die neue Regelung eine Reform und „einen Schritt in die richtige Richtung und eines der Dinge, für die die Arbeiter seit langem gekämpft haben " nannte . Aber wie jeder, der mit dem Thema vertraut ist, weiß, gibt es in den neuen Regeln nichts, was die bisherige Praxis in Bezug auf einstweilige Verfügungen wesentlich ändert. Die maßgeblichen Abhandlungen über das Bundesgerechtigkeitsverfahren von Herrn Foster und Herrn Street belegen dies schlüssig. Uns wurde kein Fall vorgelegt und wir haben auch keinen gefunden, in dem den angeklagten Beklagten von den Gerichten nicht die in der neuen Regelung vorgesehene Möglichkeit zur Aufhebung oder Änderung einstweiliger Verfügungen eingeräumt wurde. Der gelehrte und unparteiische Herausgeber des „New York Law Journal" sagte in der Ausgabe vom 11. Dezember 1912 treffend: „Der einzige Teil des neuen Verfahrens, der die Aufmerksamkeit der Tagespresse auf sich gezogen hat, ist die Regelung über einstweilige Verfügungen." Dies ist jedoch nichts weiter als eine Übernahme der guten New Yorker Praxis und in der Tat der guten Billigkeitspraxis überall, nämlich dass keine einstweilige Verfügung erlassen werden darf, es sei denn, es handelt sich um *eine Aussetzungsanordnung* , um den Grund darzulegen, warum eine einstweilige Verfügung nicht erlassen werden sollte Ausgabe."

Der von Gewerkschaftsführern am häufigsten zitierte Fall ist als Debs-Fall bekannt, der aus dem Pullman-Streik in Chicago im Jahr 1894 hervorgegangen ist. Wenn sich ein fairer Kritiker der Gerichte die Mühe macht, die einstimmige, patriotische und inspirierende Meinung des Obersten zu lesen Gericht der Vereinigten Staaten im Debs-Fall [56] oder was Ex-Präsident Cleveland zu diesem Thema in seinem 1904 veröffentlichten Buch „Presidential Problems" schrieb, wird ihm sofort klar, dass der Erlass der einstweiligen Verfügung und die Die anschließende Bestrafung von Debs und seinen Mitarbeitern wegen vorsätzlicher und trotziger Nichtbeachtung war sowohl angemessen als auch notwendig.

Seit fast zwanzig Jahren und seit dem Debs-Fall in den Jahren 1894–1895 haben die Arbeiterführer, Agitatoren und Demagogen des Landes die Gerichte angegriffen und die „Regierung durch einstweilige Verfügung" unter anderem unter dem Vorwand angeprangert, dass die Richter den Angeklagten das Recht verweigert hätten In diesem Fall hatten sie jede Gelegenheit, gehört zu werden, obwohl sie tatsächlich die umfassendste Kenntnis und Gelegenheit hatten, gehört zu werden, sich aber bewusst dafür entschieden, dem Gericht nicht zu gehorchen und sich ihm zu widersetzen. Tatsächlich trifft es in keiner Gerichtsbarkeit zu, dass einem Angeklagten das Recht auf eine Anhörung in der Angelegenheit einer gegen ihn ergangenen einstweiligen Verfügung verweigert wird, und der Unterausschuss konnte keinen einzigen Fall erfahren, in dem ein Richter sich geweigert hat, die einstweilige Verfügung zu erlassen dem Beklagten eine Anhörung entweder zu einem Antrag auf Erlass oder Aufrechterhaltung einer einstweiligen Verfügung oder auf deren Aufhebung zu gewähren. Eine einstweilige Verfügung wird niemals ohne Vorankündigung der Betroffenen und Gelegenheit zur Anhörung erlassen; Auch wird eine einstweilige Verfügung nicht einmal ohne Ankündigung einer Anhörung erlassen, es sei denn, die Gefahr eines irreparablen Schadens durch eine Verzögerung ist sehr groß, und dann wird die Anordnung zum frühestmöglichen Zeitpunkt rückgängig gemacht, um den Beklagten die Möglichkeit zu geben, umgehend gehört zu werden. Wenn eine einstweilige Verfügung unbeabsichtigt aufgrund unzureichender Unterlagen und auf *Antrag der Beklagten erlassen werden sollte, ist es allgemein bekannt , dass die Anordnung auf Antrag* der Beklagten sofort aufgehoben werden kann und häufig auch sofort aufgehoben wird . Die meisten Anwälte kennen solche Fälle. Tatsache ist, dass arbeitenden Männern im Zusammenhang mit einstweiligen Verfügungen immer eine Anhörung und ein Tag vor Gericht gewährt wurde und dass noch nie ein Mann wegen Missachtung von einem amerikanischen Gericht bestraft wurde, ohne ihn ordnungsgemäß zu informieren und ihm die volle Gelegenheit zu geben, seine Entschuldigung vorzubringen Verteidigung. In der Tat wäre die Anordnung seiner Bestrafung unzuständig und völlig ungültig, wenn jemand ohne Vorankündigung und Gelegenheit zur Anhörung bestraft würde.

Ich möchte hinzufügen, dass die Gesetzlosen und Gewalttätigen unter den Mitgliedern der Arbeiterorganisationen am Ende keine wirkliche Freiheit oder Vorteile für die arbeitenden Klassen erlangen werden, selbst wenn es ihnen gelingt, die einstweilige Verfügung in Arbeitsstreitigkeiten und damit die Macht der Arbeitnehmer abzuschaffen Gerichte sollen Ungehorsam als Missachtung des Gerichts bestrafen. Zerstörung von Eigentum und Angriffe auf friedliche Arbeiter können in keiner zivilisierten Gemeinschaft dauerhaft toleriert werden. Früher oder später muss die Regierung in der einen oder anderen Form Schutz leisten; andernfalls sind Chaos, Anarchie und Barbarei vorprogrammiert. Wenn einstweilige Verfügungen nicht erlassen werden können, um Gewalttätigen Einhalt zu gebieten und das Eigentum des unschuldigen und gesetzestreuen Bürgers zu schützen, nur weil er Arbeitgeber oder Grundstückseigentümer ist, muss schließlich auf die Keule des Polizisten oder das Bajonett eines Polizisten zurückgegriffen werden der Milizionär oder Stammesbeamter. Es nützt nichts, diese Gewissheit außer Acht zu lassen. Das war eindeutig die Alternative, die der Pullman-Streik bot; und Präsident Cleveland zog damals klugerweise das geordnete und friedliche Verfahren eines Gerichtshofs der Polizeigewalt der Armee vor. Unter Militärherrschaft kann es sein, dass der arbeitende Mann überhaupt keine Anhörung erhält, und das Kriegsrecht mit seinen willkürlichen Praktiken und seiner despotischen Macht muss an die Stelle des regulären Verfahrens unparteiischer Gerichte treten, die nach umfassender Benachrichtigung aller Betroffenen handeln und ihnen die volle Möglichkeit dazu geben gehört werden.

Die New Yorker Zivilprozessordnung in den Abschnitten 602–630 schützt die Rechte eines Streikenden seit langem ebenso angemessen wie jedes andere Verfahrenssystem, sei es auf bundesstaatlicher oder bundesstaatlicher, inländischer oder ausländischer Ebene, und sogar besser als die jüngste Entscheidung des Obersten Gerichtshofs der Vereinigten Staaten , was einige Gewerkschaftsführer als Segen bezeichnen. Damit wir es nicht vergessen, kann es nützlich sein, sich an den genauen Wortlaut von Abschnitt 626 zu erinnern, der seit 1895 gesetzliches Gesetz ist. Er lautet wie folgt: „Wenn die einstweilige Verfügung ohne Vorankündigung erteilt wurde, kann die angefochtene Partei gemäß den Unterlagen einen Antrag stellen." nach der die einstweilige Verfügung erlassen wurde, für eine Anordnung zur Aufhebung oder Änderung der einstweiligen Verfügung. Ein solcher Antrag kann ohne Vorankündigung an den Richter oder Richter gerichtet werden, der die Anordnung erlassen hat oder die Amtszeit des Gerichts innehatte, bei dem sie erlassen wurde; oder auf eine Amtszeit der Berufungsabteilung des Obersten Gerichtshofs. Es kann nicht ohne Vorankündigung an einen anderen Richter, Richter oder eine andere Amtszeit gerichtet werden, es sei denn, der Antragsteller weist durch eine eidesstattliche Erklärung nach, dass dies auf die Abwesenheit oder eine andere Behinderung des Richters zurückzuführen ist oder dem Richter , der die Anordnung erteilt hat, der Antrag nicht an ihn gerichtet werden kann; und dass der Antragsteller durch die Verzögerung, die für einen Antrag nach Benachrichtigung erforderlich ist, einem großen Schaden ausgesetzt sein wird. Die eidesstattliche Erklärung muss beim Gerichtsschreiber eingereicht werden; und eine Kopie davon, und der Anordnung zur Aufhebung oder Änderung der einstweiligen Verfügung müssen dem Anwalt des Klägers zugestellt werden, bevor diese Anordnung in Kraft tritt."

Wie allen Anwälten wohlbekannt ist, wird eine einstweilige Verfügung oder einstweilige Verfügung niemals von einem Staats- oder Bundesgericht in New York ohne Benachrichtigung der Beklagten erlassen, es sei denn, der Beklagte hat dem Richter einen Beweis durch eine eidesstattliche Erklärung oder eine überprüfte Beschwerde vorgelegt, aus der hervorgeht, dass dies der Fall ist Wird das Verfahren sofort angeordnet, entsteht für den Antragsteller ein irreparabler Verlust oder Schaden, bevor die Angelegenheit mündlich verhandelt werden kann. Wenn das Gericht auf diese Weise einen eidesstattlichen Beweis dafür vorgelegt hat, dass die Angeklagten mit unmittelbarer Verletzung von Personen oder der Zerstörung von Eigentum drohen, ist es die Pflicht des Richters – und mag es jemals die Pflicht eines jeden amerikanischen Richters sein –, unverzüglich eine einstweilige Verfügung zu erlassen Denn eine Verzögerung würde in einem solchen Fall in den meisten Fällen zu einer völligen Rechtsverweigerung führen.

Wenn unser System gleicher, unparteiisch verwalteter Gesetze Bestand haben soll, müssen die Gerichte den Einzelnen weiterhin durch einstweilige Verfügungen schützen und schützen, und ihnen darf nicht die Befugnis entzogen werden, einen der wohltuendsten Rechtsbehelfe auszuüben, die jedes System der Rechtsstaatlichkeit bietet Gesetze und eines, das für die ordnungsgemäße und zufriedenstellende Verwaltung der Verteilungs- und Gleichheitsgerechtigkeit unverzichtbar ist.

Einige typische Beispiele für die falsche Darstellung unserer Gerichte durch führende Persönlichkeiten der öffentlichen Meinung werden im Zusammenhang mit dem Fall „Tenement House Tobacco", dem Fall „Bakers", dem Fall „Ives" und anderen Fällen im Zusammenhang mit der sogenannten Sozialgesetzgebung in Erinnerung gerufen. [57]

Als Herrn Roosevelts Aussagen in Bezug auf den Fall Tenement House kürzlich von vier Anwälten, darunter Senator Root, Herrn Milburn und Herrn Marshall, als unzutreffend und wahrscheinlich zur Irreführung der Wähler des Staates angefochten wurden, nahm er keinerlei Korrektur vor. forderte die Bevölkerung jedoch auf, seine Aussagen und die eines Siedlungsarbeiters anstelle der Protokolle des Falles vor dem Berufungsgericht zu akzeptieren. Dieser Vorfall wird zeigen, wie schwierig es ist, solche ungenauen Aussagen zu bekämpfen, die von der Presse im ganzen Land in allergrößter Öffentlichkeit zur Kenntnis genommen werden, während ihre Widerlegung im Allgemeinen ignoriert wird. In einem Bericht über die öffentlichen Äußerungen von Herrn Roosevelt, als er auf seine offensichtlich falsche Aussage zur Entscheidung im Fall Tenement House aufmerksam gemacht wurde, wird er mit den Worten zitiert:

„Mir wurde mitgeteilt, dass diese vier Herren die Aussagen als im Widerspruch zu den Tatsachen und dem Gesetz stehend angegriffen haben. Das erste betraf den Fall der Zigarrenhersteller in Mietshäusern. Jetzt werde ich Ihnen vorlesen, was eine der Frauen sagt, die ...“ kennt die Bedingungen des Mietshauslebens wie kaum eine andere Frau und wie kaum ein Mann sie kennt, von Florence Kelly in einem Buch mit dem Titel „Some Ethical Gains through Legislation“, und ich empfehle Herrn Root und seinen Mitarbeitern, die unterzeichnet haben, wärmstens sein Protest , dieses Buch zu studieren und darüber nachzudenken, was das Wort „ethisch“ im Zusammenhang mit der Gesetzgebung bedeutet. Zum Jacobs-Fall, auf den ich mich bezog, sagt Frau Kelly: „Zur Entscheidung des Berufungsgerichts in diesem Fall.“ In Bezug auf Jacobs ist dies direkt auf das Fortbestehen des Mietshausbaus und des Schwitzsystems in den Vereinigten Staaten und dessen gegenwärtige Verbreitung in New York zurückzuführen. Das ist die Aussage einer Frau, die, was das Wissen über die Verhältnisse in Mietshäusern angeht, so viel mehr weiß als diese vier großen Unternehmensanwälte, dass ihr kleiner Finger dicker ist als ihre Lenden, wenn man studiert, was sie wissen und was sie weiß das Thema, worüber sie unwissentlich zu sprechen gewagt haben.“

Und doch haben diese Anwälte lediglich auf die Ungenauigkeit der Aussagen von Herrn Roosevelt hinsichtlich der Gerichtsurteile hingewiesen und angedeutet, dass diese Ungenauigkeit durch Bezugnahme auf die Gerichtsakten nachgewiesen werden würde, die allen zugänglich sind Geben Sie sich die Mühe, die Wahrheit herauszufinden.

Im Zusammenhang mit jeder fairen und offenen Betrachtung des Tenement-House-Falls sollte daran erinnert werden, dass die Verfassungskonvention von 1894 reichlich Gelegenheit hatte, die Regel in diesem Fall zu ändern, wenn damals angenommen worden war, dass sie die Erreichung der „sozialen Gerechtigkeit“ beeinträchtigte. Obwohl der Konvent auf das Thema aufmerksam gemacht wurde, wurde es als ratsam erachtet, keine

Änderungen vorzunehmen. Die Regel ist bei der Auslegung von Verfassungen vernünftig und etabliert, und den angesehenen Mitgliedern dieses Konvents war es wohlbekannt, dass „wenn eine Klausel oder Bestimmung in einer Verfassung, die eine feste juristische Auslegung erhalten hat, mit denselben Worten übernommen wird." Von den Verfassern einer anderen Verfassung wird angenommen, dass deren Aufbau ebenfalls übernommen wurde.

Eine weitere Gerichtsentscheidung, die Herr Roosevelt wenige Tage vor der letzten Wahl anprangerte, ist der oben diskutierte Fall Knisley. Als er über diesen Fall sprach, teilte er seinem Publikum und über die Presse dem ganzen Land mit, dass „das Berufungsgericht den Fall abgewiesen und das Gesetz mit der Begründung für verfassungswidrig erklärt habe: dass der Gesetzgeber nicht in die Freiheit dieses Mädchens eingreifen dürfe." indem sie ihren Arm verlor ... Das Problem war, dass sie das Gesetz kannten, aber nicht das Recht, und noch mehr, wie ich bereits sagte, dass sie sich das Recht anmaßten, das das Volk haben sollte – das Recht, zu entscheiden, was der gesunde Menschenverstand und die Gerechtigkeit des Volkes fordern." Dennoch gab es weder im Protokoll noch in der Stellungnahme des Berufungsgerichts ein einziges Wort, das darauf hindeutete, dass das Gesetz verfassungswidrig sei oder dass der Gesetzgeber nicht die volle Befugnis habe, in solchen Fällen die Gewohnheitsrechtsregel zu ändern und den Arbeitgeber haftbar zu machen seine verletzten Arbeiter oder Arbeiterinnen, wenn er gegen ein Gesetz verstoßen hat, das Wachen oder anderen Schutz für die Arbeitnehmer vorschreibt. Die oberflächlichste Untersuchung hätte ergeben, dass das Berufungsgericht in keinem Fall darauf hingewiesen hat, dass ein solches Gesetz verfassungswidrig wäre, und dass es im Fall Knisley weder eine Frage der Verfassungsmäßigkeit eines Gesetzes vorgelegt noch entschieden hat des Gesetzgebers.

Kurz vor der Wahl ließ Herr Roosevelt in der „Saturday Evening Post" von Philadelphia unter dem Titel „The Deceitful Red Herring" folgende Erklärung veröffentlichen: „Unsere Plattform fordert ein Acht-Stunden-Gesetz für Frauen in der Industrie." ... Aber das Berufungsgericht von New York hat gesagt, dass die zehn Millionen Menschen meines Staates dieses Recht nicht haben, wenn sie es ausüben wollen. In New York haben die Menschen nicht um einen Acht-Stunden-Tag gebeten – forderte nur einen Zehn-Stunden-Tag für Frauen. Dann sagte das Berufungsgericht, dass nach ihrer Auslegung der Verfassung der kleine Ausbeuterbetrieb oder der große Fabrikbesitzer abgemagerte Frauen zwölf, vierzehn oder sechzehn Stunden am Tag arbeiten dürfe, wenn er wählt, und wir können es nicht aufhalten.

Tatsächlich hatte das New Yorker Berufungsgericht jedoch, wie die geringste Untersuchung ergeben hätte, nie etwas Derartiges entschieden. Darüber hinaus gab es in unserem Bundesstaat, als Herr Roosevelt diese Erklärung veröffentlichte, ein Gesetz, das die Arbeitszeit für Frauen auf neun Stunden pro Tag und vierundfünfzig Stunden pro Woche begrenzte, [58] und das für dreizehn Jahre vor der jüngsten Änderung dort Es gab ein Gesetz, das die Arbeitszeit von Frauen auf zehn Stunden pro Tag und sechzig Stunden pro Woche begrenzte. Diese Gesetze wurden jahrelang regelmäßig durchgesetzt und ihre Verfassungsmäßigkeit wurde, soweit ich feststellen konnte, noch nie in Frage gestellt.

Unmittelbar nach der Veröffentlichung dieses Artikels in der „Saturday Evening Post" richtete ein bekannter und angesehener Anwalt der New Yorker Anwaltskammer, Herr Alfred E. Ommen, eine Mitteilung an den Herausgeber, in der er auf die Falschdarstellung hinwies des Berufungsgerichts und der schlüssige Nachweis seines Fehlers; Aber diese wichtige Zeitschrift mit vielleicht der größten Auflage aller amerikanischen Wochenzeitungen hielt es für angebracht, diese unwahre und grob irreführende Aussage unkorrigiert zu lassen, und sie hat sie bisher nicht zurückgezogen und wird dies wahrscheinlich auch nie tun.

Dies ist der Tenor der Kritik an den Gerichten, die in öffentlichen Reden und in allen Formen der Veröffentlichung zu finden ist. Sie werden ständig in der Presse wiederholt und tragen die Autorität angesehener Führer der öffentlichen Meinung und von Männern, die derzeit das Ohr und das Vertrauen des Volkes haben. Die Aussagen solcher Männer werden selbstverständlich als zutreffend und wahr akzeptiert. Wer würde es für möglich halten, dass solche Aussagen wie die oben genannten von einem ehemaligen Präsidenten der Vereinigten Staaten gemacht werden könnten, wenn sie nicht wahr wären? Während der Entwurf dieses Berichts überarbeitet wird, kündigt eine Anzeige eine Erneuerung seines Angriffs auf die Gerichte durch Herrn Roosevelt an, und in der Person von Herrn William Randolph Hearst erscheint ein neuer Angreifer und Kritiker, der offenbar den Wunsch hegt, Herrn Roosevelt nachzueifern . Roosevelt in seinem Missbrauch der Gerichte. Die Presse schenkt allen Angriffen auf die Gerichte weiterhin die größte Publizität und gibt deren Widerlegung kaum oder gar keinen Raum. Die Richter werden falsch dargestellt und von allen Seiten angegriffen. Sie können sich nicht wehren. Die Bar insgesamt schien bisher gleichgültig zu sein; und im großen Forum der öffentlichen Meinung ist das Urteil eine Selbstverständlichkeit.

Wenn diese irreführenden Kritiken nicht widerlegt werden und die Gerichte nicht verteidigt werden, könnten sie sich vor dem Sturm unverdienter Kritik und dem Geschrei der Menge beugen. Es besteht die große Gefahr, dass die Richter durch diesen Missbrauch unbewusst eingeschüchtert und genötigt werden. Tatsächlich sind einige aktuelle Entscheidungen bedrohlich. Ist es dann nicht angebracht und angemessen, dass sich die Mitglieder unseres Berufsstandes besonders mit der Aufgabe befassen, die Gerichte zu verteidigen und dem Volk die Fakten vorzulegen? Die Anwaltskammern des Landes werden niemals dazu aufgerufen sein, dem Berufsstand und der Gemeinschaft insgesamt einen größeren Dienst zu leisten, als dieser Flut von Falschdarstellungen und maßlosen Beschimpfungen Einhalt zu gebieten und das Vertrauen in die Gelehrsamkeit, Unparteilichkeit und Unabhängigkeit unserer Anwaltskammern wiederherzustellen Richter, in der Gerechtigkeit ihrer Entscheidungen und in der Notwendigkeit, verfassungsrechtliche Beschränkungen durchzusetzen.

FUSSNOTEN:

[50] Verlesen als Ergänzung zum Bericht eines von der New York State Bar Association ernannten Ausschusses, der auf der sechsunddreißigsten Jahrestagung der Anwaltskammer am 24. Januar 1913 in Utica vorgelegt wurde.

[51] 148 New York Reports, p. 372.

[52] 206 New York Reports, p. 355.

[53] 153 Berichte der NY Appellate Division, S. 674.

[54] 206 New York Reports, p. 162.

[55] 154 New York Reports, p. 355; 117 Berichte der NY Appellate Division, S. 40; und 191 New York Reports, S. 528.

[56] 158 United States Reports, S. 564.

[57] Siehe Diskussion *oben* , S. 48-70.

[58] Siehe New York Labour Law, Abschnitt. 77.

Abgestufte oder progressive Besteuerung [59]

D IE jüngste Botschaft des Präsidenten an den Kongress hat die amerikanische Öffentlichkeit auf eindrucksvolle Weise auf das Thema der abgestuften oder progressiven Besteuerung von Erbschaften und Einkommen aufmerksam gemacht. Aufgrund der in der Botschaft enthaltenen Vorschläge wurden im Repräsentantenhaus bereits Gesetzesentwürfe eingebracht, die solche Steuern vorsehen. Es wurden auch Verfassungsänderungen vorgeschlagen, darunter die Ermächtigung des Kongresses, Erbschaften in Höhe von 50.000 US-Dollar oder mehr zu besteuern und eine Einkommensteuer ohne Aufteilung zu erheben. Die anhängigen Gesetzentwürfe sehen vor, dass Erbschaften von 10.000 US-Dollar und weniger und Einkommen von 4.000 US-Dollar und weniger vollständig von den vorgeschlagenen Steuern ausgenommen werden sollen. Die vorgeschlagenen abgestuften Skalen sollen von dreiviertel einem Prozent ausgehen. bei Erbschaften oder Erbschaften über 10.000 US-Dollar und nicht mehr als 25.000 US-Dollar bis zu 25 Prozent. bei Erbschaften oder Erbschaften, die 30.000.000 US-Dollar übersteigen, und ab zwei Prozent. bei Einkommen von mehr als 4.000 US-Dollar pro Jahr und nicht mehr als 8.000 US-Dollar bis zu sechs Prozent. für alle Einkommen über 64.000 US-Dollar. Es wird auch vorgeschlagen, dass der Kongress versuchen sollte, mit solchen Steuern nicht nur Einnahmen zur Unterstützung der nationalen Regierung zu erzielen, sondern auch soziale Probleme zu lösen, indem er angeblich auf eine ungesunde Größe angeschwollene Vermögen auflöst und so eine... Umverteilung des Reichtums.

Bei der Prüfung dieser vorgeschlagenen Maßnahmen sollte berücksichtigt werden, dass, wenn sie oder ähnliche Vorschläge zu Gesetzen werden, das Ergebnis darin bestehen wird – und dies ist zweifellos die Absicht –, die Mehrheit der Immobilieneigentümer von dieser Form der Besteuerung zu befreien und abzuschaffen die Belastung einer sehr kleinen Minderheit. Es sollte auch beachtet werden, dass diese vorgeschlagene progressive Besteuerung, insbesondere bei Erbschaften, nur ein erster Schritt ist und dass eine Erhöhung des Progressionsumfangs in Betracht gezogen wird und mit Sicherheit folgen wird. Tatsächlich erklärt der Präsident, dass „eine dauerhafte nationale Erbschaftssteuer zunächst weder in der Höhe noch im Ausmaß der Erhöhung durch Staffelung dem entsprechen muss, was eine solche Steuer letztendlich sein sollte." Da die Staaten die volle Macht haben, Steuern auf Erbschaften zu erheben, und derzeit wahrscheinlich bis zu 10.000.000 US-Dollar pro Jahr aus dieser Quelle beziehen, muss klar sein, dass die Ressourcen der Staaten hoch sein werden, wenn der vom Kongress angenommene Steuersatz hoch ist entsprechend gekürzt werden. Im Konfliktfall hätten die nationalen Steuern Vorrang vor den staatlichen

Steuern. Wir sollten auch bedenken, dass die Besteuerungsbefugnis die stärkste aller Regierungsbefugnisse ist, dass sie die Macht zur Zerstörung beinhaltet, dass sie im Allgemeinen keine Begrenzung außer der Diskretion und Mäßigung der Gesetzgeber kennt und dass sie von allen Befugnissen die ist einer, der am anfälligsten für Missbrauch ist.

Seit der Unabhängigkeitserklärung bis heute ist das charakteristische Merkmal des amerikanischen Regierungssystems die Gleichheit vor dem Gesetz, nicht nur die Gleichheit der Rechte, sondern auch die Gleichheit der Pflichten und der Lasten. Gleichheit wurde in allen Bereichen gefordert, insbesondere auch in der Besteuerung. Die wenigen Ausnahmen bei der Besteuerung, insbesondere in Kriegszeiten, haben keinen Einfluss auf die allgemeine Regel, die befolgt wurde. Die Gerichte haben erklärt, dass gemäß den amerikanischen Idealen „die gemeinsame Gerechtigkeit verlangt, dass die Besteuerung so weit wie möglich gleich ist". Die Erfahrung hat gezeigt, dass der einzige wirksame Schutz vor Ungerechtigkeit und Diskriminierung bei der Besteuerung in der Einhaltung einiger Gleichheits- und Aufteilungsregeln liegt; und obwohl es wahr ist, dass absolute Gleichheit nicht immer erreichbar ist, sollte dennoch eine Annäherung an die Gleichheit als unerlässlich angesehen werden. Wie Hamilton sagte: „Das Genie der Freiheit lehnt alles ab, was bei der Besteuerung willkürlich oder nach eigenem Ermessen geschieht." Und Richter Cooley sagte in seinem berühmten Werk „Constitutional Limitations": „Es ist das Wesentliche der Besteuerung, dass sie gleich und einheitlich erhoben wird, und zu diesem Zweck sollte es ein System der Aufteilung geben. Wo die Last liegt." Gemeinsam sollte es einen gemeinsamen Beitrag zur Entlastung geben. Die Besteuerung ist das Äquivalent für den Schutz, den die Regierung den Personen und dem Eigentum ihrer Bürger gewährt; und da alle gleichermaßen geschützt sind, sollten alle gleichermaßen die Last im Verhältnis zu tragen Interessen gesichert." [60]

Bei der proportionalen oder gleichen Besteuerung, bei der jeder Grundeigentümer zu den Ausgaben der Gemeinwesenregierung entsprechend der Menge an Grund und Boden, die er besitzt oder erbt, oder entsprechend dem Einkommen, über das er verfügt, beiträgt, finden wir eine absolut sichere und konsistente Regel sowie eine eindeutige und logische Regelung Prinzip, nach dem gearbeitet werden soll. Bei der proportionalen Besteuerung werden alle Grundstückseigentümer ohne Unterschied und ohne Diskriminierung gerecht und gleichberechtigt vom Staat getragen. Nichts wird dem bloßen Ermessen oder dem Spiel willkürlicher und unverantwortlicher Macht überlassen, und es besteht die Gefahr, dass keine Klasse ungerechtfertigt herausgegriffen oder diskriminiert wird. Wo Eigentum so allgemein verteilt ist wie in diesem Land, erreicht eine proportionale Steuer in der einen oder anderen Form normalerweise die

Mehrheit der Wähler derjenigen, die über die Steuern abstimmen, und das Verantwortungsgefühl gegenüber diesen Wählern wirkt als konservative Kraft und als eine Kontrolle über unfaire und ungerechte Steuern sowie über unvorsichtige und extravagante Ausgaben. Eine proportionale Steuer schafft im Allgemeinen eine große Gruppe steuerzahlender Wähler, deren Eigentumsinteressen sie dazu zwingen, ihre Vertreter genau zu überwachen und sie zu strenger Rechenschaftspflicht zu verpflichten. Dann geht die Besteuerung in ihrer praktischen Umsetzung Hand in Hand mit der repräsentativen Verantwortung, dem Grundprinzip, für das unser Unabhängigkeitskrieg geführt wurde. Ein Gesetzgeber, der sich der Tatsache bewusst ist, dass eine große, wenn nicht sogar eine kontrollierende Zahl seiner Wähler die Last einer von ihm gewählten Steuer zu spüren bekommen wird, ist zwangsläufig vorsichtiger, umsichtiger, sparsamer und eher zu Gerechtigkeit geneigt, als wenn er dies nicht tut ein solches Verantwortungsbewusstsein existiert.

Wenn andererseits die große Mehrheit der Wähler von der Besteuerung befreit werden soll und sie dementsprechend das Gefühl haben, dass sie kein persönliches Interesse an Staatsausgaben haben, werden sie sich wahrscheinlich wenig oder gar keine Mühe geben, dies dort durchzusetzen ist eine gerechte Aufteilung der Steuern, die andere zahlen müssen, oder eine Einsparung staatlicher Ausgaben, für die andere sorgen müssen. Ihr Sinn für Gerechtigkeit und Bürgerpflicht wird abgestumpft. Daraus folgt, dass, wenn es den Gesetzgebern freisteht, Gesetze zu erlassen, die die große Mehrheit ihrer Wähler von Steuern befreien und die Last und Kosten der Regierung auf die wenigen Reichen abwälzen, häufig weniger als zwei oder drei Prozent. der Wähler in ihren jeweiligen Bezirken wird es keine praktische Ausgabenbeschränkung geben, sondern im Gegenteil jede Versuchung zu Extravaganz, Verschwendung und Ungerechtigkeit.

Eine abgestufte oder progressive Steuer ist zwangsläufig willkürlich, da es keine eindeutige Regel oder keinen eindeutigen Grundsatz für die Anwendung der Steuerskala gibt. Der zunächst angemessene Satz kann letztendlich konfiskativ werden. Es gibt nichts, was die aufsteigende Skala kontrollieren oder stoppen könnte. Eine Ungerechtigkeit führt zur nächsten. Der Appetit wird wachsen und neue Ungerechtigkeit hervorbringen. Wenn eine Steuer von fünfundzwanzig Prozent. auf große Vermögen scheint manchen jetzt nur ein mäßiger Anfang zu sein, wo wird die Steuer aufhören, und wer soll bestimmen, was angemessen ist und was nicht, und über welchen Punkt eine gesetzgebende Körperschaft nicht hinausgehen darf? Einige Befürworter einer progressiven Besteuerung haben bereits fünfzig Prozent vorgeschlagen. als Höchstbetrag, der auf den sogenannten Überschuss großer Vermögen anwendbar ist, andere, die radikaler und weniger verantwortungsbewusst sind, mögen jedoch bereitwillig eine Steuer von hundert Prozent befürworten. auf den Überschuss, den sie als überflüssig oder ungesund betrachten. Tatsächlich gibt es keine Grenzen für den möglichen Aufstieg auf der Skala des Fortschritts und keine Macht, Missbrauch und Unterdrückung seitens vorübergehender und verantwortungsloser Mehrheiten zu verhindern. Die Reichen wären dann völlig der bloßen Zahl ausgeliefert.

Während der Französischen Revolution wurde das Experiment unter dem Namen Zwangsanleihen versucht. Diese Kredite absorbierten schließlich die Hälfte. der Einkünfte, die die Mehrheit der gesetzgebenden Versammlung als *angemessen* erachtete , und hundertprozentig. aller Einkünfte, die sie für *überflüssig hielten* .

Der verstorbene WEH Lecky, einer der bedeutendsten Historiker unserer Zeit, schrieb in seinem Werk „Demokratie und Freiheit" Folgendes über die progressive Besteuerung: „Wenn das Prinzip der Besteuerung aller Vermögen mit dem gleichen Berechnungssatz aufgegeben wird, gibt es keine eindeutige Aussage." Die Regel oder das Prinzip bleibt bestehen. An welchem Punkt die höhere Skala beginnen oder bis zu welchem Grad sie angehoben werden soll, hängt ganz von der Politik der Regierungen und dem Gleichgewicht der Parteien ab. Die aufsteigende Skala mag zunächst sehr gemäßigt sein, aber sie ist es Es kann jederzeit, wenn neue Steuern erforderlich sind, verschärft werden, bis es den Punkt der Konfiszierung erreicht oder sich ihm nähert. Es kann grundsätzlich keine feste Linie oder Höhe der Staffelung beibehalten werden, auch nicht mit irgendeiner Aussicht auf Endgültigkeit. Die ganze Angelegenheit wird es tun hängen von den Interessen und Wünschen der Wähler ab; von Parteipolitikern, die nach einem Ruf suchen und um die Stimmen sehr armer und sehr unwissender Männer konkurrieren. Unter einem solchen System können alle großen Grundstücke leicht unsicher gemacht werden, und es kann eine Unsicherheit entstehen, die dies tut für alle großen Finanzunternehmen fatal sein. Gleichzeitig wird die größte Einschränkung der parlamentarischen Extravaganz aufgehoben und die Mehrheiten werden mit dem einfachsten und mächtigsten Instrument der Unterdrückung ausgestattet. Eine stark abgestufte Besteuerung erkennt am deutlichsten die höchste Gefahr der Demokratie, indem sie einen Zustand schafft, in dem eine Klasse einer anderen Lasten auferlegt, die sie nicht teilen soll, und den Staat in der Überzeugung, dass dies alles kostet, zu gewaltigen Plänen der Extravaganz zwingt wird auf andere geworfen werden."

In McCulloch über „Besteuerung", fünfzig Jahre lang die Standardabhandlung in England zu diesem Thema, wird die folgende Formulierung verwendet: „Es wird argumentiert, dass, um die Steuer angemessen an die Leistungsfähigkeit der Beitragszahler anzupassen, eine solche abgestufte Skala von …" Es sollten Zölle eingeführt werden, die die kleineren Vermögens- und Einkommensklassen sanft belasten und entsprechend ansteigen, je größer sie werden und besser in der Lage sind, Steuern zu tragen. Wir gestatten uns jedoch, gegen diesen Vorschlag zu protestieren, der nicht verlockender ist als dieser ist ungerecht und gefährlich... Wenn es einige Klassen völlig übergeht oder einige weniger stark belastet als andere, ist es ungerechtfertigt. In einem solchen Fall ist die Regierung eindeutig aus ihrem eigentlichen Zuständigkeitsbereich herausgetreten, und das hat sie auch getan Die Steuer wurde nicht zu dem legitimen Zweck erhoben, einen bestimmten Teil der Einkünfte ihrer Untertanen für die öffentlichen Bedürfnisse zu verwenden, sondern um gleichzeitig die Einkünfte der Beitragszahler zu regulieren, das heißt, um eine Klasse zu schwächen einen anderen erheben. Die Duldung eines solchen Grundsatzes würde zwangsläufig zu jeder Art von Missbrauch führen."

Der bekannte französische politische Ökonom und Wissenschaftler Leroy-Beaulieu in seinen Werken *Traité d'Economie Politique* und *Science des Finances* diskutiert ausführlich das gesamte Thema der abgestuften oder progressiven Besteuerung und verurteilt sie als theoretisch bösartig und in der Praxis unklug und ungerecht. Unter anderem sagt er: „Progressive Besteuerung stellt tatsächliche Enteignung dar. Sie verstößt außerdem gegen die von der gesamten Zivilisation aufgestellte Regel, dass Steuern mit der vollen Zustimmung des Steuerzahlers erhoben werden sollten; denn das ist ganz klar In diesem Fall ist es die Masse der Wähler, die sich von der schweren Last der Steuer befreien und sie auf die Wenigen abwälzen, und diese Wenigen stimmen dem Übermaß, mit dem die Regierung sie belasten möchte, nicht einmal stillschweigend zu Da der Steuersatz für alle gleich ist, können wir davon ausgehen, dass das Votum des Gesetzgebers für die Steuer die stillschweigende Zustimmung aller Steuerpflichtigen mit sich bringt; andernfalls nicht ... Jedes System der progressiven Besteuerung, wie abgeschwächt es auch sein mag, ist ungerecht und gefährlich."

Zu den gleichen Schlussfolgerungen kamen auch eine Reihe anderer angesehener französischer Gelehrter und Staatsmänner, darunter Thiers, Beauregard und Stourm .

Das Recht der Staaten, progressive und ungleiche Steuern auf Erbschaften und testamentarische Verfügungen zu erheben, wird häufig auf der Grundlage der Theorie aufrechterhalten, dass die Macht unserer gesetzgebenden Körperschaften über Erbschaften im Eigentum von Verstorbenen unbegrenzt ist und dass das Recht auf Erfolg lediglich gesetzlich verankert ist Privileg, und dass unsere Gesetzgeber dieses Privileg nach ihrem Willen und Ermessen willkürlich gewähren oder verweigern können. Es ist jedoch keineswegs erwiesen, dass die gesetzgebenden

Körperschaften unserer Bundesstaaten eine solche willkürliche und uneingeschränkte Befugnis haben, das Recht auf Erbschaft oder testamentarische Verfügung gänzlich zu verweigern oder bei der Regelung oder Gewährung des Privilegs zu diskriminieren. Die Befugnis, die Ausübung eines Rechts zu regeln, bedeutet nicht zwangsläufig die Befugnis, es ganz zu verweigern. Alle Eigentumsrechte sowie die persönliche Freiheit unterliegen angemessenen Regelungen, dies beinhaltet jedoch nicht die Befugnis, diese Rechte absolut oder willkürlich zu zerstören. Das Erbrecht der Kinder ist ursprünglich gar keine Gesetzesschöpfung, obwohl oft das Gegenteil angenommen wird. Es war ein Gewohnheitsrecht lange vor der Eroberung und vor jeder uns bekannten Satzung. Es wird von Rechtshistorikern als „unser gemeinsames Erbrecht" behandelt. In der jüngsten maßgeblichen Geschichte des englischen Rechts, die von Pollock und Maitland stammt, sagen die Autoren, dass „wir uns nicht auf eine moderne Macht berufen, wenn wir ein Gesetz der gesetzlichen Erbfolge zu unserer Hilfe rufen", und dass „die Zeit gekommen ist, in der es kein solches Gesetz gab." existierte, ist im strengsten Sinne eine prähistorische Zeit." Wir stellen fest, dass es sich um ein Recht handelte, das zum Zeitpunkt der Gründung der nationalen Regierung bereits in jedem der dreizehn ursprünglichen Staaten verankert war; dass es in zivilisierten Ländern schon immer existiert hat, soweit wir wissen; dass es in den Zwölf Tafeln als ein Recht der Römer anerkannt wurde; dass es schon lange zuvor bei den Ägyptern ein Recht war und dass es das mosaische Gesetz durchdringt. Ein angesehener Schriftsteller erklärt, es sei die allgemeine Richtung der Vorsehung selbst. Und Kanzler Kent sagte, dass „Natur und Politik gleichermaßen darin übereingekommen sind, diese primäre Erbregel in den Gesetzen und Bräuchen aller zivilisierten Nationen einzuführen und aufrechtzuerhalten."

Die Befugnis zur testamentarischen Verfügung entwickelte sich zweifellos als Einschränkung des Erbrechts und zur Verhinderung eines Vermögensausfalls aus Mangel an Erben. Aber wie auch immer es seinen Ursprung hat oder nachgewiesen wird – sei es in alten Bräuchen oder in der Praxis nachträglicher *Schenkungen* – das Recht ist seit jeher anerkannt. Wie Blackstone in seinen „Kommentaren" sagte: „In England ist diese Macht der Vererbung zeitgleich mit den ersten Anfängen des Gesetzes, denn wir haben keine Spuren oder Denkmäler aus einer Zeit, als sie nicht existierte."

Was auch immer die allgemeine Sprache einiger Gerichtsentscheidungen sein mag und was auch immer die extreme Macht unserer Landesgesetzgeber im Abstrakten sein mag, es ist kaum vorstellbar, dass ein Staat versuchen würde, das gesamte Eigentum von Verstorbenen unter Ausschluss zu beschlagnahmen oder zu beschlagnahmen von Kindern und nahen Verwandten oder dass das Recht auf letztwillige Verfügung gänzlich verweigert würde. Wenn jemals ein Pfändungs- oder Konfiszierungsbeschluss angeordnet werden sollte, müsste dies auf jeden Fall auf der Grundlage von Gesetzen geschehen, die für alle Erblasser gleichermaßen gelten und nicht nur für eine ausgewählte Klasse. Die Garantien des vierzehnten Verfassungszusatzes würden jegliche Diskriminierung verhindern.

Aber so unbegrenzt die Befugnisse der Staaten in dieser Hinsicht auch sein mögen, es kann sicherlich keinen Zweifel daran geben, dass es nicht die Absicht der Verfasser der Verfassung der Vereinigten Staaten war, dem Kongress die Befugnis zu übertragen, die Erbfolge der Nachlässe zu regeln Erbschaft oder das Privileg der letztwilligen Verfügung oder Erbschaft. Bisher hat niemand ernsthaft behauptet, dass eine solche Autorität im legitimen Bereich der nationalen Regierung liegt, wie sie von ihren Gründern vorgesehen war. Die Befugnis zur Regelung der Erbfolge im Eigentum von Verstorbenen war den Bundesstaaten vorbehalten, und die Gerichte würden zweifellos entscheiden, dass jeder direkte Versuch seitens des Kongresses, die Erbfolge als solche oder das Eigentum oder die Übertragung von Eigentum zu regeln, über ihre Befugnisse hinausginge Befugnisse. Im Umgang mit Erbschaften kann der Kongress daher nur die Besteuerungsbefugnis ausüben.

Es wird jedoch darauf hingewiesen, dass der Kongress, da er über die Befugnis verfügt, Erbschaften zu besteuern, unter dem Vorwand, diese Befugnis auszuüben, Erbschaften regulieren und dadurch große Vermögen aufteilen und eine Umverteilung des Reichtums erzwingen könnte. Mit anderen Worten: Das Argument ist, dass der Kongress unter dem Deckmantel oder Vorwand eines Steuergesetzes indirekt ein Ziel erreichen kann, das er aus Mangel an Macht nicht direkt erreichen könnte, obwohl die Verwirklichung dieses Ziels einen absichtlichen Eingriff in dieses Ziel darstellen würde die vorbehaltenen Rechte der Staaten.

Diese Ansicht birgt große Gefahren und öffnet dem Kongress Tür und Tor für den Missbrauch der Besteuerungsbefugnisse. Wenn ein Bundesgesetz auf den ersten Blick den Anspruch erweckt, eine Steuermaßnahme zu sein, und tatsächlich bis zu einem gewissen Grad diesem Zweck dient, können die Gerichte es normalerweise nicht aufheben, auch wenn der Beweggrund für seine Verabschiedung darin besteht, ein Ziel zu erreichen, das dem Staat nicht anvertraut ist Regierung. Die Zuständigkeit der Gerichte ist begrenzt. Gesetze, die rechtswidrige Ziele verfolgen, können nicht immer aufgehoben werden. Die Befugnis des Kongresses, eine gestaffelte Erbschaftssteuer als Einnahmemaßnahme zu erheben, wäre praktisch unbegrenzt, es sei denn, das Gesetz wäre im Einzelfall so extravagant und sein verfassungswidriger Zweck so klar, dass ein unerlaubter Zweck zweifelsfrei festgestellt werden könnte. Es liegt nicht in der Zuständigkeit der Justiz, festzustellen, ob eine bestimmte Steuer, die Einnahmen erhöht, angemessen oder unangemessen ist, oder die Beweggründe des Kongresses bei der Verabschiedung des Gesetzes zu untersuchen. Die Gerichte sind daher möglicherweise nicht in der Lage, ein vom Kongress verabschiedetes Erbschaftssteuergesetz aufzuheben, selbst wenn es fünfzig Prozent davon absorbiert. oder mehr von Erbschaften, obwohl es ziemlich offensichtlich sein könnte, dass der eigentliche Zweck des Gesetzes darin bestand, in die Provinz der Staaten einzudringen und Erbschaften zu regeln, was einen klaren Verstoß gegen den Geist der Verfassung darstellt.

Nichts könnte letztendlich unser gesamtes verfassungsmäßiges Regierungssystem besser untergraben als die Vorstellung, dass die Gerichte allein die Hüter der Verfassung sind und dass der Kongress rechtmäßig jedes Gesetz erlassen kann, das die Gerichte nicht ordnungsgemäß aufheben können. Die Wahrheit ist, dass die Pflicht, die Verfassung in ihrer ganzen Integrität zu wahren und zu verteidigen, viel mehr beim Kongress und dem Präsidenten liegt als bei den Gerichten, und dass, wenn der Kongress und der Präsident die in der Verfassung auferlegten Beschränkungen und Beschränkungen nicht beachten, der Kongress kann viele Gesetze verabschieden, die zwar inhaltlich verfassungswidrig sind, die aber von den Gerichten nicht aufgehoben werden können. Es wird oft gefordert, dass alle Fragen der Verfassungsmäßigkeit den Gerichten überlassen werden sollten und nicht vom Kongress oder dem Präsidenten entschieden werden sollten. Die wahre Doktrin ist jedoch, dass der Kongress kein Gesetz erlassen und der Präsident kein Gesetz genehmigen sollte, von dem er als Agenten und Vertreter des Volkes nicht überzeugt ist, dass es im Rahmen der dem Kongress übertragenen Befugnisse ein legitimes Ziel erreichen soll und nicht den Staaten oder dem Volk vorbehalten. Sie sollten zunächst entsprechend ihrem Amtseid feststellen, ob die Handlung nach bestem Wissen und Gewissen verfassungsgemäß ist oder nicht. Es war die eindeutige Absicht der Verfasser der Verfassung, und sie sahen dies ausdrücklich vor, dass jedes Mitglied des Kongresses, jeder Senator und jeder Vertreter durch einen Eid oder eine eidesstattliche Erklärung verpflichtet sein sollte, die Verfassung zu unterstützen, und dass der Präsident , Insbesondere sollte ihm die Pflicht übertragen werden, es nach besten Kräften zu bewahren, zu schützen und zu verteidigen. Diese Pflicht erstreckt sich nicht nur auf den Buchstaben, sondern auch auf den Geist der Verfassung. Es wäre ein beklagenswerter Beweis eines Mangels an dem, was man durchaus als verfassungsmäßige Moral bezeichnen könnte, wenn wir in den Debatten über die anstehenden Maßnahmen erneut die Andeutung hören würden, dass Objekte, die zugegebenermaßen außerhalb der Reichweite jeglicher an die nationale Regierung delegierten Befugnisse liegen, sich dennoch befinden könnten indirekt durch eine Bundeserbschaftssteuer erreicht werden, was einen Verstoß gegen die vorbehaltenen Rechte der Landesregierungen darstellt.

Wenn der Kongress bei der Ausarbeitung eines Erbschaftssteuergesetzes bedenkt, dass die Regelung der Erbschaft im Vermögen von Verstorbenen ausschließlich in die Zuständigkeit der Bundesstaaten fällt und nicht von der Bundesregierung an sich gerissen werden sollte, deren Ziel es ist, Einnahmen zu erzielen allein kann zu gerechten und angemessenen Steuern führen, die unparteiisch von allen erhoben werden, die für die Unterstützung und den Unterhalt der gemeinsamen Regierung aufkommen sollen, deren Schutz sie genießen. Dann wäre es vielleicht besser zu würdigen, dass die Staaten wichtige und weitreichende Regierungsfunktionen zu erfüllen haben; dass sie Erbschaftssteuern zur Unterstützung ihrer Regierungen, Schulen, Wohltätigkeitsorganisationen, der Polizei und öffentlicher Einrichtungen benötigen und dass jede hohe Bundeserbschaftssteuer sie in Verlegenheit bringen und lähmen würde. Es ist natürlich eine Sache, auf eine Bundeserbschaftssteuer als vorübergehende Kriegsmaßnahme zurückzugreifen, wenn Patriotismus zu bereitwilliger Zustimmung und Opferbereitschaft führt, und eine ganz andere Sache, eine solche Steuer als dauerhafte Methode zur Erhöhung der Staatseinnahmen in Zeiten zu etablieren von Frieden und Wohlstand, wenn dies dazu führen könnte, dass den Staaten diese Einnahmequelle entzogen wird.

Das Thema der Bundeseinkommensteuern muss noch berücksichtigt werden. Es besteht kein Zweifel daran, dass jeder Staat Einkommenssteuern erheben kann. Es besteht auch kein Zweifel daran, dass der Kongress nach der derzeitigen Bundesverfassung eine Einkommensteuer erheben kann, sofern diese entsprechend der Bevölkerungszahl aufgeteilt wird, wie es für alle direkten Bundessteuern erforderlich ist. Es besteht auch kein Zweifel daran, dass der Kongress durch eine Verbrauchsteuer Einkünfte erzielen kann, die aus jedem Unternehmen oder Beruf stammen, und dass eine solche Steuer, da es sich im Wesentlichen um eine Verbrauchsteuer auf Unternehmen handelt, nicht aufgeteilt werden muss, sondern lediglich überall einheitlich sein muss Vereinigte Staaten. Beispielsweise könnte eine Steuer auf die Einkünfte von Eisenbahnen und produzierenden Unternehmen ohne Aufteilung erhoben werden, was zu hohen Einnahmen führen würde. Es hätte auch den Vorteil, Einnahmen an der Quelle zu erschließen. Eine Steuer des Kongresses auf Grundstücke und persönliches Eigentum als solche wäre, unbestreitbar, eine direkte Steuer und unterliegt der Aufteilungsregel, und eine Steuer auf das Einkommen von Eigentum ist im Wesentlichen sowie in der praktischen und rechtlichen Wirkung das Äquivalent einer Steuer auf dem Grundstück selbst.

Wie Oberster Richter Fuller in den Einkommensteuerfällen sagte: „Die Annahme der Aufteilungsregel war einer der Kompromisse, die die Annahme der Verfassung ermöglichten und die Schaffung dieser doppelten Regierungsform sicherten, die so elastisch und so stark ist. die bisher in unverminderter Kraft überlebt hat. Wenn man eine Steuer indirekt nennt, obwohl sie im Wesentlichen direkt ist, könnte die Schutzregel zunichte gemacht werden, einer der großen Meilensteine, der die Grenze zwischen der Nation und den Staaten, aus denen sie besteht, definiert, wäre verschwunden und mit ihm eines der Bollwerke der Privatrechte und des Privateigentums." [61]

Auch die Aufteilungsregel an sich ist nicht ungerecht, selbst unter den heutigen Bedingungen. Wenn nun eine direkte Einkommenssteuer erhoben und gemäß der Verfassung entsprechend der Bevölkerung ordnungsgemäß auf die Staaten aufgeteilt würde, würden die kleineren Staaten vergleichsweise wenig zahlen und die bevölkerungsreicheren und reicheren Staaten müssten scheinbar ihren vollen Anteil tragen nationale Besteuerung. New York müsste dann etwa zehn Prozent zahlen. Von einer solchen Steuer würde Pennsylvania acht Prozent, Illinois sechs Prozent, Ohio fünf Prozent zahlen, während Nevada nur ein Zwanzigstel von einem Prozent zahlen würde. und Delaware ein Viertel Prozent, obwohl diese beiden Staaten im Senat genauso vertreten sind wie New York und Pennsylvania. Tatsächlich müssten zehn Bundesstaaten mehr als die Hälfte der direkten Steuern zahlen, der Rest müsste entsprechend ihrer Bevölkerungszahl auf die übrigen 36 Bundesstaaten aufgeteilt werden. Wenn andererseits eine gestaffelte Einkommensteuer, wie sie jetzt vorgeschlagen wird, ohne Rücksicht auf die Aufteilung erhoben würde und alle Einkommen von 4.000 US-Dollar und weniger von der Steuer befreit wären, hätte dies zur Folge, dass mehr als neunzig Prozent erhoben würden. der gesamten Steuer auf die Einwohner von weniger als einem Drittel der Staaten.

Fast zwölf Jahre sind seit der Entscheidung in den Einkommensteuerfällen vergangen, und es war genügend Zeit, die Verfassung zu ändern, wenn das Volk dies gewünscht hätte. Anstatt jedoch einen Änderungsantrag einzureichen, wie er letzte Woche im Repräsentantenhaus eingebracht wurde, schlagen einige vor, dass versucht werden sollte, die Verfassung in der Auslegung des Obersten Gerichtshofs zu missachten oder zu umgehen und über deren Änderung zu spekulieren Personal und die Möglichkeit unterschiedlicher Ansichten seitens neuer Amtsinhaber. Der einfachere und klügere Weg wäre sicherlich, die Wünsche des Volkes auf die in der Verfassung vorgesehene Weise zu ermitteln. Geht man davon aus, dass das Volk grundsätzlich eine Bundeseinkommensteuer wünscht, wie so oft behauptet wird, kann die Ratifizierung einer Änderung leicht erreicht werden. Der Kongress kann mit einer Mehrheit von zwei Dritteln beider Kammern sofort die erforderliche Änderung vorschlagen, die wirksam wird, wenn sie von drei Vierteln der Staaten ratifiziert wird. Die Ratifizierung kann wahrscheinlich in weniger als sechs Monaten erfolgen, wenn tatsächlich eine allgemeine Stimmung für eine solche Änderung besteht, denn mehr als drei

Viertel der bundesstaatlichen Parlamente treffen sich in diesem Winter. Bei Bedarf könnten innerhalb weniger Monate Kongresse einberufen werden . In jedem Fall sollte die Verzögerung vierzehn Monate nicht überschreiten.

Kein Student unserer Institutionen kann daran zweifeln, dass Änderungen der Verfassung bald als notwendig erachtet werden und dass solche Änderungen dem Volk vorgelegt werden. Unser politisches System hat nicht aufgehört zu wachsen. Die Bedingungen ändern sich ständig, und Befugnisse, die für die Regierung einer Föderation von Agrarstaaten ausreichend waren, können für die Bedürfnisse der nationalen Regierung eines stark handelsorientierten und produzierenden Volkes mit weltweiten Interessen nicht mehr ausreichen. Die beredte Rede von Herrn Root gestern Abend vor der Pennsylvania Society hat uns gezeigt, wie unweigerlich und unaufhaltsam wir zur Zentralisierung tendieren. Aber es ist schädlich und gefährlich für die Menschen, wenn ihnen beigebracht wird, dass es große oder unüberwindliche Schwierigkeiten gibt, Änderungen an der Verfassung herbeizuführen, um deren Mängel zu beheben oder veränderten Bedingungen gerecht zu werden, und dass sie ihre Wünsche daher auf indirektem oder pervertierendem Weg durchsetzen müssen delegierte Befugnisse. Die zukünftige Zufriedenheit des amerikanischen Volkes erfordert, dass es das Gefühl hat, dass es jederzeit und jederzeit die Freiheit hat, sein organisches Gesetz nach seinem reifen Urteil zu ändern, wann immer es dies für notwendig hält. Alles, was verlangt werden kann, ist, dass sie bewusst in der von der Verfassung vorgesehenen Weise und unter Umständen handeln, die so berechnet sind, dass sie Zeit und Gelegenheit für die Aufdeckung von Fehlern, für die Erschöpfung von Theorien, Lärm und Vorurteilen und „für einen nüchternen zweiten Gedanken" bieten Jeder Teil des Landes muss geltend gemacht werden. Wenn also beschlossen wird, der nationalen Regierung die Befugnis zu geben, Einkommenssteuern ohne Aufteilung zu erheben oder die Erbfolge von Nachlässen oder anderen Befugnissen zu kontrollieren, muss dem Willen des souveränen Volkes Folge geleistet werden. Aber hoffen wir, dass die Änderungsanträge, wenn sie angenommen werden, konservativ und klug sein werden, dass die den Staaten vorbehaltenen Befugnisse nicht leichtsinnig beschnitten werden, was die Staaten in Verlegenheit bringt, und dass anerkannt wird, dass die kommunale Selbstverwaltung immer noch von wesentlicher Bedeutung ist die Aufrechterhaltung unserer republikanischen und föderalen Institutionen.

FUSSNOTEN:

[59] Ansprache vor der National Civic Federation auf ihrer Jahrestagung am 13. Dezember 1906 in New York.

[60] Constitutional Limitations, 7. Aufl., S. 705.

[61] 157 United States Reports, S. 583.

DIE PFLICHT DER BÜRGERSCHAFT [62]

Zu BEGINN unserer Beratungen, liebe republikanische Delegierte, könnte es interessant sein, sich an die Umstände zweier früherer nationaler Wahlkämpfe zu erinnern, in denen die politischen Symptome und Meinungsverschiedenheiten denen von heute sehr ähnlich waren. Als der republikanische Staatskongress 1880 und erneut 1896 zusammentrat, waren die Erfolgsaussichten der Republikanischen Partei eine Zeit lang entmutigend. In jeder dieser Kampagnen gab es viele, die befürchteten, dass die Partei zerrüttet worden sei und ihre Nützlichkeit zu Ende gehen könnte. In jedem Wahlkampf drohte eine Welle falscher Lehren, Sentimentalität und Vorurteile die Vernunft inmitten der vorherrschenden Aufregung, des Lärms und der Deklamationen zu übertönen. Aber Mut und Nüchternheit kamen in jedem Fall vor November, und der gesunde Menschenverstand, die Ehrlichkeit, die Vernunft und der Patriotismus des amerikanischen Volkes unterstützten die soliden Prinzipien und Richtlinien der nationalen und verfassungsmäßigen Regierung, für die die Republikanische Partei steht.

In den ersten drei Monaten des politischen Wahlkampfs von 1880 schien es, als würde der demokratische Kandidat gewählt. Die Ernennung von General Hancock wurde mit großer Begeisterung aufgenommen. Er war persönlich attraktiv und beliebt, und zu Beginn wurde kaum darauf geachtet, dass das Programm seiner Partei radikal war und sich für „einen Zolltarif nur für Einnahmen" und die konsequente Aufgabe des Schutzsystems ausgesprochen hatte. Die Republikaner waren sich nicht einig; in einigen Staaten waren sie hoffnungslos gespalten. Die Abtrünnigkeit würde mit Sicherheit groß sein. In vielen republikanischen Bundesstaaten hatte die Greenback-Partei mit ihren Finanz- und Sozialhäresien enorm an Stärke gewonnen und ein landesweites Ticket aufgestellt. Maine war im September von einer Kombination aus Greenbackern und Demokraten angeführt worden. Im November sollte die Republikanische Partei New Jersey, Kalifornien und Nevada verlieren und zum ersten Mal seit dem Bürgerkrieg keine Wählerstimmen aus den Staaten südlich der Linie von Mason und Dixon erhalten. Dennoch wurde Garfield mit 214 Wahlmännerstimmen gegen 155 für Hancock gewählt. New York, das 1876 mit einer Mehrheit von 32.700 Einwohnern demokratisch geworden war, wurde 1880 mit einer Mehrheit von 21.000 republikanisch. Wir sehen also, dass, obwohl es damals Spaltung und Meinungsverschiedenheiten in den Reihen der Republikaner gab und die Partei im September Maine und im November New Jersey, Kalifornien und Nevada sowie jeden Südstaat verlor, ihre Kandidaten dennoch gewählt wurden.

Eine Betrachtung der Umstände des Feldzugs von 1896 wird sich als noch lehrreicher und ermutigender erweisen. Die Republikanische Partei war daraufhin gespalten und drohte durch Überläufer zu ruinieren. Die Führer des Nationalkonvents in St. Louis hatten sich mutig geweigert, den Forderungen und Drohungen einer zahlreichen Minderheit nachzugeben, die eine radikale Plattform und einen radikalen Kandidaten forderte . Zahlreiche Republikaner waren geflüchtet und verkündeten lautstark, dass sie allein die wahre und überwältigende Stimmung der Partei repräsentierten. Ihrer Meinung nach war alles andere betrügerisch, und alle, die nicht mit ihnen übereinstimmten, wurden beschuldigt, durch die Geldinteressen korrumpiert worden zu sein. Es war offensichtlich, dass diese Fraktion darauf aus war, ihre Partei zu beherrschen oder zu ruinieren, und da es ihr nicht gelungen war, sie zu zwingen, war sie entschlossen, sie zu stürzen. Sie gründeten eine neue Partei, die sie National Silver Party nannten; Sie versammelten sich zu einem Kongress in St. Louis inmitten von Aufregung, Posieren und tugendhaften Predigten über Reformation und sozialen Aufschwung, die denen ähnelten, die wir im vergangenen Sommer gehört hatten. Sie prophezeiten den Tod der Republikanischen Partei wegen ihres angeblichen Verrats am Volk und unterstützten anschließend die Kandidatur und Ansichten von Herrn Bryan. Die populistische Partei, die ebenfalls größtenteils aus unzufriedenen und unzufriedenen Republikanern besteht, hielt ihren Nationalkongress in St. Louis ab, erlebte ähnliche politische Auftritte und emotionale Demonstrationen und unterstützte den demokratischen Kandidaten.

Man kann die Begeisterung für Mr. Bryan im Jahr 1896 kaum übertreiben. Ich kommentiere es jetzt, damit Vergleiche angestellt werden können und die Lektion gewürdigt werden kann. Wo immer er sich bewegte, drängten sich gewaltige und aufgeregte Menschenmengen um ihn und jubelten seinen Äußerungen wild zu. Ein Großteil des Charakters der gegenwärtigen Kampagne war damals deutlich zu erkennen. Bryan predigte eine soziale Reformation und einen Kreuzzug gegen etablierte Institutionen, eine verfassungsmäßige Regierung und die Vorherrschaft des Gesetzes. Er spielte mit Neid, Unzufriedenheit und Gier. Er lockte die Überreste von Coxeys „Armee" zu seiner Standarte, die zwei Jahre zuvor nach Washington marschiert war und sich „Armee des Gemeinwohls Christi" nannte. In unserem Land tragen solche Bewegungen häufig das Gewand der Religion. Bryan verurteilte den damals amtierenden Präsidenten. Er griff unser Justizsystem an, einschließlich des Obersten Gerichtshofs der Vereinigten Staaten. Er gab sich als fahrender Ritter und Kreuzritter aus, der den Armen helfen und das Unrecht der Nation wiedergutmachen wollte. Er wiederholte das ganze explodierte Geschwätz der Demagogen. Und seine Beredsamkeit, zusammen mit seiner offensichtlichen Aufrichtigkeit, machten ihn zu einem äußerst gefährlichen Kandidaten, weitaus gefährlicher als unsere heutigen Gegner.

Die Kombination von Demokraten und ehemaligen Republikanern im Jahr 1896 war beeindruckender, als wenn ihre Stimmen geteilt worden wären und die unzufriedenen Republikaner, Populisten und Silveristen eine separate Stimme aufgestellt hätten. Es wäre einfacher gewesen, einen geteilten Feind zu besiegen. Die Wahl der Präsidentschaftswähler wird durch die Pluralität und nicht durch die Mehrheit in jedem Staat bestimmt, obwohl für die Wahl eines Präsidenten eine Mehrheit der Wähler erforderlich ist. Die Situation war sehr kritisch, denn die Zeiten waren hart, es gab viele gute Gründe zur Unzufriedenheit, Tausende von Arbeitern in allen Bundesstaaten waren arbeitslos und Agitatoren und Demagogen fanden in den Herzen der hungernden Männer bereitwillige Antwort auf ihre Appelle.

Doch selbst unter solchen Bedingungen lag die Verteidigung der verfassungsmäßigen Regierung und der etablierten Institutionen sicher in den Händen der nachdenklichen, nüchternen und patriotischen Bevölkerung des Landes. Vor November kam es zu einem völligen Umschwung der öffentlichen Stimmung. Die Demokratische Partei, die vier Jahre zuvor das Land mit einer Mehrheit von 381.000 und den Staat New York mit einer Mehrheit von 45.500 angeführt hatte, unterlag dem republikanischen Kandidaten mit einer Mehrheit von fast 604.000 im Land und über 268.000 im Staat . McKinley erhielt 271 Wahlmännerstimmen gegenüber 176 für Bryan. Dieser große Erfolg wurde durch die Tatsache gesichert, dass zehn westliche Staaten, die normalerweise republikanisch sind, demokratisch wurden; Mit anderen Worten: Die republikanischen Kandidaten wurden 1896 triumphierend gewählt, obwohl Colorado, Kansas, Idaho, Montana, Nebraska, Nevada, South Dakota, Utah, Washington und Wyoming alle ihre Wählerstimmen für Herrn Bryan abgaben.

Die Aufgabe der Republikanischen Partei in diesen früheren Kampagnen bestand darin, den Menschen klarzumachen, wie wichtig die Themen dieser Kampagnen für sie sind. In ähnlicher Weise besteht unsere Aufgabe in diesem Wahlkampf darin, die Wähler des Landes davon zu überzeugen, dass sie erneut aufgerufen sind, das Industriesystem, auf dem die Löhne, das Einkommen und das Eigentum von Millionen amerikanischer Bürger basieren, zu bewahren und die verfassungsmäßige, repräsentative Regierung zu verteidigen Unter diesem Grundsatz bewahren wir seit mehr als einem Jahrhundert die politische, religiöse und individuelle Freiheit und sind über alle Nationen hinaus erfolgreich.

Zu Beginn dieses Wahlkampfs und bis vor Kurzem waren viele Republikaner entmutigt. Die Bedrohung unserer Institutionen und unserer Zukunft durch den möglichen Erfolg der Progressiven Partei und die Wiederwahl von Ex-

Präsident Roosevelt schien ebenso bedeutsam wie die Bedrohung durch den Bryanismus im Jahr 1896, 1900 und 1908. Manchen schien es daher so zunächst, als wäre es ihre patriotische Pflicht, für die Demokraten zu stimmen. Patriotismus ist immer mehr als nur Partei. Aber diese Republikaner erkennen jetzt die Torheit dieses Kurses und die Gewissheit, dass die Republikanische Partei ihre Solidarität bewahren wird. Wir sehen klar, dass die Kandidatur von Herrn Roosevelt zum Scheitern verurteilt ist und dass nur der Wunsch, der Republikanischen Partei zu schaden, den Wahlkampf der sogenannten Progressiven fortsetzt.

Ich habe die veröffentlichten Unterlagen über umstrittene Sitze im Nationalkongress der Republikanischen Partei in Chicago geprüft und mich bemüht, alle Fakten zu ermitteln. Ich glaube, dass ich es getan habe. Meines Erachtens kann kein fair denkender Mensch, der sich die Mühe macht, die Beweise zu lesen, der sich unparteiisch mit den Fakten befasst und offen versucht, die Wahrheit herauszufinden, an der Fairness des Verfahrens oder der Richtigkeit der Entscheidungen zweifeln. Die meisten Wettbewerbe waren völlig ungerechtfertigt, wenn nicht gar betrügerisch, und mussten abgebrochen werden. Tatsächlich prahlte eine bekannte Zeitung schamlos damit, dass die große Mehrheit der Wettbewerbe ins Leben gerufen worden sei, um einen psychologischen Effekt zu erzeugen, der, wie ich annehme, bei einfachen Leuten die absichtliche Erweckung eines falschen Eindrucks bedeuten würde. Ich werde Ihnen die Sprache eines der Vorbilder der Klasse der Reformer vorlesen, die zu tugendhaft sind, um in der Republikanischen Partei zu bleiben, und die behaupten, den Menschen dieses Landes politische Moral beizubringen. Die „Washington Times" schreibt in ihrer Ausgabe vom 9. Juni 1912 Folgendes: „Um eine psychologische Wirkung in der praktischen Politik zu erzielen, war es für die Roosevelt-Leute notwendig, Wettbewerbe zu diesen frühen Taft-Auswahlen zu starten, um eine tabellarische Aufstellung der Delegiertenstärke zu erhalten." In dem Spiel wäre eine Tabelle mit Taft 150, Roosevelt 19, bestritten 1 nicht gerade dazu geeignet, Vertrauen zu erwecken, wohingegen eine Tabelle mit Taft 23, Roosevelt 19, bestritten 127 nicht sehr geeignet wäre, Vertrauen zu erwecken , sah ganz anders aus. Das ist die ganze Geschichte der großen Zahl südlicher Wettbewerbe, die zu Beginn des Spiels begonnen wurden. Es war nie zu erwarten, dass sie sehr ernst genommen würden. Sie dienten einem nützlichen Zweck, und jetzt entscheidet das Nationalkomitee sie zugunsten von Taft in den meisten Fällen ohne wirkliche Spaltung.

Von den 238 schließlich im Namen von Ex-Präsident Roosevelt eingereichten Anträgen wurden 164 aufgegeben. Die Wettbewerbe, die nicht aufgegeben wurden, wurden nach ihrer Leistung entschieden. Nachdem ich die Fakten studiert habe, bin ich überzeugt, dass die Taft-Delegierten rechtlich und moralisch Anspruch auf ihre Sitze hatten. Leider ist die Akte umfangreich und nur wenige werden sich die Zeit oder Mühe nehmen, die Beweise zu lesen. Der Ruf des Betrugs führt viele in die Irre. Aber wenn Männer wie Senator Root und die Präsidenten der Universitäten Columbia und Cornell ihre Überzeugung von der Integrität des Verfahrens und der Entscheidungen zum Ausdruck bringen, können wir durchaus zufrieden sein. In seiner Rede, in der er Präsident Taft über seine Wiederernennung informierte, sagte Senator Root, dass es weder in den Fakten noch in den Argumenten, die vor dem Nationalkomitee, dem Beglaubigungsausschuss, dem Konvent selbst oder sonstwie vorgebracht wurden, einen gerechtfertigten Grund für eine Amtsenthebung zu geben scheine die Ehrlichkeit und Treu und Glauben der Entscheidungen des Nationalkomitees. Er erklärte Präsident Taft weiter, dass sein Anspruch auf die Nominierung „so klar und unanfechtbar sei wie der Titel eines Kandidaten einer Partei seit Beginn der politischen Kongresse". Der hohe Charakter von Senator Root, seine großen Verdienste um die Nation und die Partei sowie sein hohes Maß an persönlicher Ehre und Verantwortung berechtigen ihn dazu, dass sein Wort und seine Meinung unter solchen Umständen von der Bevölkerung des Staates New York vorbehaltlos akzeptiert werden.

Da die Mehrheit des Nationalkonvents eindeutig Präsident Taft den Vorzug gibt, hätte diese Mehrheit ihn trotzdem beiseite schieben und Herrn Roosevelt nominieren sollen, weil die Partei ähnlich wie 1896 mit einer Zerrüttung gedroht hätte oder weil in einigen Staaten ex- Präsident Roosevelt hatte in übereilten Wahlen, bei denen falsche Darstellungen zweifellos viele in die Irre geführt hatten, eine größere Vorwahl als Präsident Taft erreicht? Welchen Kurs diktierte der Patriotismus der Mehrheit der Delegierten? Hätten sie kapitulieren und aufgrund des Lärms und der Androhung einer Störung der Partei ihre eigenen Präferenzen und Anweisungen für Präsident Taft aufgeben und Herrn Roosevelt nominieren sollen? Es gab Gründe, warum dieser Kurs sowohl ein Akt der Torheit als auch der Ungerechtigkeit gewesen wäre.

Erstens wäre die Nominierung eines ehemaligen Präsidenten der Vereinigten Staaten für eine dritte Amtszeit ein Verstoß gegen eine ungeschriebene Regel gewesen, die von Washington, Jefferson, Madison und Monroe aufgestellt und seitdem befolgt wurde. Die Republikanische Partei, die sich 1880 aus Gründen gesunder Prinzipien und politischer Ethik geweigert hatte, Ex-Präsident Grant für eine dritte Amtszeit zu nominieren, ungeachtet seines überragenden Anspruchs auf die Dankbarkeit der Nation, konnte sich 1912 nicht durch die Nominierung von Ex verdummen -Präsident Roosevelt für eine dritte Amtszeit.

Die Weisheit, diese ungeschriebene Regel beizubehalten, sollte offensichtlich sein. Der gesunde Menschenverstand nachdenklicher, aufrichtiger und patriotischer Männer muss sie davon überzeugen, dass nichts gefährlicher sein könnte, als zuzulassen, dass eine Person, egal wie populär oder beredt sie ist, die Macht des Präsidentenamts für mehr als zwei Amtszeiten ausübt. Der New Yorker Konvent von 1788, der die Verfassung der Vereinigten Staaten ratifizierte, schlug eine Änderung vor, die besagte, „dass niemand ein drittes Mal für das Amt des Präsidenten der Vereinigten Staaten in Frage kommen darf", und das ist seitdem zweifellos der Fall gewesen die Stimmung der Bevölkerung dieses Staates, obwohl sie 1880 zurückgewiesen wurde, als versucht wurde, die Nominierung des ehemaligen Präsidenten Grant für eine dritte Amtszeit zu erzwingen, ungeachtet der Tatsache, dass der republikanische Staatskonvent erst fünf Jahre zuvor dies erklärt hatte Plattform „unsere unabänderliche Opposition gegen die Wahl eines Präsidenten für eine dritte Amtszeit."

Es bleibt keine Zeit, den Ursprung oder die Weisheit dieser ungeschriebenen Regel politischer Politik zu diskutieren, die bis zur Nominierung des ehemaligen Präsidenten Roosevelt durch die Progressiven von keiner politischen Partei verletzt wurde. Es wird nun behauptet, dass es nie eine solche Regel oder ein solches Prinzip der politischen Politik gegeben habe und dass Washington und Jefferson ausschließlich von Erwägungen ihrer eigenen persönlichen Bequemlichkeit regiert wurden. Drei Zitate aus Jeffersons Schriften sollten ausreichen, um diesen Vorwand zu entkräften. Ich nehme Jefferson, weil er heute einer der Schutzheiligen sowohl der Progressiven als auch der Demokratischen Partei ist.

Im Januar 1805, kurz nach seiner Wiederwahl, erklärte Jefferson Folgendes: „General Washington gab das Beispiel des freiwilligen Ruhestands nach acht Jahren. Ich werde ihm folgen. Und ein paar weitere Präzedenzfälle werden jedem danach das Hindernis der Gewohnheit entgegensetzen." Wer sich für eine Weile darum bemühen wird, seine Amtszeit zu verlängern. Vielleicht könnte dies zu einer Disposition führen, dies durch eine Änderung der Verfassung zu bekräftigen. Ich glaube daher, dass ich richtig liege, wenn ich mein Prinzip verfolge ." Im Jahr 1807 schrieb er erneut an die Legislative von Vermont: „Ich wäre unfreiwillig die Person, die, ungeachtet des guten Präzedenzfalls eines berühmten Vorgängers, das erste Beispiel für eine Verlängerung über die zweite Amtszeit hinaus liefern sollte." Und vierzehn Jahre später, im Jahr 1821, veröffentlichte er seine „Autobiographie", in der er sagte: „Das Beispiel von vier Präsidenten, die am Ende ihres achten Amtsjahres freiwillig in den Ruhestand gingen, und der Fortschritt der öffentlichen Meinung, dass dieser Grundsatz heilsam ist, haben gegeben." es ist in der Praxis die Kraft des Präzedenzfalls und der Praxis; ich gehe davon aus, dass ein Präsident, sollte er zustimmen, für eine dritte Wahl zu kandidieren, aufgrund dieser Demonstration ehrgeiziger Ansichten abgelehnt würde.

Aber abgesehen von allen Grundsätzen und Präzedenzfällen machten die Versprechen, die Ex-Präsident Roosevelt dem Volk der Vereinigten Staaten bewusst machte, seine Kandidatur unmöglich, ohne dass dies für viele ein Vertrauensbruch wäre. Die Fakten sprechen für sich.

Am 8. November 1904 drückte Präsident Roosevelt dem Volk der Vereinigten Staaten seine Dankbarkeit für seine Wahl aus und appellierte an sie für ihre Unterstützung und ihr Vertrauen während seiner zweiten Amtszeit, wobei er zweifellos an das Beispiel von Präsident McKinley im Jahr 1901 dachte, als er es getan hatte erklärte, dass er eine Nominierung für eine dritte Amtszeit, wenn sie ihm angeboten würde, nicht annehmen würde, und hatte darauf hingewiesen, dass es „Fragen von größter Bedeutung vor der Verwaltung und dem Land gebe, und ihre gerechte Prüfung dürfe in der öffentlichen Meinung nicht beeinträchtigt werden". auch nur der Verdacht einer dritten Amtszeit." Die Sprache von Präsident Roosevelt im Jahr 1904 lautete wie folgt: „Am nächsten 4. März werde ich dreieinhalb Jahre gedient haben, und diese dreieinhalb Jahre stellen meine erste Amtszeit dar. Der weise Brauch, der den Präsidenten auf zwei Amtszeiten beschränkt." Es geht um den Inhalt und nicht um die Form. Unter keinen Umständen werde ich für eine andere Nominierung kandidieren oder diese annehmen." Im Dezember 1907 wiederholte er diese Erklärung und fügte folgende Worte hinzu: „Ich habe die so verkündete Entscheidung nicht geändert und werde sie auch nicht ändern." Doch am 24. Februar 1912 gab er der Presse einen Brief, in dem er sagte: „Ich werde die Nominierung für das Präsidentenamt annehmen, wenn sie mir angeboten wird, und ich werde an dieser Entscheidung festhalten, bis der Konvent seine Präferenz zum Ausdruck gebracht hat."

Der Staatsmann, der so sein Wort geschworen hatte, konnte sein Versprechen gegenüber dem Volk nicht brechen, ohne die gute Meinung vieler Bürger zu opfern. Und wenn der Nationalkonvent der Republikaner sich Ex-Präsident Roosevelt bei der Ablehnung dieser feierlichen Versprechen angeschlossen hätte, hätte dies eine große Gruppe von Wählern verärgert, die immer noch die Namen und Beispiele von Washington, Jefferson, Madison und Monroe verehren und das noch immer tun Ich glaube an politische Konsequenz und Moral, und es hätte die Partei während des gesamten Wahlkampfs in die Defensive gedrängt, wenn es um schlichte Moralfragen ginge. Darüber hinaus konnte es sich die Republikanische Partei nicht leisten – es wäre sogar hoffnungslos gewesen –, zu solchen Bedingungen um die weitere Unterstützung des Landes zu bitten.

Ein weiterer Grund, warum die Mehrheit im Kongress von Chicago Präsident Taft nicht hätte ablehnen und Ex-Präsident Roosevelt nominieren dürfen, war, dass dies ein Akt des politischen Verrats, der Undankbarkeit und der Schande gewesen wäre. Präsident Taft hatte sich die erneute

Nominierung für seine großartigen und treuen Dienste für die Nation und die Partei verdient und verdient. Der allgemein übliche Brauch bestand darin, einen Präsidenten zu ernennen, der gute und kompetente Dienste geleistet hatte. Die Republikaner von New York hatten in ihrem Programm von 1910, als Ex-Präsident Roosevelt selbst den Staatskongress leitete und seine Politik diktierte, einstimmig verkündet: „Wir unterstützen mit Begeisterung die fortschrittliche und staatsmännische Führung von William Howard Taft und erklären unseren Stolz auf die Errungenschaften." seiner ersten achtzehn Monate als Präsident der Vereinigten Staaten. Jeder weitere Monat seit seiner Amtseinführung hat die Nation in ihrer hohen Wertschätzung für seinen großartigen Charakter, seine intellektuellen Fähigkeiten, seinen gesunden Menschenverstand, seine außergewöhnliche Geduld und Ausdauer sowie sein umfassendes und staatsmännisches Verständnis der Öffentlichkeit bestätigt Fragen und unerschütterliche und unbeirrbare Pflichterfüllung." Und in den Monaten zwischen diesem Landeskongress und dem Nationalkongress war nichts passiert, was diese hohe und gerechte Einschätzung des Charakters und der Fähigkeiten von Präsident Taft hätte erschüttern können. Er hatte zugestimmt, zu kandidieren, als er glaubte, er könne sich auf die Loyalität von Herrn Roosevelt als seinem Freund verlassen, und ein späterer Rückzug wäre eine persönliche Demütigung gewesen.

In der Praxis war die Regierung von Präsident Taft bemerkenswert erfolgreich und effizient, wenn auch nicht spektakulär. Man kann mit Sicherheit behaupten, dass die vom Kongress erlassenen Gesetze noch nie effektiver, ehrlicher und unparteiischer umgesetzt wurden als unter Präsident Taft. Ohne Aufruhr oder Aufregung und ohne den Kongress zu bedrohen, hatte er in dreieinhalb Jahren mehr erreicht als sein unmittelbarer Vorgänger in siebeneinhalb Jahren. Er hatte eine konsequente Politik echter Fortschrittlichkeit und konstruktiver Staatskunst an den Tag gelegt. In allen Regierungszweigen hatte er die Lobrede von Präsident Roosevelt aus dem Jahr 1908 bestätigt, als er das amerikanische Volk aufforderte, Herrn Taft aufgrund seiner herausragenden Qualifikationen für das Amt des Präsidenten der Vereinigten Staaten zu wählen.

Es mag wahr sein, dass Herr Taft dies nach achtzehn Jahren selbstloser Hingabe und auffallend effizienter und treuer Dienste für die amerikanische Öffentlichkeit als Generalstaatsanwalt, Bezirksrichter der Vereinigten Staaten, Gouverneur der Philippinen, Kriegsminister und Präsident der Vereinigten Staaten getan hat Es gelang ihm nicht, sich bei den Gedankenlosen, Unzufriedenen und Revolutionären sowie bei dem Teil der Presse, der von Sensationsgier und Drecksarbeit lebt, Popularität zu sichern. Aber eine solche Popularität sollte kaum der Test für die Eignung für das große Amt des Präsidenten der Vereinigten Staaten sein. Wir wissen, dass

Lincoln im Jahr 1864 bei den Gedankenlosen und Ungeduldigen so unbeliebt war, dass er an einer Wiederwahl verzweifelte und mit einer Niederlage bei den Wahlen rechnete, es sei denn, die Armee konnte den Tag retten und die öffentliche Meinung durch einige bemerkenswerte Erfolge ändern.

Die Beliebtheit bei den Unvernünftigen und Unzufriedenen war für Präsident Taft leicht zu erreichen, wenn er danach gestrebt hätte. Angesichts des Prestiges seines hohen Amtes und der Ehrfurcht, die es gebietet, brauchte er nur die bekannten Künste des Demagogen zu üben, mit denen er Massen aufrüttelt und in die Irre führt – die ihm ebenso bekannt waren wie allen Geschichtslesern. Er brauchte nur von Zeit zu Zeit hochtrabende Erklärungen über seinen unerschütterlichen Patriotismus, seine eigene Tugend, seine kompromisslose Wahrhaftigkeit, seine aufopfernde Pflichttreue, die Unfehlbarkeit seines Urteilsvermögens, die Reinheit seiner Motive und die Korruption abzugeben Verlogenheit seiner Gegner. Er brauchte nur auf Konzerne, auf die Erbauer der Industrie des Landes und auf Bankiers und Kapitalisten zu schimpfen, um sich den Beifall von Neid und Unzufriedenheit zu sichern. Er brauchte nur gegen den räuberischen Reichtum zu schimpfen, um sofort zum Idol der räuberischen Armut zu werden. Aber seine Selbstachtung würde es ihm nicht erlauben, sich so tief zu erniedrigen und sich dem Schwächsten, wenn nicht sogar dem Niedrigsten der menschlichen Natur hinzugeben, und sein Pflichtgefühl würde es ihm nicht erlauben, das große Amt des Präsidenten der Vereinigten Staaten auf diese Weise zu degradieren .

Die Undankbarkeit der Republiken ist sprichwörtlich; Dennoch wäre es sicherlich ein beispielloser Akt der Undankbarkeit für Präsident Tafts eigene Partei gewesen, ihm die verdiente und verdiente Renominierung zu verweigern. Die Lektion, die die Ablehnung von Präsident Taft durch seine eigene Partei dem Land und künftigen Generationen gelehrt hätte, wäre demoralisierend gewesen. Es wäre eine Warnung an alle unsere gegenwärtigen und zukünftigen Beamten gewesen, dass bei uns Amerikanern ein auffallend effizienter und treuer öffentlicher Dienst umsonst ist und dass republikanische Beamte , vom Präsidenten der Vereinigten Staaten bis hin zum niedrigsten, nicht damit rechnen dürfen nicht nach ihren Taten, Fähigkeiten und ihrem Charakter beurteilt werden, sondern weil es ihnen gelungen ist, den Beifall der Gedankenlosen zu kultivieren.

Die großen Themen, vor denen die Menschen im aktuellen kritischen Wahlkampf stehen, sind jedoch weitaus wichtiger als die persönlichen Qualifikationen, Ansprüche oder Verdienste der Kandidaten. Diese Themen sind: (1) das verfassungsmäßige Recht und die Befugnis des Kongresses, die amerikanische Industrie zu schützen und unser gegenwärtiges Industriesystem zu bewahren; (2) der drohende Sturz des repräsentativen Regierungssystems in Staat und Nation durch die Einführung der Initiative, des Referendums und der Abberufung und (3) der Angriff auf die Rechtspflege in amerikanischen Gerichten.

In der Zollfrage besteht ein unüberbrückbarer Unterschied zwischen den Grundsätzen der Republikanischen Partei und denen der Demokratischen Partei. Der eine besteht darauf, dass es die legitime Pflicht und Funktion des Kongresses ist, Steuern zu erheben, um die amerikanische Industrie und die Löhne zu schützen, während der andere darauf besteht, dass der Kongress gemäß der Bundesverfassung weder das Recht noch die Macht dazu hat. Ich gehe davon aus , dass politische Plattformen, auch wenn es sich möglicherweise nicht um verbindliche Programme handelt, durchaus eine Erklärung des politischen Glaubens und der politischen Grundsätze zum Ausdruck bringen sollen, an die die jeweiligen Kandidaten glauben und die sie vertreten wollen. Wenn dies nicht der Fall ist, warum werden dann Plattformen eingeführt?

Das Programm der Republikanischen Partei verpflichtet die Partei und ihre Kandidaten uneingeschränkt zu einem Schutzzoll mit Zöllen, die so angepasst sind, dass sie die amerikanischen Industrien und Löhne angemessen schützen. Sie räumt ein, dass Anpassungen vorgenommen werden müssen und überhöhte Steuersätze gesenkt werden sollten, betont jedoch, dass für eine intelligente und faire Vorgehensweise korrekte Informationen unerlässlich seien. Sie befürwortet die Sicherung dieser Informationen durch eine Expertenkommission und einen überparteilichen Tarifausschuss. Sie strebt die Abschaffung der Zölle aus der Politik an, damit jeder Wirtschaftszweig von überparteilichen Kommissionen nach seinen Besonderheiten behandelt werden kann. Sie wirft der Demokratischen Partei vor, sich geweigert zu haben, Gelder für den Fortbestand eines solchen Zollausschusses bereitzustellen, und wirft ihr vor, dass das demokratische Repräsentantenhaus rücksichtslose und abschnittsweise Zollgesetze verabschiedet hat, die den Schutz amerikanischer Interessen völlig außer Acht lassen.

Senator Root erklärte auf dem Nationalkongress, dass die Demokratische Partei nicht die Fakten ermitteln wolle, auf deren Grundlage eine gerechte Schutzmaßnahme getroffen werden könne, sondern beabsichtige, dass es keinen Schutz für amerikanische Industrien gebe, und erklärte weiter, dass das Demokratische Repräsentantenhaus hatte eine Reihe von Zollgesetzentwürfen ausgearbeitet und verabschiedet, um Einnahmen zu erzielen, ohne Rücksicht auf die völlige Zerstörung, die ihre Verabschiedung über die großen amerikanischen Industrien bringen würde. Er behauptete, dass „das amerikanische Volk sich jetzt nicht mit den Missbräuchen des Zolls auseinandersetzen muss, sondern mit der grundlegenden Frage zwischen den beiden Systemen der Zollerhebung.“

Dieser Herausforderung stellte sich die Demokratische Partei und beantwortete sie mit dem ersten und wichtigsten Plan, der von ihrem Nationalkongress in Baltimore verabschiedet wurde und der die Partei und ihre Kandidaten aufgrund der fehlenden Macht im Kongress verpflichtete, die Grundsätze des Freihandels endgültig zu verwirklichen die Vereinigten Staaten zum Schutz amerikanischer Arbeitskräfte und amerikanischer Industrien. Auf der Planke heißt es wie folgt: „Wir erklären es zu einem Grundprinzip der Demokratischen Partei, dass die Bundesregierung gemäß der Verfassung kein Recht oder keine Befugnis hat, Zölle zu erheben oder zu erheben, außer zum Zwecke der Einnahmen." Und es besteht kein Zweifel daran, dass man davon ausging, dass diese Erklärung nicht nur die gegenwärtige Freihandelspolitik der Demokratischen Partei widerspiegelte, sondern auch in völliger Übereinstimmung mit den persönlichen Ansichten von Gouverneur Wilson als durch und durch freiem Händler stand.

die nationale amerikanische Regierung unabhängig von der ausländischen Konkurrenz, selbst von Asiaten, weder das Recht noch *die* Macht *dazu* hat Schutz einer einzelnen Industrie oder eines einzelnen Arbeiters. Ein solcher Vorschlag mag andere Länder in Erstaunen versetzen und erfreuen, und es ist kein Wunder, dass sie alle den Erfolg der Demokratischen Partei wünschen. Jede andere nationale Regierung hat nicht nur die Macht, ihre Industrien zu schützen, sondern hat diese Macht immer wieder ausgeübt, wann immer die Interessen ihrer Bevölkerung Schutz erforderten. Die Macht wird heute in der einen oder anderen Form von fast jeder Regierung der Welt gegen amerikanische Produkte ausgeübt, einschließlich der Kolonien Englands, wie Kanada zeigt. Die Macht würde morgen von England erneut ausgeübt werden, wenn es den Anschein hätte, dass dies in seinem Interesse läge. Doch egal, dass unsere Fabriken geschlossen und unsere Lohnempfänger arbeitslos gemacht werden wie 1894, 1895 und 1896, egal, wie leicht Europa und Asien unser Land zu ihrer Mülldeponie machen und unsere Bedürfnisse zur Beute machen könnten Nachdem wir unsere Werkstätten geschlossen und unsere Industrien zerstört haben, verkündet die Demokratische Partei dennoch, dass unsere nationale Regierung machtlos ist und dass es weder das *Recht* noch die *Macht* gibt, egal wie vorteilhaft es für alle Klassen sein mag, eine Vielfalt an Industrien zu haben einen Tarif mit Ausnahme der Einnahmen zu erlassen.

Wir Republikaner sind der festen Überzeugung, dass es das Recht und die Macht ist, Pflichten zum Schutz der Amerikaner aufzuerlegen, wenn es ein Merkmal oder Element von Recht und Macht im Geiste und Geltungsbereich der Verfassung der Vereinigten Staaten gibt, das eindeutig dem Kongress zusteht Industrien und amerikanische Arbeitskräfte. Das allererste Zollgesetz, das am 4. Juli 1789 vor 123 Jahren verabschiedet wurde, erklärte, dass einer seiner Zwecke, einer seiner Ziele, eines seiner anregenden

Motive „die Förderung und der Schutz der Industrie" sei. Washington hat diesen Gesetzentwurf genehmigt und unterzeichnet. Die Präsidenten Washington, Jefferson, Madison und Monroe – alle aus der Generation, die die Bundesverfassung entworfen hat – erkannten die Existenz der Macht zum Schutz der amerikanischen Industrien an und empfahlen den Schutz. Aber das amerikanische Volk wird nun im Jahr 1912 aufgefordert, für eine Partei und ein Programm zu stimmen, die sowohl das *Recht* als auch die *Macht* des Kongresses zum Schutz amerikanischer Arbeiter, Bauern und Fabrikanten ablehnt .

Es ist unmöglich, in diesem Themenüberblick die Grundsätze und die Politik eines Schutzzolls angemessen zu erörtern. Die Einzelheiten dieses wichtigen und lebenswichtigen Themas müssen zu einem anderen Zeitpunkt aufgegriffen und analysiert werden. Verallgemeinerungen hätten wenig Wert. Die Fakten liegen auf der Hand und zeigen, dass das materielle Wohl des Landes und fast aller Klassen und Schichten durch die Schutzpolitik gefördert wurde und auch weiterhin gefördert werden wird. Obwohl wir jetzt vielleicht bereit sind, uns dem freien Wettbewerb mit Europäern zu stellen, dürfen wir nicht blind gegenüber der Bedrohung und Gefahr des freien Wettbewerbs mit Asiaten sein . Auf der anderen Seite des Pazifischen Ozeans leben bei ständig sinkenden Fracht- und Passagierraten 50.000.000 Menschen in Japan, 450.000.000 in China, 300.000.000 in Indien – 800.000.000 –, die zwölf Stunden lang effiziente Arbeitskräfte zu Löhnen zwischen 10 und 30 Cent pro Tag liefern werden. arbeiten an den gleichen Maschinen, an denen jetzt amerikanische Männer und Frauen arbeiten. Sollen wir die Schleusen öffnen? Sollen wir den Historiker zum Präsidenten wählen, der vor ein paar Jahren in der ruhigen und unparteiischen Atmosphäre seines Arbeitszimmers der Welt sein Mitgefühl für bedürftige Asiaten und seine Meinung zum Ausdruck brachte, dass „die Chinesen wünschenswerter seien, wenn nicht als Arbeiter?" als Bürger, als die meisten der groben Besatzungsmitglieder, die jedes Jahr in den Osthäfen anströmten"?

Diese Generation hat eine bittere Erfahrung mit der demokratischen Zollgesetzgebung gemacht. Im Jahr 1892 erlangte die Demokratische Partei zum ersten Mal seit 32 Jahren die Kontrolle über beide Kammern des Kongresses und das Präsidentenamt. Sie trat ihr Amt mit dem Bekenntnis zum Freihandel an, so wie sie nun ihr Amt erneut mit dem Bekenntnis zum Freihandel antreten würde. Im August 1894 verabschiedete es das Wilson-Gesetz und unternahm damit den ersten Schritt zur Aufgabe der Politik des Schutzes der amerikanischen Industrie. Es folgte, vor allem als direkte Folge dieser demokratischen Zollgesetzgebung und der damit verbundenen Bedrohung, eine akute Phase industrieller und finanzieller Depression. Ich hatte angenommen, dass die Schicksalsjahre 1894, 1895 und 1896 von denen, die darunter gelitten haben, niemals vergessen werden würden. Wie Gouverneur Wilson selbst in seiner „Geschichte des amerikanischen Volkes" treffend sagte, als er diese Zeit des Elends beschrieb: „Männer der ärmeren Sorte waren überall untätig und von einer Art Verzweiflung erfüllt. In allen großen Städten und Industriestädten wimmelte es davon." arbeitslose Arbeiter, die durch die systematischen Bemühungen der organisierten Wohltätigkeit mit größter Mühe vor dem Hungertod bewahrt werden konnten." Dies war auch eine Zeit beispielloser sozialer Unruhen und Unzufriedenheit und der zerlumpten „Armee des Gemeinwohls Christi" von Coxey, die nach Nahrung und Arbeit schrie. Es war eine Zeit des Elends und der Depression, der Unzufriedenheit und Unruhe der Bevölkerung, der Streiks, Aufstände, Zerstörung von Eigentum, Mord und Verstümmelung in Arbeitskämpfen. Niemand konnte leugnen, wie der Historiker betonte, dass das Land in schlimme Zeiten geraten war und dass es den amerikanischen Arbeitern schwerer fiel als je zuvor, zu überleben.

Wir müssen den Menschen nur die Bedingungen der Arbeitslosigkeit, Armut und des Elends in Erinnerung rufen, die auf die letzte Zollgesetzgebung der Demokratischen Partei folgten, und die Bedingungen vergleichen, wie sie heute herrschen. Die Menschen dieses Landes werden einen schrecklichen Fehler und einen schrecklichen Fehler begehen, wenn sie jetzt dafür stimmen, das Risiko einer Wiederholung dieser Tage einzugehen, in der Illusion, dass das Währungssystem der Regierung die Ursache für die Wirtschaftskrise und das Elend war, die unmittelbar darauf folgten nach der Wahl von Cleveland im Jahr 1892 und der Verabschiedung des Wilson-Zollgesetzes im Jahr 1894.

Viele erzählen den Menschen jetzt, dass der Zoll allein für die hohen Lebenshaltungskosten und die Verbreitung sozialer Unruhen und Unzufriedenheit verantwortlich sei. Solche Phänomene gibt es auf der ganzen Welt und es gibt sie im Ausland ebenso häufig, wenn nicht sogar noch häufiger als hier. In England, wo es keinen Schutzzoll gibt, ist die Klage gegen die hohen Lebenshaltungskosten noch lauter als hier. Die wahren Ursachen für den Anstieg der Lebenshaltungskosten bei uns sind zweifellos: (1) der enorme Anstieg des weltweiten Goldangebots, der notwendigerweise den Kaufwert des Dollars für die weltweite Goldproduktion verringert, die von 1850 bis 1890 durchschnittlich 120.000.000 US-Dollar betrug pro Jahr und betrug 1891 130.650.000 US-Dollar, stieg 1911 auf volle 461.000.000 US-Dollar, (2) schnelles Bevölkerungswachstum ohne entsprechende Steigerung der Produktion von Nahrungsmitteln und anderen lebensnotwendigen Gütern, (3) Zuwanderung in die Stadt und Aufgabe der Farm, (4) Wertsteigerung des Bodens, (5) Anstieg der Rohstoffpreise, (6) höhere Lohnsätze und Rückgang der Arbeitsstunden, (7) besserer Lebensstandard, (8) Erschöpfung einiger Quellen Versorgungsengpässe, (9)

Extravaganz bei den öffentlichen Ausgaben und (10) Rückzug von Armeen von Beamten aus der produktiven Industrie. Dies sind die Haupt- und Hauptursachen, die tendenziell zu höheren Lebenshaltungskosten führen. Sie gelten weltweit, und wenn sie erklärt werden, werden sie von intelligenten und aufrichtigen Geschäftsleuten und Arbeitern leicht verstanden und erkannt, die sofort erkennen werden, dass diese Ursachen durch die Freihandelsgesetzgebung in keiner Weise beseitigt werden. Im vergangenen Jahr kam es in Europa aufgrund der anhaltend hohen Lebensmittelkosten zu schweren Unruhen, und die britische Handelsbehörde führt derzeit eine Untersuchung der Lebenshaltungskosten nicht nur in England, sondern auch in Deutschland, Frankreich und Belgien durch. Tatsächlich untersucht derzeit eine internationale Kommission diese Ursachen. Wie absurd wäre es zu sagen, dass der amerikanische Schutzzoll die Ursache für die hohen Lebenshaltungskosten im Freihandelsland England oder anderswo in Europa sei!

Auch der Schutzzoll ist in keiner Weise für die Stimmung sozialer Unruhe und Unzufriedenheit verantwortlich, außer vielleicht insofern, als Wohlstand Unzufriedenheit erzeugt und den Appetit vervielfacht. In der gesamten zivilisierten Welt hat sich in den letzten Jahren ein Geist sozialer Unruhe und Unzufriedenheit, der Missachtung von Gesetzen und der Missachtung moralischer Prinzipien und religiöser Überzeugungen entwickelt. Für diejenigen, die unter die Oberfläche schauen, wird es immer offensichtlicher, dass dieses weltweite Symptom größtenteils auf die Ausbreitung des Sozialismus zurückzuführen ist. Nach den Lehren der Sozialisten, ob offen oder uneingestanden (denn viele, die ihre Lehren predigen, würden es übel nehmen, als Sozialisten bezeichnet zu werden), sind unser gesamtes Gesellschaftssystem und das Rechtssystem, unter dem wir leben, ungerecht und sollten umgeworfen werden, ebenso wie Eigentumsrechte zerstört werden, und religiöse Überzeugungen, die die Hauptquelle unserer Achtung von Recht und Ordnung und den Eigentumsrechten sind, sollten zerstört werden. Wie ein amerikanischer Student und Schriftsteller sagte, steht eine einzige Passage von Liebknecht für Meinungen, die aus zwanzig maßgeblichen sozialistischen Quellen in Europa zitiert werden können. Diese Passage lautet wie folgt: „Es ist unsere Pflicht als Sozialisten, den Glauben an Gott mit all unserem Eifer auszurotten, und niemand verdient diesen Namen, der sich nicht der Verbreitung des Atheismus widmet." Ich glaube, dass nur wenige amerikanische Sozialisten zu einem solchen Extrem gegangen sind, aber die Tendenz und Lehre des Sozialismus in Europa war sicherlich so.

Leider ist die Atmosphäre der gegenwärtigen Kampagne darauf ausgelegt, die wahren Themen der Kontroversen und die tatsächliche Gefahr, die hinter so viel Lärm, Deklamation und Begeisterung lauert, zu verschleiern und zu verbergen. Ein offenkundiger Angriff und eine offene Kriegserklärung an die Gesellschaft, unsere Regierungsform oder unsere Gerichte würden dem amerikanischen Volk die Punkte so deutlich vor Augen führen, dass keiner von uns auch nur einen Moment an dem Ergebnis zweifeln könnte. Wir Republikaner würden einen offenen Angriff begrüßen und begrüßen, weil wir wissen, dass sich das Volk dann schnell und mit überwältigender Mehrheit für die Unterstützung unserer Partei stark machen würde. Je offener die rechtsstaatliche Regierung und unser Gesellschaftssystem angegriffen werden, desto stärker werden sie in der Zuneigung und Ehrfurcht der Menschen verankert.

Die meisten unserer politischen und sozialen Institutionen, die heute als veraltet angegriffen werden, basieren auf Wahrheiten, die jemals selbstverständlich sein sollten. Diese Wahrheiten klingen banal, aber „banale Wahrheiten sind oft die wertvollsten Wahrheiten, auch wenn sie manchmal gerade durch ihre Banalität ihrer Kraft beraubt werden." Wir hören ständig Gespräche darüber, dass die Grundsätze der Verfassung in den Augen dieser modernen Bilderstürmer veraltet seien, und neulich prahlte ein Führer der Progressiven in diesem Staat, der selbst Anwalt ist, mit Bezug auf die Richternominierungen der Progressiven, die sie erhalten hätten ausgewählte Männer, die nicht an eine „tote Verfassung" glaubten. Dennoch sind diese Kandidaten bereit, ein Richteramt anzunehmen, das sie nicht eine Minute lang rechtmäßig ausfüllen könnten, ohne einen Eid zu leisten, die Verfassung zu unterstützen, an die sie nicht glauben.

Wenn eine Wahrheit, sei sie politisch, moralisch oder religiös, einmal entdeckt und etabliert ist, ist sie ewig; es verliert nichts von seiner Vitalität, weil es alt geworden ist; es stirbt nie. Wenn einige religiöse Progressive – und unsere politischen Progressiven beeinflussen einen Großteil der religiös Emotionalen – jetzt eine neue Religion predigen und verkünden würden, dass bestehende Religionen und ihre Beschränkungen einfach deshalb beiseite geworfen werden sollten, weil sie alt sind, würde der dümmste Mensch den völligen Trugschluss sofort erkennen Schlechtigkeit eines solchen Arguments. Stellen Sie sich vor, jemand würde ernsthaft argumentieren, dass die Zehn Gebote als Regeln menschlichen Verhaltens und Selbstbeherrschung wertlos und tot seien, weil sie viertausend Jahre alt sind und zum ersten Mal in einer Zeit verkündet wurden, die nicht so schnell war wie unsere – in einer Zeit, in der es keine gab Druckmaschinen, keine Dampfmaschinen, kein Strom und keine sprechenden Maschinen! Doch solange unsere Zivilisation besteht, solange die menschliche Intelligenz besteht, solange die Religion weiterhin Männer und Frauen tröstet, unterstützt und erhebt, solange werden die Zehn Gebote solide und wahre Verhaltensregeln und die grundlegende Grundlage sein alle Religionen. Das

Gleiche gilt für die großen politischen Dokumente, die den Fortschritt der Menschheit auf dem Weg zur Freiheit belegen, wie die Magna Carta, die Bill of Rights, die Unabhängigkeitserklärung und die Verfassung der Vereinigten Staaten: Sie verkörpern und verkünden Grundsätze politischer Gerechtigkeit und grundlegende Wahrheiten die ewig sind; Und auch wenn die Mehrheit sie manchmal aus Unwissenheit und Rücksichtslosigkeit missachtet oder sie für vorübergehende Zwecke beiseite wirft, sind sie ebenso ewig und unvergänglich wie die Zehn Gebote.

Von den vielen revolutionären Plänen der progressiven Plattform, sowohl auf nationaler als auch auf staatlicher Ebene, ist einer der gefährlichsten und weitreichendsten der Vorschlag, den repräsentativen Charakter unserer Regierung zu zerstören, indem die Aktion von Gesetzgebern und Beamten durch direkte Aktionen des Volkes ersetzt wird vom Volk gewählt. Dies soll durch die Initiative und das Referendum erreicht werden. Die Bewegung ist derzeit von doppelter Bedeutung, da bekanntlich der demokratische Präsidentschaftskandidat, nachdem er viele Jahre lang direkt das Gegenteil gelehrt hatte, kürzlich zu diesen Ideen konvertiert ist. Obwohl ein solches System in den kleinen Stadtversammlungen von Neuengland, in kleinen Gemeinden oder in Agrarstaaten mit einer homogeneren Bevölkerung, die zahlenmäßig geringer ist als einige der Bezirke des Staates New York, vorteilhaft oder harmlos sein kann, sind die Initiative und das Referendum von Vorteil oder harmlos wäre für ein Imperium wie unseres mit einer Bevölkerung von fast 100.000.000 oder für einen Staat wie New York mit einer Bevölkerung von fast 10.000.000 völlig ungeeignet. Wäre es nicht absurd und absurd, wenn die Tausende von Gesetzentwürfen, die jedes Jahr im Kongress eingebracht werden, vom breiten Volk verabschiedet würden, und wäre es nicht ebenso absurd und absurd für einen Staat wie New York, der jedes Jahr Hunderte von Gesetzentwürfen verabschiedet? einer kleinen Minderheit das Recht, die Vorlage jedes Gesetzes zur Abstimmung des Volkes zu erzwingen? Wäre es nicht geradezu katastrophal, wenn diejenigen, die am wenigsten dazu qualifiziert sind, die von ihnen vorgenommenen Änderungen zu verstehen und zu würdigen, Gesetze verabschieden und kontrollieren? Das Ergebnis wäre Chaos.

Die großen Männer, die unser System der verfassungsmäßigen Regierung gründeten, waren mit der Theorie und Funktionsweise der reinen Demokratie oder der direkten Aktion des Volkes im Unterschied zur repräsentativen Regierung bestens vertraut. Sie sahen die Misserfolge der reinen Demokratie in der Vergangenheit und die Gefahr eines solchen Systems und lehnten es bewusst ab, es zu übernehmen. Als Jefferson von „den gleichen Rechten des Menschen" sprach, erklärte er, dass „die moderne Zeit auch den entscheidenden Vorteil hat, dass sie das einzige Mittel entdeckt hat, mit dem diese Rechte gesichert werden können, nämlich die Regierung durch das Volk, das nicht in der Lage ist, sich selbst zu vertreten . " Person, sondern von selbst gewählten Vertretern."

Die schlichte Wahrheit ist, dass das Problem mit unseren Parlamenten und dem Kongress im Charakter vieler Männer liegt, die das Volk wählt. Das Heilmittel liegt in den Händen der Wähler. Wenn sie fähige und ehrliche Männer in gesetzgebende, exekutive und richterliche Ämter wählen, werden wir sofort ein Heilmittel haben. Wir brauchen ein Heilmittel, kein Gift.

Diejenigen, die die Einführung der Initiative, des Referendums und der Abberufung fordern, stützen ihre Argumentation auf die Begründung, dass einige unserer Gesetzgeber und Wahlbeamten inkompetent oder unehrlich seien und dass sich das Volk daher das Recht vorbehalten sollte, ihre Handlungen zu kontrollieren und abzuberufen ihnen. Aber wenn unsere Gesetzgeber oder andere Wahlbeamte inkompetent oder unehrlich sind – wenn sie nicht wirklich repräsentativ für das Volk sind, das sie wählt – dann liegt die Schuld offensichtlich bei denen, die sie wählen, und die Abhilfe besteht darin, Maßnahmen zu ergreifen, die die Wahl sicherstellen kompetenter, ehrlicher und repräsentativer Männer. Wenn das Volk jetzt zu beschäftigt ist, um sich mit der Auswahl ehrlicher und fähiger Vertreter zu befassen, kann man dann vernünftigerweise erwarten, dass es sich um die Vorzüge von Hunderten von Gesetzen kümmert, die es nicht zur Hälfte versteht, oder um die Qualifikationen der Beamten? Sie haben gewählt und würden sich erinnern? Der Fehler liegt nicht bei unserem repräsentativen Regierungssystem, sondern entweder bei den Parteiorganisationen, die oft inkompetente oder unehrliche Männer nominieren, oder bei den Wählern, die solche Nominierungen tolerieren und solche Kandidaten wählen. Unser Regierungssystem basiert, wie jedes System der freien Regierung, auf der Annahme, dass das Volk sein Wahlrecht gewissenhaft ausübt Die Regierung muss sich letztlich als völliger Fehlschlag erweisen. Die gewissenhafte Ausübung des Wahlrechts ist nicht nur ein Privileg, sondern die höchste Pflicht der Staatsbürgerschaft. Mit dem starken Bevölkerungswachstum sind politische Parteien und Parteiorganisationen zweifellos zu einer praktischen Notwendigkeit geworden, und Führung ist ebenso notwendig; Aber es ist auch unabdingbar geworden, dass diese Parteiorganisationen ehrlich geführt werden, um wirklich die Wünsche ihrer Parteiwähler zu vertreten. Die dringende Pflicht des Bürgertums besteht darin, dafür zu sorgen, dass diese Parteiorganisationen ehrlich und repräsentativ geführt werden; Dies kann jedoch nicht dadurch erreicht werden, dass die großen Parteien gestört oder zerstört werden. Anstatt den Tempel abzureißen, sollten wir die Geldwechsler vertreiben. Anstatt zu töten, sollten wir heilen. Was wir dringend brauchen, ist eine Gesetzgebung, die faire und ehrliche Vorwahlen der Parteien vorsieht und unabhängige Kandidaturen erleichtert. Dann sollten wir noch einen Schritt weiter gehen und allen qualifizierten Bürgern, die bei den gesetzlich vorgeschriebenen jährlichen Vorwahlen und Wahlen keine Stimme abgeben, eine Strafe oder Steuer auferlegen.

Die Initiative, das Referendum und die Abberufung würden die gegenwärtigen Übel nicht heilen, sondern nur verstärken und verewigen. Die Macht und Kontrolle nicht repräsentativer und verantwortungsloser Parteiapparate würde deutlich gestärkt, anstatt beschnitten zu werden. Es würden keine besseren Männer nominiert und gewählt, ganz im Gegenteil; Nur der Selbstsüchtige, Werbetreibende und Manipulator würde nominiert werden. Die Ausübung der Initiative, das Referendum und die Abberufung würden von genau denselben Leuten bestimmt, die jetzt unsere Nominierungen und Wahlen kontrollieren. Es ist absurd anzunehmen, dass genau die Männer, die so oft unfähige oder unehrliche Vertreter wählen oder es überhaupt versäumen, zu wählen, bei der Überwachung der Gesetzgebung, bei der Abberufung von Amtsträgern und Richtern oder bei der Aufhebung von Gerichtsentscheidungen effizienter vorgehen würden.

Ebenso absurd ist die Idee einer Gesetzgebung durch Volksabstimmung. Alle denkenden Menschen müssen sich darüber im Klaren sein, wie wichtig es ist, Gesetze und Verfassungsänderungen in einer klaren und genauen Sprache zu formulieren und dass dies ohne sorgfältige Prüfung, Diskussion und Vergleich mit bestehenden Bestimmungen, wie in Gesetzgebungsausschüssen, nicht praktikabel ist. Unser Rechtssystem wird von Jahr zu Jahr komplexer, und das ist unvermeidbar. Von den Menschen als Ganzes kann nicht erwartet werden, dass sie ein großes und äußerst komplexes Rechtssystem kennen und verstehen, und es ist für sie kein Nachteil, wenn man sagt, dass sie die Einzelheiten der Gesetzgebung nicht erfassen können, genauso wenig wie man sagen würde, dass es nur wenige Menschen gibt in der Gemeinschaft, die befugt ist, als Richter das unvermeidlich komplizierte Rechtssystem, unter dem wir leben, zu verwalten.

Wir müssen uns nur die jüngsten Erfahrungen im Bundesstaat New York mit der Verabschiedung von Verfassungsänderungen, der wichtigsten Funktion, die ein Wähler ausüben kann, ansehen, um die Torheit der vorgeschlagenen Abhilfemaßnahmen zu erkennen. Die Gesamtzahl der Stimmen für und gegen diese Änderungsanträge betrug häufig weniger als die Hälfte — und manchmal sogar kaum ein Viertel — derjenigen, die bei allgemeinen Wahlen tatsächlich gestimmt haben. Um drei aktuelle Erfahrungen heranzuziehen: Die Gesamtzahl der abgegebenen Stimmen für eine wichtige Verfassungsänderung im Jahr 1909 betrug nur 477.105, im Jahr zuvor waren es insgesamt 1.638.350; Die Gesamtzahl der Stimmen im Jahr 1910 über eine weitere wichtige Verfassungsänderung betrug 664.892

gegenüber 1.445.249 Stimmen für die Gouverneurskandidaten , und sieben im Jahr 1911 eingereichte Änderungsanträge wurden mit einer durchschnittlichen Gesamtstimmenzahl von 621.678 abgelehnt. Ähnliche und sogar noch eindrucksvollere Erfahrungen werden in anderen Staaten zu finden sein. Ist es wahrscheinlich, dass es einen umfassenderen, repräsentativeren und intelligenteren Ausdruck des öffentlichen Verständnisses in Bezug auf komplexe Gesetzesverordnungen oder in Bezug auf die Abberufung von Richtern oder anderen Amtsträgern oder in Bezug auf Gerichtsentscheidungen geben würde, als wir es derzeit im Fall von finden? Wichtige Verfassungsänderungen?

Die Abberufung von Richtern würde den Charakter und die Unabhängigkeit unserer Justiz völlig zerstören. Unter solchen Bedingungen würde kein Anwalt, der etwas auf sich hält, auf der Richterbank sitzen. Ein aufrechter Richter sollte das Gesetz furchtlos verkünden und durchsetzen, ohne Rücksicht auf öffentliche Aufregung oder politischen Druck. Häufig muss er in einem ihm vorliegenden Fall zwischen dem Einzelnen auf der einen Seite und einer lautstarken Mehrheit auf der anderen Seite entscheiden. Nehmen wir zum Beispiel unsere Situation in New York, wo Tammany Hall die Mehrheit der Wähler der Stadt kontrolliert. Der Gesetzgeber verabschiedet auf Diktat von Herrn Murphy ein weiteres berüchtigtes Levy-Wahlgesetz, das angeblich darauf abzielt, unabhängige Nominierungen selbst für die Bank zu verhindern. Die Richter erklären das Gesetz für verfassungswidrig und schützen die Minderheit in ihren Rechten, so wie wir vor ein paar Wochen gesehen haben, wie sie die Progressiven schützten. Laut Herrn Roosevelt und Herrn Straus sollte Tammany Hall jedoch die Macht haben, diese Richter durch Abberufung zu bestrafen, und sollte das Recht haben, solch schändliche und tyrannische Gesetze durch Rückgriff auf die Initiative und das Referendum zu verabschieden! Tatsächlich kann man sich keinen Plan vorstellen, der sicherer darauf ausgelegt ist, alle unsere verfassungsmäßigen Rechte sowie alle Rechtssicherheit zu zerstören. Oberster Richter Marshall wäre wiederholt wegen unpopulärer Entscheidungen abberufen worden, die jetzt selbst von den Progressiven allgemein begrüßt werden. Stellen Sie sich das Spektakel vor, einen Cullen oder einen Grey zurückzurufen, weil er es gewagt hatte, sich gegen den Lärm oder die Wünsche einer von Tammany Hall kontrollierten Mehrheit zu entscheiden!

Ich habe nirgendwo eine stärkere Darlegung der Einwände gegen die Abberufung von Richtern gesehen als in John Stuart Mills Werk „Representative Government", das 1861 veröffentlicht wurde, wo er sagte: „Wenn ein Richter durch eine Volksabstimmung aus dem Amt entfernt werden könnte, wer auch immer." wollte, ihn zu ersetzen, zu diesem Zweck aus allen seinen Gerichtsentscheidungen Kapital schlagen würde; sie alle, soweit er es für praktikabel hielt, durch unregelmäßige Berufung vor einer öffentlichen Meinung durchsetzen würde, die völlig inkompetent war, weil sie den Fall nicht gehört hatte, oder davon ab, es ohne die Vorsichtsmaßnahmen oder die Unparteilichkeit einer gerichtlichen Anhörung gehört zu haben; würde die Leidenschaften und Vorurteile der Bevölkerung dort ausnutzen, wo sie vorhanden sind, und sich Mühe geben, sie zu wecken, wo sie nicht vorhanden sind. Und in diesem Fall, wenn der Fall interessant wäre, und Wenn er sich genügend Mühe gab, würde er unfehlbar Erfolg haben, es sei denn, der Richter oder seine Freunde betraten die Arena und legten auf der anderen Seite ebenso starke Berufungen ein. Am Ende würden die Richter das Gefühl haben, dass sie bei jeder Entscheidung, die sie in einem Fall fällen, ihr Amt aufs Spiel setzten von allgemeinem Interesse seien und dass es für sie weniger wichtig sei, darüber nachzudenken, welche Entscheidung gerecht sei, als vielmehr darüber, was von der Öffentlichkeit am meisten Beifall erhalten würde oder am wenigsten eine heimtückische Falschdarstellung zulassen würde.

Wahrscheinlich hat niemand, der behauptet, die ersten und elementarsten Ideen der verfassungsmäßigen Regierung Amerikas zu kennen, jemals einen groberen, undurchführbareren oder absurderen Plan vorgeschlagen als den Vorschlag, alle Entscheidungen in Verfassungsfällen, die sich auf verabschiedete Gesetze auswirken, der Abberufung oder Aufhebung durch Mehrheitsbeschluss zu unterwerfen unter Polizeigewalt. Der Begriff „Polizeigewalt“ ist der umfassendste, der hätte verwendet werden können. Die meisten unserer individuellen Rechte werden durch diesen Begriff abgedeckt; und wenn die Progressiven sagen, dass ein unter Polizeigewalt erlassenes Gesetz gültig und durchsetzbar sein soll, obwohl die Gerichte es für willkürlich, ungerecht und ungleich und daher verfassungswidrig erklären können, schlagen sie dies vor, wenn eine vorübergehende Mehrheit es für angebracht hält, die Gerichte außer Kraft zu setzen Praktisch alle lebenswichtigsten und geschätztesten unserer vermeintlich unveräußerlichen individuellen Rechte – unsere persönliche und religiöse Freiheit – werden letztendlich der Gnade einer vorübergehenden Mehrheit ausgeliefert sein. Letztendlich würde der Vorschlag zur Rücknahme gerichtlicher Entscheidungen bedeuten, dass die Mehrheit in allen Streitigkeiten zwischen ihnen und der Minderheit als Schiedsrichter fungieren sollte.

und Populisten teilen , und der Teil der organisierten Arbeiterschaft und Gewerkschaften, der durch Männer wie die McNamaras , die Debses und die Parks (die in Wahrheit schändlich falsche Darstellungen darstellen) verkörpert und repräsentiert wird (die große Mehrheit der gesetzestreuen und patriotischen Mitglieder dieser Organisationen) hat in dieser Kampagne einen beispiellosen Angriff auf unser Justizsystem und die Rechtspflege erzwungen.

Als die Progressive-Plattform des Staates New York am 3. September zum ersten Mal der Presse vorgestellt wurde, lautete die Begründung für die Justiz wie folgt: „Wir unterstützen die Erklärungen unserer nationalen Plattform zum Respekt vor der Justiz von ganzem Herzen und befürworten ihre Verankerung im Organgesetz des Staates. Wir." verurteilen Sie die bisherige Haltung des New Yorker Berufungsgerichts gegenüber verschiedenen wichtigen und humanen Maßnahmen der Sozialgesetzgebung."

Die beispiellose Unanständigkeit dieses Angriffs auf das Berufungsgericht löste sofort einen solchen Sturm der Empörung im ganzen Staat aus, dass die Klausel offenbar später geändert wurde, um dieses Urteil zu streichen. In der endgültigen Form, die der Öffentlichkeit vorgelegt wird, wird diese Anklage gegen das höchste Gericht unseres Staates weggelassen und der Plan auf die Vorschläge der nationalen Plattform beschränkt. Ich habe jetzt Zeit, nur zwei dieser Planken zu besprechen.

Die Progressiven erklären in ihrer außergewöhnlichen und revolutionären Plattform: „Wir glauben, dass der Erlass von einstweiligen Verfügungen in Fällen, die sich aus Arbeitskonflikten ergeben, verboten werden sollte, wenn solche einstweiligen Verfügungen nicht gelten würden, wenn keine Arbeitskonflikte bestünden." Dies sollte im Wesentlichen mit der gleichen Erklärung in der Bryan-Plattform von 1908 verglichen werden, in der die Demokratische Partei erklärte: „Wir sind der Meinung, dass einstweilige Verfügungen nicht in Fällen erlassen werden sollten, in denen einstweilige Verfügungen nicht ergehen würden, wenn kein Arbeitskampf im Spiel wäre."
"

Es muss unglaublich erscheinen, dass der kultivierte und talentierte Mann, der jetzt auf der Progressive-Plattform steht und um die Stimmen des Volkes wirbt, der Präsident der Vereinigten Staaten war, der am 31. Januar 1908 in einer formellen Botschaft an den Kongress das Thema der einstweiligen Verfügungen im Arbeitsrecht ansprach Streitigkeiten folgende Formulierung verwendete: „Auch wenn es möglich wäre, würde ich es für äußerst unklug halten, die Anwendung des Verfahrens der einstweiligen Verfügung abzuschaffen. Es ist notwendig, damit die Gerichte ihre eigene Würde wahren können und damit sie dies auch tun können." auf wirksame Weise Unordnung und Gewalt kontrollieren. Der Richter, der vorsichtig und konservativ damit umgeht, ihn aber, wenn es nötig ist, auch furchtlos anwendet, erweist unserem Volk den größten Dienst, und seine überragende Nützlichkeit als Beamter sollte es sein herzlich anerkannt."

Während des Wahlkampfs von 1908 verurteilte Präsident Roosevelt Herrn Bryan und Herrn Gompers aufs Schärfste wegen des oben zitierten Plans, den er nun übernommen hat. Anschließend schrieb er einen langen Brief an Senator Knox, in dem er die Gefahr und Unehrlichkeit dieser Planke aufdeckte. Man müsste den gesamten Brief lesen, um die Empörung und das Entsetzen Präsident Roosevelts darüber zu verstehen, dass Bryan und Gompers einen solchen Vorschlag befürworten. Ich werde nur einige Sätze als Beispiele für das Ganze zitieren. Präsident Roosevelt schrieb dann wie folgt: „Dies ist die Planke, die das ‚Abhilfemittel' gegen einstweilige Verfügungen verspricht, die Herr Gompers von Herrn Bryans Partei verlangt hat. Tatsächlich bedeutet es absolut nichts; keine Gesetzesänderung könnte darauf basieren.‘‘; kein Mensch ohne Insiderwissen könnte vorhersagen, was es bedeuten würde, denn niemand könnte vorhersagen, wie ein Richter in einem bestimmten Fall entscheiden würde, da die Planke offenbar jedem Richter die Freiheit lässt, zu entscheiden, wann er eine einstweilige Verfügung in einem Arbeitsverhältnis erlässt Fall, ob es sich um einen Fall handelt, in dem eine einstweilige Verfügung ergehen würde, wenn keine Arbeitskräfte beteiligt wären.‘‘ Später fuhr der Präsident fort: „Herr Gompers, jetzt Mr. Bryans offener und bekennender Verbündeter, hat in dem hier zitierten Brief die Bundesgerichte mit maßlosen Vorwürfen angegriffen, weil die Gerechtigkeitsgerichte dies in einer langen Reihe von Entscheidungen abgelehnt haben.‘‘ den Geschäftsmann zu ächten, weil sein Recht, ein rechtmäßiges Geschäft im Frieden des Gesetzes zu betreiben, durch das Verfahren einer einstweiligen Verfügung geschützt wurde, weil es sich mit einem Wort um eines der lebenswichtigsten und grundlegendsten Rechte der Geschäftswelt handelt – das Recht eines Geschäftsmannes, sein Geschäft weiterzuführen – wurde durch die Prozesse der Gerechtigkeitsgerichte aufrechterhalten und nicht geleugnet. Dieser umfassende Angriff von Herrn Gompers auf die Justiz erfolgte in einem offenen und offenen Versuch, Stimmen zu gewinnen für Mr. Bryan.‘‘ Herr Roosevelt schloss den Brief wie folgt: „Aber es gibt in dieser Angelegenheit noch eine andere Anklage gegen die Herren Bryan und Gompers. Ephraim ernährt sich vom Wind. Ihr vorgeschlagenes Heilmittel ist eine leere Täuschung. Sie versuchen, ihre Anhänger durch das Versprechen eines zu täuschen Gesetz, das ihrem Land nur aufgrund des bösartigen moralischen Zwecks schaden würde, der durch die Aufnahme in die Gesetzesbücher zum Ausdruck gebracht würde, das aber zur Erreichung seines erklärten Zwecks völlig wertlos wäre. Ich habe nicht den geringsten Zweifel, dass ein solches Gesetz wie dieses vorgeschlagen wurde von Herrn Bryan würde, wenn er vom Kongress verabschiedet würde, von einem einstimmigen Obersten Gerichtshof für verfassungswidrig erklärt werden, es sei denn, Herr Bryan wäre tatsächlich in der Lage, dieses Gericht mit Männern zu füllen, die zu dem besonderen Zweck ernannt wurden, ein solches Gesetz für verfassungsgemäß zu erklären.‘‘

Ebenso revolutionär ist der Vorwurf der Progressive gegen die Macht der Gerichte, Missachtung zu bestrafen. Es spricht sich dafür aus, den Gerichten die Befugnis zu entziehen, Missachtung zu bestrafen, außer nach einem Schwurgerichtsverfahren.

Der Kreuzzug, um den Gerichten die Befugnis zu entziehen, Missachtung zu bestrafen, begann zur Zeit des Chicagoer Streiks von 1894, als Eugene Debs und seine Mitverschwörer des offenen, anhaltenden und trotzigen Ungehorsams gegenüber einer einstweiligen Verfügung der Vereinigten Staaten für schuldig befunden wurden Staatsgericht, das ihnen ordnungsgemäß zugestellt worden war. Die meisten von Ihnen werden sich daran erinnern, dass die Debs-Partei, wenn die Gerichte damals nicht die Macht gehabt hätten, Missachtung ohne vorherige Verurteilung durch ein Geschworenengericht zu bestrafen – und stellen Sie sich die Chance eines unparteiischen Geschworenenprozesses während der Dauer eines großen Aufstands vor – Die Stadt Chicago und der durch sie verlaufende große Eisenbahnhandel wären völlig ihrer Gnade ausgeliefert gewesen. Alle, die die Fakten kennen und die Gefahr erkennen wollen, die von der damaligen Lage ausgeht, sollten Herrn Clevelands Bericht über den Streik in seinem 1904 veröffentlichten Buch „Presidential Problems" und die Stellungnahme des Obersten Gerichtshofs des Jahres lesen Die Vereinigten Staaten halten einstimmig an der Bestrafung von Debs und seinen Mitarbeitern wegen Missachtung fest.

Die Befugnis der Gerichte, Missachtung zu bestrafen, wurde seit der frühesten Geschichte der Rechtsprechung und bis in die Annalen unseres Rechts „als notwendiger Vorfall und Attribut eines Gerichts angesehen, ohne das es nicht mehr existieren könnte." ohne Richter" und „ein Gericht ohne die Macht, sich wirksam gegen die Angriffe der Gesetzlosen zu schützen oder seine Anordnungen, Urteile oder Beschlüsse gegen die widerstrebenden Parteien vor ihm durchzusetzen, wäre eine Schande für die gesetzgebende Körperschaft und ein Stigma." über das Zeitalter, das es erfunden hat. Der Oberste Gerichtshof der Vereinigten Staaten erklärte im Debs-Fall: „Dies ist keine technische Regel. Damit ein Gericht den Gehorsam gegenüber seinen Anordnungen erzwingen kann, muss es das Recht haben, nachzufragen, ob ein Verstoß gegen diese Anordnungen vorliegt. Die Frage einzureichen." Ungehorsam gegenüber einem anderen Gericht, sei es eine Jury oder ein anderes Gericht, würde dazu führen, dass das Verfahren die Hälfte seiner Effizienz verliert. [63]

Der Köder, den Herr Roosevelt jetzt den Gesetzlosen und Irregeleiteten unter den Arbeitern Amerikas anbietet, ist die Abschaffung des einzig wirksamen Mittels zur Verhinderung von Gewalt und der Zerstörung von Eigentum in Arbeitskonflikten, erstens indem den Gerichten die Entscheidungsbefugnis entzogen wird einstweilige Verfügungen und zweitens durch die Entmachtung der Macht, den Gehorsam gegenüber ihren Befehlen und Urteilen durchzusetzen. Wenn solche revolutionären und anarchistischen Maßnahmen jetzt natürlich im organischen Gesetz dieses Staates verankert wären, wie von der Progressiven Staatsplattform vorgeschlagen, wäre die Gemeinschaft völlig der Gnade der Gewalttätigen und Gesetzlosen ausgeliefert. Ist es nicht beklagenswert und demütigend zu sehen, wie ein ehemaliger Präsident der Vereinigten Staaten und ein ehemaliges Mitglied seines Kabinetts und ehemaliger Botschafter auf diese Weise den Mob-Geist um Stimmen bitten?

Abschließend möchte ich hinzufügen, dass das amerikanische Volk weiß, wo Präsident Taft und Vizepräsident Sherman in jeder wichtigen Frage vor dem Volk stehen. Sie wurden ausprobiert und nicht als mangelhaft befunden. Man kann diesen Kandidaten vertrauen und sich darauf verlassen, dass sie alle Versprechen des Programms ihrer Partei einhalten. Wenn jetzt irgendjemand sagen kann, wo Gouverneur Wilson steht, außer als Freihändler, Radikaler und Opportunist, dann ist er viel anspruchsvoller als die meisten von uns. Der Ruhm unserer Partei besteht darin, dass sie und ihre Kandidaten 56 Jahre lang, im Sieg wie in der Niederlage, konsequent und kompromisslos für die Prinzipien der menschlichen Freiheit und des menschlichen Fortschritts eingetreten sind. Sie ist immer noch die Partei des Prinzips und des Fortschritts, ebenso wie die Partei des Schutzes der amerikanischen Arbeit und Industrie. Präsident Taft hätte Anspruch auf die Dankbarkeit der gesamten Nation, unabhängig von der Partei, wenn der einzige Verdienst seiner Regierung darin bestanden hätte, in gutem Glauben versucht zu haben, den Zoll aus der Parteipolitik zu entfernen und ein System zur Festlegung des erforderlichen Schutzumfangs einzuführen von Experten und unparteiischen Gremien festzulegen und in allen Abteilungen geschäftsmäßige Methoden der Wirtschaftlichkeit und Effizienz zu etablieren. Auch der künftige Historiker wird große Ehre anerkennen, wenn er erzählt, dass er in einer Zeit des politischen Aufruhrs, der sozialen Unruhe und Unzufriedenheit, der Ungeduld gegenüber dem Gesetz und der Hingabe an revolutionäre Instinkte standhaft als Präsident der Vereinigten Staaten stand. Er setzt sich kompromisslos und standhaft für die Rechte ein und setzt sein ganzes Vertrauen und seine Zuversicht auf die nüchterne Überlegung und den tiefen Patriotismus des amerikanischen Volkes, auf seine Verbundenheit mit Recht und geordnetem Fortschritt und auf seine Entschlossenheit, dass das amerikanische System der verfassungsmäßigen repräsentativen Regierung „..." nicht von der Erde verschwinden."

FUSSNOTEN:

[62] Ansprache als vorübergehender Vorsitzender des New York Republican State Convention in Saratoga Springs, 25. September 1912.

[63] 158 United States Reports, S. 594-595.

NOMINIERUNGSKONVENTIONEN [64]

Das DIREKTE Primärgesetz von 1911 [65] schaffte alle politischen Konventionen außer dem Staatskonvent ab, aber das Direkte Primärgesetz von 1913 [66] ging noch weiter und schaffte den Staatskonvent ab, indem es den Artikel über Konventionen und sogar die Definition einer Konvention strich der Gesetzestext. Obwohl das neue Gesetz in Abschnitt 45 eine Bestimmung enthält, soll nichts darin eine Partei daran hindern, einen Parteitag abzuhalten, der auf diese Weise und mit solchen Befugnissen in Bezug auf die Formulierung von Parteiprogrammen und -richtlinien und die Abwicklung von Geschäften im Zusammenhang mit der Partei zu konstituieren ist Angelegenheiten, wie sie in den Regeln und Vorschriften der Partei vorgesehen sind, nicht im Widerspruch zum Wahlgesetz stehen, war es eindeutig die Absicht seiner Verfasser, dass sich solche Parteitage nicht mit dem wichtigsten Thema befassen sollten, mit dem sich die Parteien bisher befasst hatten, nämlich dem Nominierung von Kandidaten für öffentliche Ämter. Tatsächlich sieht Abschnitt 46 in der 1913 geänderten Fassung ausdrücklich vor, dass die Benennung von Kandidaten für Parteinominierungen „nur auf Antrag" in der im Wahlgesetz vorgesehenen Weise erfolgen darf.

Das Privileg, gewählte Staatsbeamte mittels Delegiertenversammlungen zu ernennen, das so durch das Wahlgesetz des Staates New York verweigert wird, sollte meines Erachtens im Wesentlichen als verfassungsmäßiges Recht anerkannt werden, das der Gesetzgeber nicht kürzen darf. Das Recht, sich zum Zweck der Nominierung von Kandidaten friedlich zu versammeln, ist sicherlich ein politisches Recht von dauerhafter Bedeutung und lebenswichtiger Bedeutung für alle Bürger. Es sollte durch Verfassungsbestimmungen garantiert werden und darf nicht der Kürzung oder Ablehnung durch den Gesetzgeber überlassen werden. Die vorliegende Landesverfassung regelt die Qualifikation der Wähler, die Registrierung der wahlberechtigten Bürger sowie die Bildung von Registrierungs- und Wahlausschüssen. Aber es enthält keine einzige Bestimmung in Bezug auf Nominierungen für Ämter, nicht einmal für das Amt des Gouverneurs, obwohl Nominierungen für Staatsämter für das Gemeinwesen von weitaus größerer Bedeutung sind als viele der Angelegenheiten, die jetzt durch Verfassungsbestimmungen geregelt oder in der Verfassung aufgeführt sind Bill of Rights. Ich möchte Sie dazu auffordern, den Wert der Nominierung von Konventionen als verfassungsmäßiges Recht sorgfältig zu prüfen.

Die ständig wachsenden Funktionen des modernen Staates haben die Exekutive und die Verwaltung zu den wichtigsten und mächtigsten

Regierungszweigen gemacht, und die zunehmende Komplexität des Regierungsapparats hat es absolut erforderlich gemacht, kompetente und geschulte Beamte auszuwählen. Die Regierung ist zu einem äußerst schwierigen und wissenschaftlichen Geschäft geworden, und in Führungs- und Verwaltungsämtern sind immer mehr besondere Fähigkeiten, Schulungen und Fachkenntnisse erforderlich. Der Prüfstein für eine gute Regierung ist mehr denn je ihre Fähigkeit, eine gute Verwaltung zu leisten . Um eine effiziente und verschwenderische Verwaltung zu vermeiden, muss bei der Auswahl der Kandidaten größte Sorgfalt walten. Wie Gouverneur Throop vor fast einem Jahrhundert sagte: „Es gibt vielleicht keinen Teil der Pflichten der Staatsbürgerschaft, der mehr gesundes Urteilsvermögen, Ehrlichkeit und Zielstrebigkeit erfordert als diejenigen im Zusammenhang mit der Ernennung und Wahl von Führungs- und Verwaltungsbeamten." Tatsächlich hängt das Endergebnis einer guten Regierung viel mehr von der Fähigkeit und dem Charakter der Männer ab, die sie verwalten, als von Gesetzen oder Institutionen. Die Maxime, die so viele ständig im Munde haben, dass eine Regierung, die auf Gesetzen und nicht auf Menschen beruht, das beherrschende Desiderat sei, kann äußerst irreführend sein, denn das beste Rechtssystem in den Händen inkompetenter, ineffizienter und unehrlicher Verwalter wird weitaus Schlimmeres bewirken bessere Ergebnisse als ein minderwertiges System in den Händen kompetenter, effizienter und ehrlicher Beamter. Die schwierigste Aufgabe und höchste Pflicht, die unsere Wählerschaft jemals zu erfüllen hat, ist daher die Auswahl der Kandidaten für die Wahl eines Staatsamtes. Um diese Pflicht zu erfüllen, ist es unerlässlich, dass angemessene und zuverlässige Informationsmittel, umfassende Gelegenheit für Konferenzen, Meinungsaustausch, Debatte und Kritik über die Fähigkeiten und den Charakter der Kandidaten sowie wirksame Methoden der Zusammenarbeit und Organisation vorhanden sind Betreuung qualifizierter Kandidaten.

Die Wahl eines Gouverneurs für den großen Staat New York, der mehr als 10.250.000 Einwohner hat und einen größeren politischen Wahlkreis umfasst als jeder andere in diesem Land, ist sicherlich eine Angelegenheit von lebenswichtiger und tiefgreifender Bedeutung für die gesamte Politik, für jeden Bürger. an jede Gemeinschaft, an jede Partei, an jede Klasse, an jedes Interesse. Wenn jetzt die Kurzwahl angenommen wird, hängt die erfolgreiche Verwaltung der gesamten Landesregierung praktisch von der Auswahl qualifizierter Gouverneurskandidaten ab. Alle Hoffnung auf eine Regierungsreform, Effizienz und Wirtschaftlichkeit wird dann zwangsläufig von der Staatskunst und dem Charakter eines einzelnen Mannes abhängen, der über die volle Exekutiv- und Verwaltungsgewalt über eine Bevölkerung und ein Territorium verfügt, die größer sind als einige der Nationen der Welt.

Eine kluge und sichere Entscheidung wird unendlich wichtiger und schwieriger sein als in der Vergangenheit. Wenn sich tatsächlich die Ansichten einiger Befürworter der Kurzwahl durchsetzen, müssen wir dem Gouverneur diese gesamte Macht für eine Amtszeit von vier Jahren übertragen, ohne jegliche Einschränkung außer seinem Verantwortungsgefühl gegenüber dem Volk und ohne wirksame Maßnahmen Überprüfen Sie seinen Willen oder seine Laune. Wir sollten ihm absolut vertrauen müssen. Wir sollten in Wahrheit genau die Definition von Wahldespotismus und Tyrannei haben – wohltätig, wenn wir so glücklich und gesegnet sind, einen außergewöhnlich fähigen und hochgesinnten Staatsmann als Gouverneur zu gewinnen, verderblich, wenn ein inkompetenter, ungeschulter oder intriganter Politiker oder Der Demagoge sollte gewählt werden. Der Gouverneur stünde dann unmittelbar in seiner Macht, durch den Einsatz einer enormen und ständig wachsenden Schirmherrschaft, die jeden Wahlbezirk im Staat direkt oder indirekt erreicht und berührt, zum absoluten Staatschef zu werden . Er wäre in der Lage, Parteigrenzen zu durchbrechen, die Interessen jeder Gruppe oder Fraktion zu fördern, Gegner zu bestrafen, jeder Klasse gerecht zu werden, die Rechte von Minderheiten zu opfern, die Politik seiner Partei durch seinen Willen oder seine Laune zu ersetzen, Verschwendung und Extravaganz zulassen und vorschreiben, wer sein Nachfolger sein soll. Ein kompetenter Kandidat für das Amt des Gouverneurs, der so bekannt und bewährt wäre, dass man sich darauf verlassen kann, dieser Versuchung zu widerstehen, wäre in der Tat ein Phänomen. Wenn die Geschichte uns lehrt, dass es in der menschlichen Natur etwas Sicheres gibt, wenn Erfahrung, die weitaus wertvoller ist als bloßes Denken oder Theoretisieren, immer wieder praktische und ewige Wahrheiten in der Politik gezeigt hat, dann ist es so, dass uneingeschränkte Macht unweigerlich früher führt oder später zu Missbrauch und Tyrannei, und dass keinem Beamten, sei es Kaiser, König, Präsident oder Gouverneur, mit Sicherheit eine solche Macht anvertraut werden kann.

Wir sollten bedenken, dass die extremen Befürworter der kurzen Abstimmung durch die Abschaffung aller Anforderungen an die Genehmigung und Zustimmung des Senats in Bezug auf die Ernennung von Leitern der großen Staatsministerien den Gouverneur an die oberste Stelle und von der Legislative unabhängig machen würden. noch unabhängiger und mächtiger als der Präsident gemäß der Verfassung der Vereinigten Staaten. Ich hoffe aufrichtig, dass der Konvent diesen schwerwiegenden Fehler nicht begeht. Die Zahl der gewählten Staatsbeamten sollte nicht auf weniger als vier reduziert werden, nämlich Gouverneur, Vizegouverneur, Rechnungsprüfer und Generalstaatsanwalt. Der Rechnungsprüfer sollte zu einem Rechnungsprüfungsbeamten ernannt werden, der als solcher die verschiedenen Abteilungen des Staates beaufsichtigt und unabhängig von der

Ernennungsbehörde ist. Der Generalstaatsanwalt sollte zum Leiter eines Justizministeriums und zum verantwortlichen Rechtsberater des Gouverneurs und jedes Staatsbeamten ernannt werden. Und die Leiter aller großen Abteilungen sollten vom Gouverneur mit Zustimmung und Zustimmung des Senats ernannt werden. Keinem Gouverneur sollte die uneingeschränkte Befugnis übertragen werden, die Leiter aller Abteilungen zu ernennen oder zu entlassen. Das Erfordernis der Zustimmung des Senats ist eine notwendige und heilsame Einschränkung für alle Gouverneure, ob gut oder schlecht. Es ist besser und sicherer, dass Gouverneure gezwungen werden, sich einigen Beschränkungen zu unterwerfen, als dass die absolute Macht selbst den besten, fähigsten und reinsten Männern übertragen wird. Das Prinzip einer kurzen Abstimmung ist die Verringerung der Wahlämter, aber nicht unbedingt die Übertragung absoluter und uneingeschränkter Macht in die Hände eines Mannes.

Es ist völlig richtig, dass eine Landesverfassung nur dauerhafte und grundlegende Bestimmungen behandeln und nicht versuchen sollte, Detailfragen zu regeln, die durch die einfache Gesetzgebung angemessen geregelt werden können und die in ihrer Art und Funktionsweise leicht änderbar sind. Ich stimme hierin, wie auch in anderen Punkten, voll und ganz mit dem Staatsprogramm überein, das die Republikanische Partei letztes Jahr angenommen hat und auf dem die republikanischen Delegierten des Verfassungskonvents gewählt wurden. Untergeordnete und nicht wesentliche Angelegenheiten der bloßen Regelung und Einzelheiten sollten nicht in Verfassungen verankert werden. Aber ich wage zu behaupten, dass es in vernünftiger und vernünftiger Politik keine wichtigere, dauerhaftere oder grundlegendere Verfassungsbestimmung geben kann als eine, die sich auf die Art und Weise der Auswahl der höchsten Staatsbeamten bezieht, denen alle Exekutiv- und Verwaltungsbefugnisse unserer Landesregierung übertragen werden sollen bekleidet sein. Es handelt sich hierbei um ein Thema, das unbedingt in einer Verfassung geregelt werden sollte. Wenn diese Konvention das Problem der Einrichtung eines soliden Nominierungssystems für gewählte Staatsämter zumindest in ihren Grundzügen und Grundzügen nicht lösen kann, kann von keinem Gesetzgeber erwartet werden, dass er dies tut. Auf jeden Fall sollte in der neuen Verfassung nachdrücklich erklärt werden, dass das Recht, sich friedlich zu einer politischen Versammlung zusammenzusetzen, die aus ordnungsgemäß gewählten Delegierten oder Vertretern besteht, um Kandidaten für öffentliche Ämter auf staatlicher oder lokaler Ebene zu nominieren, nicht gekürzt werden sollte, da es gekürzt wird durch das vorliegende Wahlgesetz.

Ich wage außerdem zu behaupten, dass die Frage der Nominierung von Kandidaten durch Delegiertenversammlungen im Wesentlichen die

Aufrechterhaltung der Grundprinzipien der repräsentativen Regierung und der republikanischen Regierungsform beinhaltet, die die Gründerväter einführen und jedem Staat der Union garantieren wollten.

Der einzige große Beitrag, den die englischsprachige Rasse zur Wissenschaft der Politik geleistet hat, war das Repräsentationsprinzip. Es wurde wahrhaftig erklärt, dass jede dauerhafte Freiheit, die dem Einzelnen gesichert wurde, jede dauerhafte Reform zur Stabilität der Regierung und dauerhafte Wirksamkeit in der Verwaltung, jeder dauerhafte Fortschritt in der Politik in den letzten zwei Jahrhunderten durch und durch das repräsentative System erfolgt ist. Die Unterordnung der Amtsträger unter das Gesetz und ihre gesetzliche Haftung für jede rechtswidrige Handlung entsprangen dem Repräsentativprinzip. Die Unabhängigkeit der Justiz, dieses großen Bollwerks der Freiheit und der Rechte des Einzelnen, folgte dem Wachstum und Erfolg des repräsentativen Prinzips. Der belebende Geist oder das Wesen des repräsentativen Prinzips besteht darin, dass alle Fragen der praktischen Regierung durch vom Volk gewählte Delegierte oder Vertreter entschieden werden, von denen man annimmt, dass sie intelligenter handeln und die wahren Interessen ihres Landes besser erkennen können als eine Vielzahl verstreuter Wähler über ein ausgedehntes Gebiet. Die Regierung nach dem repräsentativen Prinzip umfasst nicht nur die Gesetzgebung durch die gewählten Volksvertreter, sondern auch die praktische Führung der Exekutive und ihrer Verwaltungszweige durch Beamte, die von Volksvertretern ausgewählt oder ernannt werden. Trotz aller Angriffe auf unsere politischen Institutionen und aller Fehler und Missstände in der Verwaltungstätigkeit bestätigt der gesunde Menschenverstand aufmerksamer Bürger immer noch das Urteil der Gründer unserer Regierung, dass der einzig sichere Weg darin besteht, dem repräsentativen Prinzip zu folgen. Das gilt heute noch genauso wie damals, als der „Föderalist" geschrieben wurde. Die direkte Ernennung von leitenden oder juristischen Beamten verstößt gegen diesen Grundsatz.

Wenn die Funktion der Gesetzgebung auf lange Sicht am zufriedenstellendsten von einem repräsentativen Gremium erfüllt wird, das sich aus Männern aus allen Orten und Teilen eines Staates zusammensetzt, und wenn es unsicher wäre, die Gesetzgebungsbefugnis der Exekutive zu übertragen, ist dies nicht der Fall Sind Sie der Ansicht, dass die ebenso wichtige Funktion der Auswahl von Kandidaten für Exekutiv- und Justizämter sowie der Formulierung von Parteirichtlinien und -programmen besser von einem repräsentativen Gremium, wie z. B. Delegiertenversammlungen, wahrgenommen werden kann, als wenn man sie der Masse der Wähler überlässt? Wenn aus einem repräsentativen Gremium wahrscheinlich intelligentere Gesetze und klügeres Handeln resultieren als aus der Verwirrung einer Vielzahl von Wählern, ist es dann nicht auch offensichtlich, dass ausgewählte Vertreter eine intelligentere und differenziertere Auswahl von Exekutivbeamten treffen werden, wie bei Nominierungskonventionen? , als vom Volk im Allgemeinen?

Es sollte bedacht werden, dass sich unser republikanisches Regierungssystem von anderen repräsentativen Regierungen durch die praktische und wirksame Gewaltenteilung unterscheidet. In England und Frankreich ernennen und kontrollieren die Gesetzgeber, d . Dort sind Legislative und Exekutive praktisch in einem Gremium vereint. In unserem System wählen oder ernennen die Gesetzgeber keine leitenden Beamten. Daher ist es meiner festen Überzeugung nach unerlässlich, dass die leitenden Beamten von ordnungsgemäß qualifizierten Vertretern ernannt werden, wenn das repräsentative Prinzip gewahrt bleiben soll.

Die Ernennung von Führungskräften durch direkte Vorwahlen wird unweigerlich den wahren Geist des repräsentativen Systems untergraben, und die Geheimhaltung der Abstimmung in den Nominierungsvorwahlen wird letztendlich jegliches Verantwortungsbewusstsein zerstören. Der eingetragene Wähler, der seinen Stimmzettel im Geheimen abgibt, fühlt sich gegenüber seinen Nachbarn und Mitbürgern häufig nicht verantwortlich oder rechenschaftspflichtig und erkennt häufig nicht, dass seine Stimme ein heiliges Vertrauen ist, das zum Wohle der Gemeinschaft ausgeübt werden muss. Die Geheimhaltung der Vorwahl richtet somit einen großen moralischen Schaden an, indem sie das Gefühl der politischen Verantwortung und Rechenschaftspflicht zerstört. Eine öffentliche Erklärung im Zusammenhang mit Nominierungen für ein Amt, die auch eine Empfehlung an andere Wähler hinsichtlich ihrer Eignung und Eignung für das jeweilige Amt einschließt, stellt eine weitaus wirksamere Eindämmung von Korruption und Perversion der Volksabstimmung dar als jedes System der Geheimhaltung, das keine Möglichkeit offen lässt jemand, der öffentlich für ungeeignete und unzulässige Nominierungen verantwortlich ist. Meines Erachtens fördert das Primärsystem tendenziell die Nominierung von Selbstwerbern, Demagogen und Drahtziehern durch verantwortungslose Minderheiten, Gruppen, Fraktionen, Kabalen oder Geheimbünde, die im Allgemeinen aus Personen bestehen, die im Dunkeln agieren und von Führern dominiert oder kontrolliert werden die nicht zur Rechenschaft gezogen werden können, so sehr sie auch die politische Macht, die sie ausüben, missbrauchen oder prostituieren.

Die Nominierung von Kandidaten für öffentliche Ämter auf nationaler, staatlicher oder lokaler Ebene durch Parteitage, Versammlungen oder Konferenzen wurde eingeführt und existierte lange Zeit ohne gesetzliche Regelung. Diese Praxis entstand ganz normal und aus der Notwendigkeit heraus, sobald das Bevölkerungswachstum es für die Wähler unmöglich machte, sich zu Massen- oder Stadtversammlungen zu versammeln. Die Wählerschaft, die nicht die nötige Zeit aufwenden konnte, um sich über die Qualifikationen der Kandidaten zu informieren oder politischen Debatten beizuwohnen, und die kaum oder gar nichts über die Kompetenz und den Charakter der Kandidaten wissen konnte, erkannte natürlich, dass dies der beste und sicherste Weg wäre besteht darin, Delegierte oder Repräsentanten aus jedem Viertel zu wählen, die beim Treffen mit Delegierten oder Repräsentanten aus anderen Distrikten Meinungen austauschen, kritisieren, diskutieren und sich auf Richtlinien und Nominierungen einigen könnten und so intelligenter, kluger und weiser handeln könnten, als es sonst möglich wäre.

Das Anwachsen der Wahlkreise, die Vervielfachung der Wahlämter und die Vernachlässigung ihrer politischen Pflichten durch die Mehrheit der Wähler führten zu zahlreichen Missbräuchen bei der Verwaltung von Nominierungsversammlungen, und es wurden Gesetze erforderlich, um Betrug im Zusammenhang mit der Durchführung von Vorwahlen zu verhindern und Konventionen. Bei der Förderung dieser Gesetzgebung wurde argumentiert, dass, wenn den Bürgern das Recht zugesichert würde, in die Partei aufgenommen zu werden, der sie angehören wollten, bei Vorwahlen zu wählen und ihre Wahl für Delegierte bei Parteitagen frei zu treffen, sie dazu angeregt würden, sich dafür zu entscheiden an den Vorwahlen teilnehmen, und dass dies dazu führen würde, dass Parteinominierungen für Ämter nicht von denjenigen kontrolliert werden, die Politik zu ihrem Geschäft machen oder unangemessene oder korrupte Methoden anwenden. Daher die primären Reformmaßnahmen, die in den neunziger Jahren in unserem Staat gesetzlich eingeführt wurden.

Diese Maßnahmen erwiesen sich jedoch für viele ihrer Förderer als traurige Enttäuschung. Dies lag nicht daran, dass die Statuten an sich fehlerhaft oder unzureichend waren, sondern daran, dass es sich als unmöglich erwies, durch bloße Gesetzeserlasse eine Mehrheit der Wähler dazu zu bewegen, sich ihren Parteien anzuschließen oder sich aktiv an der Politik zu beteiligen oder sich dafür zu interessieren. Obwohl nach diesen Primärgesetzen die Nominierungskonventionen jederzeit leicht von der gesamten Wählerschaft hätten kontrolliert werden können, wäre große Unzufriedenheit entstanden oder wurde geschürt oder hergestellt und eine Nachfrage geschaffen, wenn sich die Wähler nur die Mühe gemacht hätten, sich für die Vorwahlen einzuschreiben und abzustimmen für die völlige Abschaffung des Konvents und die Einführung des Experiments eines direkten Vorwahlsystems, in der Vorstellung, dass dies ein größeres politisches Interesse wecken, es den registrierten Wählern ermöglichen würde, ihre eigenen Kandidaten zu kontrollieren und zu wählen, Nominierungen näher an das Volk zu bringen und die Macht der Politiker und Bosse beschneiden und letztendlich zerstören. Das neue Experiment basierte auf der Annahme, dass registrierte Wähler, wenn sie direkt für Kandidaten statt für Vertreter bei Nominierungskonventen stimmen könnten, dadurch dazu veranlasst würden, sich aktiver für die Politik zu interessieren und die Kontrolle oder Dominanz von Chefs und Berufspolitikern zu stürzen und eine bessere Auswahl zu treffen als je zuvor. Mit einem Wort: Man ging entgegen aller gegenteiligen Erfahrungen davon aus, dass die Wähler, wenn sie die direkte Macht hätten, ihre politischen Pflichten erfüllen würden, dass sich besser qualifizierte, kompetentere und unabhängigere Kandidaten anbieten würden oder irgendwie gebracht würden dass die Nominierungen dann den Willen oder die Wahl der Mehrheit in jeder Partei widerspiegeln und nicht den Willen von Minderheiten oder die Wahl der Chefs. Es blieb offen, wie die Mehrheit die Qualifikationen bestimmter Kandidaten ermitteln oder zusammenarbeiten sollte, um die Nominierung der am besten qualifizierten Kandidaten sicherzustellen. In Anlehnung an die absurden und explodierten Lehren von Rousseau schien man zu glauben, dass das Volk immer die besten Männer für öffentliche Ämter haben wollte und diese durch einen Prozess politischer Inspiration instinktiv und instinktiv auswählen würde.

Das bisherige Ergebnis hat all diese Annahmen, Hoffnungen und Versprechungen widerlegt. Die breite Masse nimmt nicht an den Vorwahlen teil und die politische Maschinerie ist mächtiger denn je. So betrug die Stimmenzahl der Republikaner für den Gouverneur im New York County bei den direkten Vorwahlen 1914 nur 23.305, bei einer Gesamtzahl von 56.108 und einer Abstimmung im November von 85.478; Bei den Vorwahlen der Demokraten gab es nur 48.673 bei einer Gesamtzahl von 132.693 und einer Abstimmung im November von 90.666, und bei der Vorwahl der Progressiven gab es nur 6.972 bei einer Gesamtzahl von 19.705 und einer Abstimmung im November von 5.604. Anhand dieser Zahlen lässt sich leicht erkennen, dass sich eine kleine Minderheit der Wähler jeder Partei die Mühe gemacht hat, an den direkten Vorwahlen teilzunehmen, selbst im Falle der Nominierung zum Gouverneur unseres Staates, um die es einen spannenden Wettbewerb gab in jeder Partei. Eine Betrachtung der Zahlen im gesamten Staat zeigt, dass die Wähler in fast allen Bezirken weniger Interesse an direkten Vorwahlen für Nominierungen hatten, als sie es unter dem alten Konventionssystem gewohnt waren, und dass die Kontrollmacht immer noch von der Organisation ausgeübt wird , aber jetzt handeln sie im Verborgenen und völlig unverantwortlich. Beispielsweise betrug die republikanische Vorwahl für den Gouverneur im Bronx County 5.276 gegenüber einer republikanischen Stimme von 29.865 im November, und in Richmond County betrug die republikanische Vorwahl für den Gouverneur 984 gegenüber einer republikanischen Stimme von 5.477 im November. Es ist wahrscheinlich richtig anzunehmen, dass sich nicht mehr die Hälfte der republikanischen oder demokratischen Wähler jetzt einschreiben und dass sich im Durchschnitt weniger als die Hälfte der eingeschriebenen Wähler die Mühe machen, zu den Vorwahlen zu gehen, selbst wenn es eine gibt ernsthafter Wettbewerb, wie es letztes Jahr für den Gouverneur der Fall war. Damals gab es drei vorgeschlagene republikanische Kandidaten, Whitman, Hedges und Hinman, und das Ergebnis war, dass weniger als ein Sechstel der republikanischen Stimmen im November möglicherweise ausgereicht hätten, um die Vorwahlen zu gewinnen, da die Gesamtzahl der republikanischen Stimmen für den Gouverneur bei 686.701 Gegenstimmen lag eine Gesamtzahl der Primärstimmen von 226.037 für die drei Kandidaten. Im Rahmen der gegenwärtigen direkten Vorwahlen können die Wähler eines kleinen Teils des Staates einen Kandidaten per Petition nominieren; Es können beliebig viele Namen auf den offiziellen Vorwahlzettel gesetzt werden, und ein Kandidat kann durch eine sehr kleine, auf einen einzigen Ort beschränkte Minderheitsstimme nominiert werden. Tatsächlich können zwanzig oder mehr Namen per Petition auf dem offiziellen Vorwahlzettel einer Partei als Kandidaten für ein Wahlamt aufgestellt werden, und der Name der Person, die die meisten Stimmen erhält, ist der Name des Kandidaten einer großen Partei. zu dessen Unterstützung sich die Partei verpflichtet und für deren Verhalten im Amt die Partei verantwortlich ist, obwohl der erfolgreiche Kandidat Neunzehnzwanzigstel der Wähler bei dieser bestimmten Vorwahl möglicherweise völlig unbekannt ist. Im gegenwärtigen Vorwahlsystem konnte angesichts der geringen Zahl derjenigen, die an Vorwahlen teilnahmen, ein unbedeutender Prozentsatz der Wähler bei einer Vorwahl einen Kandidaten nominieren, über dessen Qualifikationen und persönlichen Charakter die Mehrheit der Partei überhaupt nichts wusste, oder einen Kandidaten, den die Mehrheit der Partei überhaupt nicht kannte Eine überwältigende Mehrheit würde dies völlig ablehnen. Sulzer hätte beinahe die direkte Vorwahl der Fortschrittspartei gewonnen. Dies zeigt, wie leicht das direkte Primärsystem zu Fraktionen und Verantwortungslosigkeit führt und wie ungeeignet es ist, den Ausdruck des intelligenten und informierten Willens der Mehrheit einer Partei sicherzustellen. Darüber hinaus gibt es keine Möglichkeit festzustellen, für wen Petitionen verteilt werden; Auch nach Ablauf der Petitionsfrist ist keine Veröffentlichung erforderlich, und die große Mehrheit der registrierten Wähler hat im Allgemeinen keine Ahnung von den Kandidaten für das Amt auf dem offiziellen Vorwahlzettel, bis sie die offiziellen Stimmzettel in ihren Wahllokalen öffnen. Die Presse ist entweder desinteressiert oder parteiisch und diskutiert nicht ausreichend über die Qualifikationen und den Charakter der Kandidaten.

Ich behaupte, dass es absurd ist zu behaupten, dass eine solche Methode der Ernennung von Staatsbeamten für die Verwaltung der Regierung für eine Bevölkerung von über 10.000.000 Einwohnern eher dazu geeignet ist, kompetente und vertrauenswürdige Kandidaten zu gewinnen oder die tatsächliche Präferenz und das nüchterne und intelligente Urteil der Mehrheit zum Ausdruck zu bringen der Wähler jeder Partei, als die alte Methode der Ernennung von Staatsbeamten durch öffentliche Versammlungen, die sich aus Delegierten und Vertretern der Wähler aus jedem Parlament oder jedem Wahlbezirk des Staates zusammensetzen und die offen vorgehen und volle Gelegenheit zur Untersuchung, Diskussion und Kritik bieten.

Die Kongresse der beiden großen politischen Parteien im letzten Jahr in Saratoga, auf denen die Parteiprogramme für den bevorstehenden Verfassungskonvent verabschiedet und fünfzehn Delegierte „empfohlen" wurden, waren völlig inoffiziell und gesetzlich nicht geregelt. Was praktisch die Nominierung von Kandidaten für allgemeine Delegierten durch die Parteiversammlungen darstellte, war nicht genehmigt und diente lediglich einer bloßen Empfehlung. Sie mussten per Petition so vollständig nominiert werden, als ob die Konventionen nie zusammengetreten wären. Diese Versammlungen ernannten daher Delegierte, weil sie erkannten, und jeder denkende Mann im Staat wusste es zu schätzen, dass es absurd wäre, die Auswahl und Nominierung von insgesamt fünfzehn Delegierten der Masse der eingetragenen Wähler zu überlassen, die keine Gelegenheit zu Konferenzen und Konferenzen hätten Meinungsaustausch über die Qualifikationen und den Charakter der Kandidaten. Eine informierte, verantwortungsbewusste und repräsentative Körperschaft musste handeln, und daher handelten die Konventionen – und zwar im Widerspruch zum Gesetz. Sie verzichteten jedoch darauf, Kandidaten für das große Amt des Gouverneurs in Betracht zu ziehen, mit der Begründung, dass es gegen den Geist und die Absicht des Wahlgesetzes verstoßen würde, Maßnahmen gegen Kandidaten für dieses Amt zu ergreifen! Was für eine Inkonsistenz! Das wichtigste und lebenswichtigste Thema des Gouverneursamtes wurde der Gefahr von Petitionen überlassen, die unter den eingeschriebenen Wählern im ganzen Staat verbreitet wurden. Unter den Wählern gab es keine Organisationen irgendwelcher Art, außer den sogenannten politischen Organisationen, und keine anderen Mittel der Kommunikation und des Meinungsaustauschs oder der Debatte. Natürlich wurde zuversichtlich erwartet, dass die Organisation in jeder Partei bestimmen würde, wer die Kandidaten dieser Partei sein sollten, oder dass es zumindest in ihrer Macht stünde, zu bestimmen. Dies erwies sich als der Fall. Bei den direkten Vorwahlen wurde kein Kandidat für ein Staatsamt nominiert, es sei denn, er wurde von der regulären Organisation oder Maschinerie seiner Partei unterstützt. Und das wird meines Erachtens das praktische Ergebnis direkter Vorwahlen in neun von zehn Fällen sein, und zwar leichter, häufiger und unbefriedigender als unter dem alten Konventionssystem.

Sorgfältige Beobachter der Anwendung des Primärrechts im letzten Jahr in diesem Staat und seit mehreren Jahren in anderen Staaten sind zu der

Überzeugung gelangt, dass das Ergebnis dieser sogenannten Reform nicht nur darin bestand, die Macht der regulären Organisation oder Maschine zu erhöhen, sondern auch um es völlig unverantwortlich zu machen. Die Organisation agiert nun im Geheimen hinter verschlossenen Türen und ohne Rechenschaftspflicht gegenüber irgendjemandem außer ihrem eigenen inneren Kreis. Die Führer müssen den Arbeitern in jedem Bezirk ihre Befehle nur per Telefon zuflüstern, ohne Aufzeichnungen zu führen, und schon wird das gewünschte Ergebnis erzielt. Wenn eine ungeeignete und unangemessene Nominierung erfolgt, können die Führer jegliche Verantwortung von sich weisen und sagen, dass dies der Wille des souveränen Volkes sei. Da die Abstimmung bei der Vorwahl geheim ist, kann man niemandem einen Vorwurf machen; Es gibt kein Individuum oder keine Gruppe von Individuen, denen jemals Verantwortung übertragen werden kann. Wenn argumentiert wird, dass es tatsächlich Verantwortung gibt und dass jeder sie weiß, dann antworte ich, dass dies nur durch das Eingeständnis geschieht, dass die geheime Maschine oder der Chef tatsächlich verantwortlich ist und immer noch regiert, und zwar effektiver als je zuvor.

Viele fähige Autoren haben darauf hingewiesen, dass das Kongresssystem in der Vergangenheit für dieses Land von unschätzbarem Wert war. Mit all seinen Launen stellte es den höchsten Test einer politisch-repräsentativen Institution in einer demokratischen Gemeinschaft und die solideste und reinste Anwendung des Prinzips der Repräsentation oder der delegierten Autorität dar; es diente dazu, Parteielemente fest zusammenzubinden; es bot umfassende Gelegenheit zum Meinungsaustausch, zur Kritik und zur Debatte, zur Verbreitung von Grundsätzen und zur Versöhnung der Fraktionen; es inspirierte ein begeistertes Partyleben. Der Parteitag war, wenn er ehrlich durchgeführt wurde, ein durch und durch repräsentatives und beratendes Gremium, und er war die wahre Ursache für den Erfolg der Partei und für die Aufrechterhaltung und Aufrechterhaltung der Grundsätze und Richtlinien der Partei sowie des politischen Glaubens und der Hingabe. Mit einem Wort: Die Konvention war und ist das beste Instrument, das jemals entwickelt wurde, um eine Abstimmung der Wahl und verantwortungsvolles und intelligentes Handeln großer Wählergruppen sicherzustellen, die derselben politischen Partei angehören und an denselben politischen Glauben, dieselben Prinzipien und dieselben Richtlinien glauben.

Ich bin keineswegs blind gegenüber der Tatsache, dass es im Kongresssystem zu großen Missbräuchen gekommen ist und dass Kongresse zeitweise korrupt organisiert oder durchgeführt wurden. Aber ich kenne keine Form von Missbrauch oder Korruption, die nicht durch eine angemessene und intelligente Gesetzgebung hätte behoben werden können, oder die in New York nicht durch Maßnahmen der Wähler hätte verhindert werden können, wenn die Gesetzgebung der letzten 25 Jahre allgemeingültig gewesen wäre von der Mehrheit in jeder Partei Gebrauch gemacht wird. Die Kontrolle über alle Nominierungen lag in den Händen der Mehrheit, wenn sie sich nur die Mühe gemacht hätte, bei den Vorwahlen kompetente Vertreter zu registrieren und zu wählen. Es gibt kein praktisches Heilmittel gegen Machtmissbrauch, Betrug oder Korruption bei Nominierungen für ein Amt, sondern die Beteiligung aller Wähler an der Politik als Pflicht der Staatsbürgerschaft. Die Vorstellung, dass die direkte Vorwahl den Berufspolitiker und den Chef eliminieren würde, hat sich in jedem Staat, in dem das System ausprobiert wurde, als falsch erwiesen. Tatsächlich war das Gegenteil der Fall, und der letzte Zustand ist schlimmer als der erste; Denn, um mich noch einmal zu wiederholen: Manipulatoren, Drahtzieher und politische Bosse arbeiten jetzt im Geheimen und über Untergrundkanäle, ohne jegliche Verantwortung oder Rechenschaftspflicht, und sind dennoch in der Lage, zynisch auf die direkte Vorwahl als Ausdruck des souveränen Willens des Volkes hinzuweisen – eine Vorwahl, die von einer sehr kleinen Minderheit der Partei getragen werden kann.

Ich gehe davon aus, dass alle Mitglieder dieses Verfassungskonvents davon überzeugt sind, dass die Existenz politischer Parteien für den Erfolg einer freien Regierung und für die Dauerhaftigkeit und Stabilität der politischen Politik von wesentlicher Bedeutung ist und dass die Aufrechterhaltung der Parteiregierung für das Wohlergehen und die besten Interessen von wünschenswert ist Dieser Staat. Menschen können in der Politik ebenso wenig Ergebnisse erzielen und ihre Ziele erreichen wie in den meisten anderen menschlichen Belangen und Angelegenheiten, die konzertiertes Handeln erfordern, außer durch Organisation, Zusammenarbeit, Disziplin und Verantwortung. Der Wert des Dienstes, den die großen politischen Parteien dem amerikanischen Volk erbringen, ist unkalkulierbar, und wenn diese Parteien zerrüttet und ihre Organisation und ihr Zusammenhalt untergraben werden sollen, muss das Ergebnis unweigerlich eine äußerst schwere Schädigung des Gemeinwesens sein . Ob wir politische Parteien einerseits als Organisationen von Männern betrachten, die an denselben politischen Glauben, dieselben Prinzipien und Richtlinien glauben und sich zusammenschließen, um diese Prinzipien und Richtlinien einzuführen oder aufrechtzuerhalten, oder andererseits lediglich als Organisationen, um Ämter zu sichern und Wenn es darum geht, die Regierung zu verwalten – beide Aspekte haben patriotische Motive –, ist es für das dauerhafte Wohlergehen der Menschen in jedem freien Land wünschenswert, dass Parteien bestehen bleiben, und insbesondere, dass es zwei große verantwortliche Parteien gibt, die jeweils nach Kontrolle streben und bereit sind, diese zu übernehmen die Verantwortung der Regierung und der Ergreifung besonderer Maßnahmen. Ein Beamter, der einer großen politischen Partei angehört und dieser Partei seine Bevorzugung verdankt, unterliegt einer doppelten Verantwortung für Effizienz, Ehrlichkeit und Beständigkeit in seinem öffentlichen Amt. Er hat ein Verantwortungs- und Pflichtbewusstsein gegenüber dem Staat als Ganzem, und er hat ein Verantwortungs- und Pflichtbewusstsein gegenüber seiner Partei, und beides sind moralische Faktoren von unschätzbarem Wert für die Gewährleistung von Integrität, Effizienz und Fleiß in öffentlichen Ämtern.

In ihrem wahren Ursprung entsprang die Bewegung zur Abschaffung des Konventionssystems und zur Einführung direkter Nominierungsvorwahlen nicht der Hoffnung auf eine Reform der bestehenden politischen Parteien, sondern dem Wunsch, das amerikanische Regierungssystem durch politische Parteien zu unterwandern und zu zerstören. Der Plan wurde später von Männern aufgegriffen, die den ernsthaften Wunsch hatten, die Parteiführung zu reformieren und Missstände in der Partei zu korrigieren, die aus Gewissensgründen an einer Reform innerhalb der Parteien selbst verzweifelten und schließlich zu der Überzeugung gelangten, dass eine Verbesserung nur durch Entwurzelung und Beiseitelegung herbeigeführt werden könne die ganze Parteimaschinerie, Organisation und Disziplin, die durch die praktische Erfahrung von über einem Jahrhundert aufgebaut worden waren. Der Appell, die Regierung wieder dem Volk zurückzugeben, war ansteckend und plausibel, und er fand große Resonanz in der tief verwurzelten Abneigung gegen Parteimaschinerie, Parteidisziplin und Parteikonstanz seitens derjenigen, die der Politik und ihren politischen Pflichten gewöhnlich jede Aufmerksamkeit vernachlässigen der Staatsbürgerschaft, außer in Zeiten großer Aufregung und Unruhen in der Bevölkerung.

Obwohl ich zu denen gehöre, die an die Unabhängigkeit in der Politik und an das Recht und die Pflicht jedes Bürgers glauben, gegen seine Partei zu stimmen, wenn seiner Meinung nach das öffentliche Interesse dies erfordert, bin ich zutiefst davon überzeugt, dass eine Parteiregierung sowie Parteiorganisation und -maschinerie absolut unerlässlich sind unter unserer Regierungsform. Politische Parteien in Amerika haben der Regierungspolitik Stabilität verliehen und die einzige wirksame Eindämmung von Desintegration und individueller Willkür oder Demagogismus geschaffen. Die politischen Kräfte müssen kohärent sein; es muss eine Konzentration und Lenkung der politischen Energie der Gemeinschaften geben; Es muss eine systematische und praktische Methode zur Prüfung der Qualifikationen von Kandidaten und zur Auswahl kompetenter Beamter vorhanden sein. Es muss Stabilität, Harmonie und Zusammenarbeit in der Regierungspolitik geben. Diese können auf Dauer nur durch und durch dauerhaft organisierte und disziplinierte politische Parteien gesichert werden. Es wurde bisher keine andere Methode entdeckt, um politische Meinungen wirksam zum Ausdruck zu bringen, Stabilität in der Regierungsverwaltung und -politik zu gewährleisten und das tatsächliche und dauerhafte Urteil des Volkes herbeizuführen und seine besten Interessen zu fördern.

Als Präsident Wilson vor einigen Jahren auf Angriffe auf die Parteiregierung in den Vereinigten Staaten verwies, verwendete er die folgende auffällige Sprache, die meiner Meinung nach jetzt in Erinnerung gerufen werden sollte:

„Ich weiß, dass enthusiastische, aber nicht allzu praktische Reformer vorgeschlagen haben, die Parteien durch ein Kunststück des Regierungsumbaus abzuschaffen, begleitet und ergänzt durch eine unbedingt wünschenswerte Wiederherstellung der Tugenden, die bei gefallenen Menschen am wenigsten vorherrschen Aber es scheint mir, dass es schwieriger und weniger wünschenswert wäre, als diese liebenswürdigen Personen annehmen, eine Regierung der Vielen durch irgendein anderes Mittel als die Parteiorganisation zu leiten, und dass das große Bedürfnis darin besteht, sie nicht loszuwerden Parteien, sondern ein Mittel zu finden und zu nutzen, mit dem sie verwaltet und der öffentlichen Meinung im Alltag zugänglich gemacht werden können. „Was auch immer ihre Fehler und Missbräuche sein mögen, Parteimaschinen sind im Rahmen unserer bestehenden Wahlvereinbarungen absolut notwendig und vor allem notwendig, um die verschiedenen Parteiensegmente zusammenzuhalten … Es ist wichtig, dies im Hinterkopf zu behalten. Ansonsten, wenn wir die Parteiaktionen analysieren." , werden wir dem allzu häufigen Irrtum verfallen, zu denken , dass wir Krankheiten analysieren. Tatsächlich ist das Ganze genauso normal und natürlich wie jede andere politische Entwicklung. Die Rolle, die diese Partei in diesem Land gespielt hat, war beides notwendig und nützlich, und wenn Chefs und Geheimmanager oft unerwünschte Personen sind, die ihre Rolle eher zum eigenen Vorteil oder zur Verherrlichung als zum Wohl der Allgemeinheit spielen, sind sie zumindest die natürlichen Früchte des Baumes. Er hat gute und schlechte, süße Früchte getragen und bitter, heilsam und korrupt, aber es ist in unserer Luft und Praxis heimisch und kann nur durch einen völligen Systemwechsel ausgerottet werden." [67]

Aus diesen Gründen fordere ich den Verfassungskonvent des Staates New York nachdrücklich dazu auf, die Nominierung von Staatskonventen für gewählte Staatsämter wiederherzustellen. Ich tue dies, weil ich glaube, dass sie das beste Mittel sind, um politische Parteien aufrechtzuerhalten, ihre Prinzipien und Richtlinien zu formulieren, ihre Führung zu reinigen und zu disziplinieren, politische Begeisterung und Desinteresse zu wecken und geeignete und repräsentative Personen als Kandidaten auszuwählen und zu nominieren hohes öffentliches Amt. Ich dränge außerdem darauf, dass die Nominierten eines solchen Kongresses keiner weiteren Benennung bedürfen als der Einreichung einer Bescheinigung durch die zuständigen Kongressverantwortlichen. Kommt man jedoch zu dem Schluss, dass das direkte Vorwahlsystem für Parteinominierungen beibehalten werden sollte, dann sollte vorgesehen werden, dass der Name des Kandidaten des Parteitags auf dem offiziellen Vorwahlzettel mit der Bezeichnung „nominiert von" eingetragen werden sollte Konvention." Dies würde es den eingetragenen Wählern ermöglichen, die Maßnahmen ihres Konvents zu ratifizieren oder außer Kraft zu setzen. Ich bin jedoch davon überzeugt, dass diese Nominierungsvorwahl eine unnötige Belastung für die Wähler darstellen würde und dass es ein Fehler wäre, die Zahl der Wahlen zu erhöhen. Dann müssten wir drei Wahlen abhalten: erstens die Wahl der Delegierten für den Nominierungskonvent; zweitens die offiziellen Vorwahlen und drittens die allgemeinen Wahlen. Mir scheint, dass es allen Zwecken genügen würde, wenn angemessene Bestimmungen für unabhängige Nominierungen durch Petitionen beibehalten würden und auf Nominierungsvorwahlen verzichtet würde. Dies würde es Wählern jeder Partei ermöglichen, Kandidaten im Wahlkampf gegen die Kandidaten des Parteitags aufzustellen, wenn sie mit diesen Nominierten unzufrieden wären.

Geht man davon aus, dass wir das System der Wahl von Richtern für unsere höchsten Richterämter, also der Richter des Berufungsgerichts und der Richter des Obersten Gerichtshofs, beibehalten sollen, dann schlage ich vor, dass Kandidaten für diese sehr wichtigen Ämter durch Konventionen nominiert werden sollten und nicht durch direkte Vorwahlen. Ich halte dies bei der Ernennung zum Richteramt für noch wichtiger als bei der Ernennung zum Exekutivamt.

Die von einem Kandidaten für ein hohes Richteramt geforderten Eigenschaften sind Rechtskenntnis, Liebe zur Gerechtigkeit, hoher persönlicher Charakter, Ruhe, Unparteilichkeit und Unabhängigkeit. Bloße Popularität oder, was für Popularität so oft notwendig ist, gute Kameradschaft, ist die letzte Eigenschaft, nach der wir bei einem Richter suchen. Der Selbstsüchtige und Selbstwerber ist aufgrund seines Temperaments oder Charakters selten für ein Richteramt geeignet. Es erfordert die gründlichste Untersuchung der beruflichen Ausbildung, Karriere und des Verhaltens eines Kandidaten sowie einen sorgfältigen Meinungsaustausch, bevor ein Richterkandidat intelligent und klug ausgewählt werden kann. Aus Mangel an angemessenen Mitteln zur Informationsbeschaffung kann die Öffentlichkeit in so großen Wahlkreisen wie dem gesamten Bundesstaat New York (im Fall der Richter des Berufungsgerichts) und den verschiedenen Gerichtsbezirken (im Fall der Richter des Obersten Gerichtshofs) kann die Qualifikationen von Justizkandidaten nicht intelligent einschätzen. Es scheint mir Unsinn zu sein, zu behaupten, dass die Wähler in Parteien, die aus Hunderttausenden im ganzen Staat verstreuten Wählern bestehen, die Qualifikation von Anwälten, die als Kandidaten für ein Richteramt vorgeschlagen werden, untersuchen,

Meinungen austauschen oder intelligent handeln können – fast so absurd, als ob wir Justizkandidaten per Los aus den Namen auswählen würden, die auf der offiziellen Vorwahlliste stehen.

Die Prüfung der Eignung für ein Richteramt sollte unbestreitbar höher und technischer sein als für andere Ämter. Für diesen Test sollten besondere Fähigkeiten und Charaktere erforderlich sein, die durch sorgfältige Untersuchung, Meinungsaustausch, offene Diskussion und Leistungsvergleich durch verantwortliche Delegierte oder Vertreter, die mit dieser besonderen Aufgabe betraut sind und öffentlich handeln und persönlich für Fehler, Perversion oder Korruption verantwortlich sind, festgestellt werden . Dieser Test kann am besten durch das Konventionssystem sichergestellt werden; Praktisch kann es überhaupt nicht durch ein System geheimer direkter Vorwahlen gesichert werden.

Eine Reform bei der Auswahl von Richtern, wenn ihre Auswahl durch Wahl erfolgen soll, besteht nicht darin, die menschliche Natur durch gesetzgeberische Allheilmittel zu reformieren und Öffentlichkeit und Verantwortung zu zerstören, sondern darin, den Wählern klarzumachen, dass die Regierung ihnen gehört, dass ihnen die politische Macht gehört dass es ihre Pflicht ist, kompetente Vertreter zu Kongressen zu entsenden, dass es ihre Verantwortung ist, kompetente Männer zu wählen, und dass sie ein lebenswichtiges Interesse an einer kompetenten, unparteiischen und unabhängigen Justiz haben. Politische Kongresse werden zuverlässig und reaktionsfähig sein, wenn das Volk nur dafür sorgt, dass kompetente, ehrliche und patriotische Männer zu ihrer Vertretung gewählt werden. Es gibt keinen anderen Weg, wenn wir nicht unser gesamtes republikanisches Regierungssystem entwurzeln.

Zehn Jahre des Experimentierens mit unserem Wahlgesetz haben zu dem gegenwärtigen Durcheinander geführt, bei dem keine Wahl ohne Fehler und ohne Einleitung einer Klage durchgeführt wird und von dem sich alle außer Experten und Berufspolitiker verärgert und angewidert abwenden. Das Endergebnis war, dass unsere Wahlen komplizierter wurden und immer weniger auf die beste öffentliche Meinung reagierten und immer mehr der Kontrolle professioneller Politiker, Drahtzieher und Bosse unterworfen wurden.

Abschließend behaupte ich, obwohl ich mich wiederhole, ernsthaft, dass es keine größere Bedrohung für unsere politischen Institutionen und die Regierung des Volkes geben kann als die vorherrschende Tendenz, das repräsentative Prinzip in unseren Landesregierungen durch die Ernennung von Exekutiv- und Justizbeamten durch Direktwahl zu schwächen und zu beeinträchtigen geheime Vorwahlen statt durch öffentliche Versammlungen, die sich aus ordnungsgemäß von den eingetragenen Wählern der Parteien ausgewählten Delegierten oder Vertretern zusammensetzen und mit der Pflicht beauftragt sind, kompetente und ehrliche Kandidaten auszuwählen, und die für die Nichterfüllung dieser Pflicht direkt gegenüber der Gemeinde, die sie vertreten, rechenschaftspflichtig sind. Diese Delegierten vertreten die Bevölkerung der verschiedenen Bezirke des Staates; sie kommen öffentlich zusammen; sie tauschen und diskutieren Ansichten oder haben auf jeden Fall uneingeschränkte Gelegenheit zur Debatte und Kritik; Sie stimmen öffentlich für diesen oder jenen Kandidaten, und dann kehren sie zu ihren Nachbarn zurück, zu denen, die sie geschickt haben und für die sie gesprochen und gestimmt haben, und müssen sich der Rechenschaftspflicht und Verantwortung stellen. Ist ein solches Verfahren nicht viel wahrscheinlicher, kompetente und ehrliche Kandidaten zu gewinnen, als das gegenwärtige System, bei dem der Wähler sich in eine schwach beleuchtete Kabine schleichen und heimlich einen nicht identifizierbaren Stimmzettel ankreuzen lässt? Das Konventionssystem ist solide und sollte beibehalten werden; Sie allein wird unsere Parteien und unsere Regierungsform aufrechterhalten, und indem wir das repräsentative Prinzip außer Acht lassen, wie es notwendigerweise im direkten primären System der Nominierungen für Staats- und Justizämter geschieht, beginnen wir einen Prozess, der, wenn er nicht eingedämmt wird, enden wird in dem, was Lincoln politischen Selbstmord nannte.

FUSSNOTEN:

[64] Bemerkungen vor dem Wahlrechtsausschuss des Verfassungskonvents des Staates New York in Albany, 16. Juni 1915.

[65] Gesetze von 1911, Kap. 891.

[66] Gesetze von 1913, Kap. 820.

[67] Congressional Government, S. 97 und Constitutional Government in the United States, S. 209, 210.

KATHOLISCHE PFARRSCHULEN [68]

Die FERTIGSTELLUNG dieses Gebäudes, sein Engagement für die Bildung und die Eröffnung seiner Türen als katholische Pfarrschule sind Angelegenheiten, die in dieser Gemeinde keine gewöhnliche Bedeutung haben. Mit der vorliegenden Funktion betonen wir öffentlich den religiösen Charakter der hier zu leistenden Bildungsarbeit. Der gebührende Respekt vor der Meinung unserer Nachbarn und Mitbürger erfordert offenbar eine Stellungnahme vom Standpunkt der katholischen Laien zur Erläuterung der Gründe, die eine vergleichsweise arme Gemeinde dazu veranlasst haben, diese großen Kosten auf sich zu nehmen und eine Verpflichtung zur künftigen Unterhaltszahlung zu übernehmen was Jahr für Jahr eine sehr ernste und zunehmende Belastung darstellen wird. Es ist in der Tat ein bemerkenswertes Ereignis, dass eine Gemeinde, von der nur sehr wenige über große Mittel verfügen, ein solches Gebäude errichtet und ausgestattet hat, das über 150.000 US-Dollar gekostet hat, und sich verpflichtet hat, die Schule zu unterstützen und letztendlich die verbleibende Hypothekenschuld von 50.000 US-Dollar zu begleichen .

Leider gibt es unter unseren Mitbürgern anderer Konfessionen viele Missverständnisse und Kritik hinsichtlich der Haltung der römisch-katholischen Kirche gegenüber dem wichtigen und weitreichenden Thema der Bildung von Kindern in öffentlichen Schulen, und der katholische Standpunkt ist es auch häufig falsch dargestellt.

Erstens wird ständig behauptet, dass Katholiken das öffentliche Schulsystem Amerikas ablehnen. Im Gegenteil, die Katholiken befürworten und unterstützen die öffentlichen Schulen und stimmen bereitwillig ab und zahlen ihren Anteil an den Steuern, die für den Unterhalt dieser Schulen erforderlich sind. Sie glauben, dass der Staat kostenlose Gemeinschaftsschulen für die Bildung von Kindern bereitstellen sollte, damit jedes amerikanische Kind nicht nur die Möglichkeit hat, eine kostenlose Bildung zu erhalten, sondern auch gezwungen sein kann, die dadurch gebotene Gelegenheit zu nutzen. Sie erkennen an, dass es in diesem Land im Allgemeinen undurchführbar ist, die Lehren religiöser Glaubensgrundsätze in den allgemeinen Schulen zu lehren, denn wenn man Kinder wahllos dazu zwingen würde, die Lehren einer bestimmten Religion zu studieren, an die ihre Eltern nicht glauben, würde dies jegliche Religionsfreiheit zerstören und wäre es auch im Widerspruch zu den Grundrechten. Sie erkennen außerdem an, dass der Versuch, in den öffentlichen Schulen die Lehren der katholischen, der jüdischen und der zahlreichen protestantischen Konfessionen zu lehren, völlig unmöglich wäre und unweigerlich zu religiösem Chaos führen würde. Sie erkennen, dass absolute Gleichheit oder Religionsfreiheit nur dadurch gewährleistet werden kann, dass die öffentlichen Schulen konfessionsfrei gemacht werden. Katholiken befürworten daher die Beibehaltung des Systems kostenloser Gemeinschaftsschulen; Sie haben das System bisher unterstützt und werden es auch weiterhin unterstützen, obwohl sie gegen einige Einzelheiten der Verwaltung Einwände haben, und sie werden ihre Kinder auf diese öffentlichen Schulen schicken und schicken dies auch in Zukunft überall dort, wo es keine katholischen Schulen gibt. Tatsächlich besucht mittlerweile die Hälfte der katholischen Kinder unseres Landes öffentliche Schulen, weil es an katholischen Schulen mangelt.

Tausende wohlhabende Protestanten und Juden – viele davon in unserer unmittelbaren Nachbarschaft – schicken ihre Kinder auf Privatschulen, ob Tages- oder Internatsschulen, in denen oft der protestantische Glaube gelehrt wird. Dennoch behauptet niemand, dass diese Eltern, weil sie ihre Kinder auf Privatschulen schicken, in irgendeiner Weise in Feindseligkeit gegenüber den öffentlichen Schulen, amerikanischen Institutionen oder dem Wohl ihrer eigenen Kinder handeln. Als Eltern haben und sollten sie das Recht haben, ihre Kinder auf solche Schulen zu schicken, von denen sie glauben, dass sie ihnen eine umfassendere und förderlichere Bildung für die Bildung eines moralischen Charakters ermöglichen, als sie an öffentlichen Schulen erhalten können. Katholiken üben nur das gleiche gemeinsame Recht und darüber hinaus ihre Pflicht als Eltern aus, wenn sie ihre Kinder in die Pfarrschulen schicken, die auf eigene Kosten errichtet, ausgestattet und unterhalten werden.

Eine weitere falsche Darstellung, die Katholiken verärgern, ist die Aussage, dass die Pfarr- und anderen katholischen Schulen keinen Patriotismus vermitteln und dass sie antiamerikanische Lehren lehren. Jeder ehrliche Ermittler wird leicht feststellen, dass dieser Vorwurf völlig unbegründet ist. In katholischen Schulen werden Patriotismus, Gehorsam gegenüber dem Gesetz und Treue gegenüber der Verfassung eher als religiöse als als bürgerliche Pflicht gelehrt; Die besten und höchsten Ideale des amerikanischen Patriotismus und der amerikanischen Staatsbürgerschaft werden gepriesen. Kein wahrer amerikanischer Katholik kann ein anderer sein als ein guter und patriotischer amerikanischer Staatsbürger. In diesen Schulen wird den Kindern beigebracht, dass loyaler Gehorsam gegenüber den Gesetzen und religiöse Toleranz die beiden wesentlichen Elemente einer guten katholischen Staatsbürgerschaft sind, und ihnen wird in jeder Form und in jedem Aspekt die Verpflichtung als religiöse Pflicht eingeprägt, Cäsar die Dinge zu leisten, die Cäsar gehören und vor Gott die Dinge, die Gottes sind, und immer dankbar dafür zu sein, dass in diesem Land diese beiden getrennten Verpflichtungen völlig vereinbar sind.

Der grundlegende und ausschlaggebende Grund oder Beweggrund für die Gründung und Aufrechterhaltung von Pfarrschulen ist die tiefe Überzeugung seitens aller Katholiken, in der Geistliche und Laien eine Einheit bilden, dass das Wohl des Staates, die Stabilität der Union, Der Fortbestand der bürgerlichen und religiösen Freiheit und das dauerhafte Glück des Einzelnen hängen von den von der Religion gelehrten Kodizes und Standards der Moral, Disziplin, Selbstbeherrschung und Mäßigung ab. Der Geschichtsstudent weiß genau, dass die soziale Ordnung und die zivilisierte Gesellschaft immer auf der Religion beruhten; dass es nie eine zivilisierte Nation ohne Religion gegeben hat; dass eine freie Regierung nie lange bestanden hat, außer in Ländern, in denen ein gewisser religiöser Glaube vorherrschte, und dass unser eigenes Land drei Jahrhunderte lang ein im Wesentlichen religiöses Land war , womit ich meine, dass die große Mehrheit der Bürger an Gott und an einige davon geglaubt hat Christliche Religion. Als die Verfassung der Vereinigten Staaten verabschiedet wurde, waren die Amerikaner ein wahrhaft religiöses Volk und hielten insgesamt fest an der einen oder anderen Form des christlichen Glaubens fest. Kürzlich hat Erzbischof Irland in der St.-Paul-Kathedrale darauf hingewiesen, dass damals „das Fernbleiben vom Gottesdienst am Sonntag einer ernsthaften öffentlichen Kritik an sich selbst gleichkam". Zwar waren die große Mehrheit der Amerikaner damals Protestanten, aber sie waren eine religiöse Mehrheit. Die Katholiken dürfen nie vergessen, dass sie den Segen der Religionsfreiheit und Toleranz, den sie heute genießen, einer Generation verdanken, die überwiegend protestantisch war, und dass sie erstmals zu einer Zeit gewährt wurde, als Religionsfreiheit und Toleranz in Europa, sei es im katholischen Europa, praktisch unbekannt waren oder protestantischen Ländern.

Lord Bryce hat in seinem großartigen Werk „The American Commonwealth" den Einfluss der Religion in diesem Land untersucht und erklärt, dass „man bei dem Gedanken erschreckt ist, was diesem riesigen, aber heiklen Geflecht aus Gesetzen, Handel und sozialen Institutionen widerfahren könnte." das Fundament, auf dem es ruhte, zerbröckelte." Er erkannte diese Grundlage als Religion an und ermahnte uns: „Je demokratischer Republiken werden, je mehr sich die Massen ihrer eigenen Macht bewusst werden, desto mehr müssen sie nicht nur im Patriotismus, sondern auch in Ehrfurcht und Selbstachtung leben. " Kontrolle, und umso wichtiger für ihr Wohlergehen sind jene Quellen, aus denen Ehrfurcht und Selbstbeherrschung fließen. [69] Katholiken glauben, dass diese Quellen der Ehrfurcht und Selbstbeherrschung in der Religion zu finden sind und dass wir, wenn wir in Unreligiösität säen, in Unreligiösität ernten werden. Daher die feste und kompromisslose Entschlossenheit katholischer Geistlicher und Laien, dass gründlicher und wirksamer Religionsunterricht, soweit es in ihrer Macht steht, ein lebenswichtiges und wesentliches Element in der Erziehung jedes amerikanischen katholischen Kindes sein soll.

Ich bezweifle sehr, dass heutzutage eine respektable Anzahl vernünftiger und nachdenklicher amerikanischer Bürger die Wahrheit in Frage stellen würde, dass Moral für die Aufrechterhaltung einer zivilisierten Gesellschaft und Regierung von wesentlicher Bedeutung ist und dass der größte Einfluss auf die Moral in den Kirchen der verschiedenen Staaten zu finden ist Konfessionen im ganzen Land, und dass die Kirchen durch die Morallehre einen patriotischen Dienst erweisen und die besten Interessen und die höchste Politik des Staates fördern. Ich wage zu behaupten, dass die einzig vernünftige Meinungsverschiedenheit zwischen aufrichtigen und gerechten Männern darin besteht, wie man jungen Menschen am besten Religion beibringt und inwieweit Religionsunterricht als Teil der vollständigen Bildung von Kindern unerlässlich ist. Auf der einen Seite gibt es diejenigen, die gewissenhaft behaupten und aufrichtig glauben, dass ihre Kinder zu Hause oder in der Sonntagsschule die gesamte Religionserziehung erhalten können, die sie benötigen, und dass sie keinen Religionsunterricht im täglichen Schulzimmer benötigen ; Auf der anderen Seite gibt es diejenigen, die gewissenhaft behaupten und aufrichtig glauben, dass Religion der wichtigste Teil der Erziehung des Kindes und der Bildung seines moralischen Charakters ist und dass nur wenige Eltern die Zeit oder die Fähigkeit haben, ihnen Religion beizubringen Kinder, und dass Religion nur dann richtig gelehrt werden kann, wenn man sie zu einem festen Bestandteil des frühen Schulunterrichts und des täglichen Unterrichts und Studiums macht, während der Geist und der Charakter des Kindes plastisch sind. Die letztere Ansicht ist die der Katholiken und einer ständig wachsenden Zahl von Protestanten, die ihre Kinder auf Privatschulen schicken, in denen die Lehren ihres Glaubens gelehrt werden.

Aus katholischer Sicht kann der Einfluss der Schule auf die zukünftige Männlichkeit, Weiblichkeit und Staatsbürgerschaft des Landes nicht hoch genug eingeschätzt werden. Die Schule ist der Kindergarten, in dem Geist und Herz des leicht zu beeinflussenden Kindes in dauerhafte Form gebracht werden; Der subtile Einfluss des täglichen religiösen Umfelds, einschließlich Beispielen und Anregungen im Klassenzimmer, ist ebenso stark und durchdringend wie schwer zu analysieren; Der Unterricht in der Grund- und Grundschule ist von Dauer und wird mit der Zeit den Geist des Kindes beherrschen. und die sichtbaren Beispiele der täglichen Disziplin, der Einheitlichkeit der Ideale, des Gehorsams, der Selbstbeherrschung und der selbstlosen Hingabe an Kirche und Land, ja sogar die Atmosphäre der katholischen Religionsschule selbst sind prägende und erzieherische Elemente. Das Klassenzimmer ist das Übungsfeld für Charakter und gute Staatsbürgerschaft – für wahre Männlichkeit und Weiblichkeit. Doch viele würden sein wichtigstes und wesentlichstes Merkmal völlig ausschließen und verbannen!

Katholiken glauben, dass Religion und die Philosophie des Christentums nicht willkürlich, in unregelmäßigen Abständen oder von ungeschulten Personen gelehrt werden dürfen und dass ein festes Verständnis der Wahrheiten der katholischen Religion – oder eigentlich jeder Religion – durch unreife Geister und Die Herzen von Kindern können nicht durch bloßes Rezitieren abstrakter Grundsätze der Moral oder ohne ständiges Vorbild und Vorbild, täglichen Unterricht, langes Training und gründliche Übung gesichert werden. Sie glauben außerdem, dass dies außer in seltenen Fällen nicht durch Heimunterricht oder den Besuch der Sonntagsschule einmal pro Woche erreicht werden kann. Die enormen Opfer, die Katholiken im ganzen Land gebracht haben und bringen, sollten zeigen, wie aufrichtig ihre Überzeugung in diesem Punkt ist. Anhand dieses Gebäudes und der Tatsache, dass der geschätzte Wert der katholischen Pfarrschulen in der Stadt New York mittlerweile bei über 30.000.000 US-Dollar liegt, können wir uns eine Vorstellung vom Ausmaß dieses Opfers machen.

Die Geschichte der heldenhaften Kämpfe und Opfer der Katholiken zur Aufrechterhaltung ihres Schulsystems für die Bildung ihrer Kinder sollte jedem amerikanischen Katholiken bekannt sein, denn es ist die aufregendste und inspirierendste Seite in der Geschichte ihrer Kirche. Die mir verbleibende Zeit erlaubt nur einen kurzen Rückblick auf die erzielten Ergebnisse. Es ist eine Leistung, auf die Katholiken zu Recht stolz sein können.

Die größte religiöse Tatsache in den Vereinigten Staaten ist heute zweifellos das katholische Schulsystem, das von Privatpersonen unterhalten wird. Die Zahl der katholischen Pfarrschulen beträgt mittlerweile über 5.000, die der Akademien und Hochschulen über 900, wobei über 1.500.000 Schüler diese Schulen und Hochschulen besuchen. Mehr als 20.000 katholische Männer und Frauen widmen ihr Leben selbstlos der Lehrtätigkeit an diesen Schulen, Akademien und Hochschulen. Gekrönt wird das System durch eine große katholische Universität in Washington mit fast 1.500 Besuchern. Diese riesige Bildungsorganisation wird zu jährlichen Kosten in Millionenhöhe ohne jegliche öffentliche Unterstützung unterhalten, mit Ausnahme der Befreiung des Schuleigentums von der normalen Besteuerung. Die Leistungsfähigkeit der katholischen Schulen und Hochschulen ist seit langem durch Prüfungen und praktische Ergebnisse nachgewiesen und wird schließlich allgemein anerkannt. Die katholischen Schulen unterrichten alles, was auch in den öffentlichen Schulen gelehrt wird, und darüber hinaus unterrichten sie Religion und religiöse Moral. Die Bildungsstandards in allen säkularen Zweigen sind denen der öffentlichen oder privaten Schulen in der Nachbarschaft gleich und in vielen Fällen sogar besser. Mit anderen Worten: Katholische Kinder werden in den katholischen Schulen ebenso gut unterrichtet wie in den öffentlichen Schulen; Sie kommen von dort genauso gut ausgebildet und patriotisch wie die Kinder aus anderen Schulen, und darüber hinaus sind sie gründlich in den Lehren ihrer großen Religion verankert. Ich sage „großartig", weil es die große Religion der gesamten Christenheit und dieses Landes ist. Als die Verfassung der Vereinigten Staaten auf dem Kongress von Philadelphia im Jahr 1787 formuliert wurde, gab es in der gesamten Union nur etwa 25.000 bekennende Katholiken. Heute sind es 17.000.000. Mehr als ein Drittel aller, die heute christliche Kirchen in den Vereinigten Staaten besuchen, sind römisch-katholisch. Die katholische Kirche hat um ein Vielfaches mehr Mitglieder als jede andere Religionsgemeinschaft. Die Zahlen im Bundesstaat New York zeigen, dass etwa 65 Prozent, fast zwei Drittel aller regelmäßigen Besucher christlicher Kirchen, römisch-katholisch sind und dass die übrigen Besucher auf viele verschiedene protestantische Konfessionen verteilt sind. Daher ist die Behauptung richtig, dass die katholische Religion die große Religion dieses Landes ist.

Es ist wahr und es sollte hinzugefügt werden, dass die Katholiken hoffen, dass der Tag kommen wird, an dem die Menschen aller Konfessionen die Tatsache besser anerkennen werden, dass der Religionsunterricht dazu neigt, die beste und loyalste Staatsbürgerschaft zu fördern, dass die katholischen Pfarrschulen daher Erbringung einer öffentlichen Dienstleistung, und dass ihnen als solche ein angemessener Teil des aus allgemeinen Steuern aufgebrachten öffentlichen Bildungsfonds zugeteilt werden sollte, gemessen an der tatsächlichen Ersparnis für diesen Fonds und begrenzt auf diese, vorausgesetzt auch, dass ein erforderlicher Bildungsstandard aufrechterhalten wird. In England beispielsweise erhalten die katholischen Pfarrschulen Zuschüsse aus öffentlichen Geldern, wenn sie bestimmte Effizienzvoraussetzungen für den weltlichen Unterricht, die Qualifikation des Personals und die Ausstattung erfüllen, und die Höhe dieser Zuschüsse entspricht in etwa der tatsächlichen Ersparnis für den öffentlichen Fonds . In der katholischen Diözese Long Island, in der wir leben, werden mittlerweile über 68.000 Kinder in katholischen Schulen und Colleges unterrichtet, und im Großraum New York besuchen mehr als 130.000 Kinder die Pfarrschulen. Alle diese Kinder müssten in den öffentlichen Schulen und auf Kosten der Steuerzahler unterrichtet werden, wenn die katholischen Schulen sie nicht unterrichten würden, und diese katholische Bildung bringt eine immense direkte Ersparnis für den öffentlichen Schulfonds mit sich . Kürzlich dem in Albany tagenden Verfassungskonvent vorgelegte Statistiken zeigten, dass die unmittelbare Ersparnis für die Stadt New York allein durch die Pfarrschulen ganze 7.500.000 US-Dollar pro Jahr betrug und dass weder die Stadt noch der Staat einen Penny dieser Ersparnis beisteuerten die Kosten für die Erziehung und Ausbildung dieser katholischen Kinder. Folglich ist es nicht unangemessen zu glauben, dass Gerechtigkeit und Toleranz letztendlich siegen werden und dass der Tag kommen wird, an dem es als gerecht und als kluge und aufgeklärte öffentliche Politik anerkannt wird, dies für jede Konfession, ob katholisch, protestantisch oder ..., vorzusehen Jüdisch, zusätzlich zum Erteilen von Religionsunterricht, der Erziehung und Ausbildung einer großen Anzahl von Kindern nach zufriedenstellenden weltlichen Standards und Tests und entlastet dadurch den öffentlichen Bildungsfonds. Jede dieser Konfessionsschulen sollte zu einem Teil aus öffentlichen Mitteln finanziert werden die dadurch tatsächlich erzielte Ersparnis, da es sich um die Erbringung einer öffentlichen Dienstleistung handelt. Ich bin zuversichtlich, dass am Ende eine Anpassungsbasis erarbeitet werden wird, die für alle Konfessionen fair und gerecht sein wird. Aber in der Zwischenzeit müssen die Privatschulen, in denen den Kindern sowohl weltlicher als auch religiöser Unterricht vermittelt wird, einschließlich der katholischen Pfarrschulen, weiterhin vollständig von den Mitgliedern der verschiedenen Konfessionen errichtet, ausgestattet und getragen werden. Mittlerweile gibt es zahlreiche evangelische Privatschulen, an denen der evangelische Glaube gelehrt wird; und was für die katholischen Pfarrschulen gilt, gilt auch für die protestantischen Schulen.

Wir sind alle so sehr an die Segnungen der absoluten Religionsfreiheit gewöhnt, dass es uns wirklich schwer fällt, uns vorzustellen, dass irgendein anderer Zustand jemals in der freien Luft Amerikas hätte toleriert werden können, und wir neigen sehr dazu, den Wert der meisten zu übersehen oder herunterzuspielen kostbares Privileg, das wir genießen. Dennoch ist es erst ein paar Generationen her, dass in den Vereinigten Staaten religiöse Intoleranz herrschte und Katholiken gnadenlos und barbarisch verfolgt wurden. Die erste Verfassung des Staates New York aus dem Jahr 1777 diskriminierte Katholiken, indem sie nur Protestanten erlaubte, Staatsbürger zu werden, und dies ungeachtet der Tatsache, dass der Kontinentalkongress die Staaten drei Jahre zuvor aufgefordert hatte, religiöse Intoleranz für immer in Vergessenheit zu begraben . Einst wurden in der Kolonie New York katholische Priester als Kriminelle gejagt, bei ihrer Festnahme zu ewiger Haft verurteilt und mussten die Todesstrafe erleiden, wenn sie das Gefängnis brachen und wieder festgenommen wurden. Katholiken konnten keine zivilen oder militärischen Ämter bekleiden und nicht einmal Gott gemäß ihrem Glauben anbeten, ohne zu Kriminellen zu werden und mit Gefängnis bestraft zu werden. Die einzige Periode vollständiger religiöser Toleranz und Freiheit in unserer Kolonialgeschichte war für kurze Zeit während der Amtszeit von Gouverneur Dongan , der römisch-katholisch war.

All diese Intoleranz ist glücklicherweise vergangen und kehrt nie wieder zurück, und die Religionsfreiheit ist nun fest verankert. Ich erinnere mich nur an die Vergangenheit, um Ihnen klarzumachen, dass wir diesen Segen wertschätzen und der Generation der Amerikaner, überwiegend

Protestanten, die uns Religionsfreiheit gewährt und damit einen großen Beitrag zur Wiedergutmachung der vergangenen Verfolgung der Katholiken geleistet hat, stets dankbar sein sollten .

Abschließend muss ich hinzufügen, dass wir Katholiken der Pfarrei St. Patrick of Glen Cove unsere Wertschätzung für den großen Dienst und die selbstlose Hingabe der einzigen Person würdigen sollten, deren ganze Energie diese Schule möglich gemacht hat und ohne deren Beispiel wir es tun sollten Ich verzweifle daran, es aufrechtzuerhalten. Möge dieses schöne Gebäude noch lange als prächtiges Denkmal für den Glauben und Patriotismus eines katholischen Priesters, unseres geliebten Pastors Bernard O'Reilly, bestehen bleiben. Wir müssen auch den Schwestern Unserer Lieben Frau, würdigen Mitgliedern einer großen amerikanischen katholischen Schwesternschaft, die sich der Bildung von Kindern verschrieben hat, unseren herzlichen Empfang und unser Versprechen der Unterstützung aussprechen und jetzt die Aufgabe übernehmen, unsere Kinder zu unterrichten. Sie werden Woche für Woche und Jahr für Jahr hingebungsvoll und selbstlos für einen Hungerlohn arbeiten, der kaum ausreicht, um ihre absoluten körperlichen Bedürfnisse zu befriedigen, und dabei kaum oder gar keine öffentliche Anerkennung erwarten . Sie werden ihre Belohnung einzig und allein in der inneren Befriedigung der gut erledigten Arbeit und Pflicht des Tages suchen und finden und in der inspirierenden und belebenden Maxime ihres Ordens und ihres gesamten täglichen Lebens, dass ihre heilige Aufgabe immer ist

Pro Deo et Ecclesia et Patria .

FUSSNOTEN:

[68] Bemerkungen zur Einweihung der römisch-katholischen Pfarrschule in Glen Cove, Long Island, New York, am 6. September 1915.

[69] The American Commonwealth, Neuauflage (1912), Bd. II, S. 793, 794.

DAS FRANKREICH-AMERIKA-KOMITEE VON NEW YORK [70]

Ich BITTE Sie, meine Herren, aufzustehen und Ihre Gläser hoch zu heben, um gemeinsam auf Seine Exzellenz, den Präsidenten der Vereinigten Staaten, Seine Exzellenz, den Präsidenten der Republik Frankreich, und Seine Majestät, den König von England, anzustoßen.

Ich bitte Sie noch einmal, aufzustehen und Ihre Gläser hoch zu heben, um gemeinsam mit den anderen Alliierten anzustoßen: auf Seine Majestät, den König der Belgier, dessen tapferes und heldenhaftes Volk schrecklich gelitten hat und erneut gezeigt hat, wie Cäsar uns gelehrt hat, dass „Horum". *omnium fortissimi sunt Belgae* ;" Seine kaiserliche Majestät, der Zar von ganz Russland, dessen tapfere Soldaten die Hauptlast der Schlacht so stark ausgehalten und einen so schrecklichen Tribut gezahlt haben, und seiner Majestät, dem König von Italien, und seiner mutigen Armee und Flotte, deren Hilfe vielleicht noch kommen wird sich als entscheidend erweisen.

Da das ständige Ziel des Frankreich-Amerika-Komitees, das lange vor dem gegenwärtigen Krieg gegründet wurde, darin besteht, die Traditionen und Bande der Freundschaft aufrechtzuerhalten, die die Regierungen und Völker Frankreichs und Amerikas miteinander verbinden, werden unsere Gäste leicht verstehen, warum Frankreich erscheinen sollte , im Moment, im Vordergrund unserer Gedanken stehen.

Monsieur Homberg, Monsieur Mallet: Das Komitee Frankreich-Amerika von New York hat ein sehr gutes Ergebnis erzielt de vous les délégués de la République Française. Das Komitee Tient à vous témoigner Die Liebe der Amerikaner für Frankreich, unsere Bewunderung für den Heldenmut der Menschen Französisch für alle Kurse in Montré seit dem letzten Jahr affreuse qui vient de s'écouler , nos ardentes sympathies pour vos Souffrances , et nos Souhaits pour votre avenir.

Unsere Gastfreundschaft Europäische Sommerzeit Malheureusement imprägniert Eine ergreifende Tristesse , und eine Seele aus allen Augenblicken lässt uns den brutalen und wilden Kampf nicht zerstören , der verheerend ist une großartig partie de la France et presque Alle Belgier, und sie bedrohen nicht nur die Freiheiten der Menschen Französisch und Belgisch , mehr als die gesamte Zivilisation l'Europa . Es ist Das war 's Nationale Regierung , aus Gründen der Staatsgewalt, se trouve Zwangswartung _ _ une Neutralität légale , tâche si schwierig et si Komplex , mehr Leute _ Américain ne saurait être indifferent gegenüber Malheurs und aux Détresses des Français . Ein großartiges Amerika , das weiß ich de Lehrling Die Geschichte des Sohnes zahlt das Kind Amerikanisch Anfahrt nach Frankreich. Wir gießen nichts darüber hinaus l'aide généreuse , la sympathie , le dévouement , le désintéressement que le peuple Wir haben bei unserem Debüt auf Französisch gesprochen Geschichte . Le Souvenir, Herren, en Europäische Sommerzeit unaussprechlich . Unzählige sont mes Landsleute , die ihr ganzes Herz haben Es ist eine neue Bataille de Poitiers gegen die Sarrasins liefern bientôt la belle et sainte terre de France de ses envahisseurs .

, den Frankreich in die USA bringt Souvent meconnu et quelquefois oublié . L'heure Es ist der Gerichtsstand für Widersprüche und Strafen und Vorwürfe . Le Comité France-Amérique voudrait Saisir Diese Gelegenheit zum Abseilen Das sind wir, die nach Frankreich reisen und die Aufklärungsarbeit des Volkes erklären Amerikanisch ressent Envers le peuple Französisch .

La plupart des historiens , Cherchant leurs Material in den Regierungsarchiven und in den Notizen von Königen und Kindern Minister , ne voient trop souvent qu'un Kalkül Oder ein Motiv , das uns an der Seite Frankreichs interessiert apportée et dans l'amitié Was wir als Anhänger unseres Unabhängigkeitskrieges empfanden . Mais ceux qui cherchent Gewissenhaftigkeit zum Eindringen jusqu'à l'âme du peuple français, anhängig von den Jahren 1776 bis 1781, Comme Ich habe die Geschichte vollendet Américain , James Breck Perkins, Vorsitzender des Comité des Affaires Etrangères de Notre Nationaler Kongress , ich bestätige , dass dieser Helfer, er war da si Wirksam und qui seule a rendu Kein Erfolg möglich, était desinteressiert und n'était Inspiriert durch Mitgefühl für ein Volk faible et par amour pour la liberté et la Justice politique. La Fayette, meine damalige und verstorbene Freundin aus Washington und Franklin, kam véritablement l'incarnation du sentiment d'enthousiasme Ehrfurcht und tiefes Mitgefühl für die Franzosen ressentaient Alors dans toutes les Classes pour un peuple qui voulait Es ist kostenlos. Sans doute Louis XVI. et Vergennes y voyaient des avantages Vorfälle und Gründe des Staates, aber Ich glaube , die Leute sind ungeduldig, enthusiastisch und die Stimmung im ganzen Land ist bis heute so groß Finale Erzwingen Sie, dass die Regierung Ihres Königreichs unseren Gesandten einberuft une armée Disziplin unter Rochambeau und einer Flotte de Guerre sous d'Estaing et de Grasse. Die unkalkulierbare Bedeutung der erbrachten Leistungen durch die Franzosen peut être geschätzt Wir erkämpften uns die beiden Tiere und die anderen Ausrüstung der mit Yorktown verbündeten Truppen Französisch , und so Für Rochambeau war der englische Kommandant avait cru devoir rendre son épée.

Ein Teil unseres Unabhängigkeitskrieges , das Volk _ Französisch savait parfaitement que son aide lui Es handelt sich um einen enormen Preis , und die Bedeutung ist schon bald nach Hause gegangen devraient être encore augmentés . Der Historiker Perkins erklärt , dass die Regierung der französischen Regierung für die Befreiung zuständig sei l'Amérique s'est élevé à sept cent soixante Verdoppeln Sie Millionen von Dollar, das ist schlimm, mehr als drei Milliarden von Cent Millionen von Franken. [71] De cette énorme Dépense qui a ruiné le trésor royal, comme Ich habe Turgot gut besucht , aber nicht so n / A été remboursé à la Frankreich. Sie hat sich nicht zurückgemeldet , et elle de Verweigerer fiérement aujourd'hui le remboursement en nous rappelant qu'elle avait stipulé dans le traité Allianz mit den Vereinigten Staaten am 6. Februar 1778, die er nicht erhielt aucune entschädigung für sa Zusammenarbeit und ihre Opfer, und was auch immer Wenn Kanada kommt conquis , cette contrée serait Annexée aux Etats -Unis und nicht pas retournée à la France. Dieses Merkmal , ohne Präzedenzfall de Generosité in der Geschichte der Welt, war der erste von allen Charakterzügen , die die Vereinigten Staaten erlangten , und ihre eigenen Charakterzüge d'alliance dans notre Geschichte .

Ne serait -il pas souveränement Juste , si le peuple Amerika , vierzig Prozent nach der Schlacht von Yorktown, Aufklärung ce service – je me verweigere à l'appeler das — de offrant au peuple Französisch ist ein kommerzieller Kredit des Auftraggebers, es ist schrecklich , september 2020 Millionen vergießen , rückzahlbar Wohin strömt Frankreich ? Même In Franken , das ist nicht gleichwertig Ein unbedeutender Beitrag für jeden citoyen des Etats -Unis, et bien moins de Es ist wertvoll , dass es wichtig ist, dass es so weit ist payé Freiwillige und gute Seele der Menschen Französisch aus dem letzten Jahrhundert , um uns zu helfen. Quelle der Noblesse, Quelle des Glanzes, Quelle der Pracht des Herzens , des Geistes und des Geistes , wenn es die großen Banquier sind Amerikaner verfügbar pu Verkündige die Welt, die du siehst verfügbar eux-mêmes Biete den Kredit an en reconnaissance du passé! Unsere Serionen vraiment fiers de notre Generation si elle pouvait schreiben Eine Seite aussi sublime, aussi Imposant in der Geschichte der Welt. Alors, meine Herren, Nichts , was den Erfolg Ihrer Mission ausmacht , ist groß Eine eloquente Parole Sie können das Herz der Amerikaner berühren und Ihr Abseilgerät kombinieren ils doivent à la France, à cette Republik sœur et souffrante , et combien la questions aujourd'hui n'est pas seulement Eine kommerzielle Angelegenheit für unseren eigenen Gewinn mit Nummern Beste Kunden, mehr aussi Eine Frage der Dankbarkeit für eine treue und ergebene Freundin und wirksame Sympathie für ein großes und edles Volk , das souffre ist .

Unter dem Namen dieser Aufklärung und dieser Person Sympathie Amerikaner , die ich bin Aufsatz d'exprimer de Dolmetscher , ich bin überzeugt , ich denke an alle Amerikaner Réunis Hier , ich lebe Mo verre de l'honneur de la République Française, de la France blessée Mais si vivante , si Courage , si tapfer , et de ses Vertreter Er zeichnet sich dadurch aus , dass wir ihn ehren Präsenz , M. Octave Homberg und M. Ernest Mallet. Meine Herren, j'ai l'honneur de vous Moderator M. Homberg. [72]

Mein Herr Oberster Richter von England und meine Herren der britischen Kommission: Nach den beredten Ehrungen gestern Abend bei den Pilgrims fällt es mir äußerst schwer, Ihnen die volle Bedeutung und Aufrichtigkeit unseres Willkommens auszudrücken und zu vermitteln.

Jede Bindung, die ein Volk an ein anderes binden kann, bindet das amerikanische Volk an das englische Volk. Die meisten von uns sind angelsächsischer Abstammung und haben das gleiche Blut in unseren Adern. Für die große Mehrheit der Amerikaner war England immer das Mutterland. Wir sprechen dieselbe Sprache, lesen dieselbe Literatur, streben nach denselben Idealen, lassen uns von denselben Grundsätzen der Politik und Rechtsprechung leiten und hegen dieselben grundlegenden Vorstellungen von Recht und Unrecht und Gerechtigkeit wie unter Menschen und unter Nationen. Der größte Teil der Geschichte Englands ist unsere Geschichte; Ihre Magna Carta ist unsere Magna Carta, und die unsterblichen Heldentaten der Engländer, Schotten, Iren und Waliser sind unser Erbe und die Quelle unserer Inspiration. Unsere Herzen können daher nicht umhin, Tag für Tag schneller zu schlagen, wenn wir vom großartigen Heldentum und der edlen Selbstaufopferung Ihrer großen Rasse lesen.

Unserer Meinung nach wurde die edelste und wahrhaft ruhmreichste Seite in der Geschichte Englands von Sir Edward Gray geschrieben, als er sich im Namen Ihrer Regierung, Mylord, weigerte, den verzweifelten Glauben Englands zu brechen, um zu vermeiden, dass sein Land in das Größte verwickelt wird und verheerendster Krieg in der Geschichte der Welt, ein Krieg, auf den England nicht vorbereitet war, auf den Sir Edward und seine Kollegen wussten, dass es nicht vorbereitet war und der den Untergang des britischen Empire drohte und mit sich bringen könnte. Es liegt eine Noblesse und Erhabenheit in der Tat, diese kleine, aber mittlerweile unsterbliche britische Armee im August letzten Jahres nach Belgien zu schicken, wo sie mit der Verzehnfachung ihrer Zahl konfrontiert werden muss und für Fremde – für einen bloßen „Fetzen Papier" – sterben muss, die sich mit bloßen Worten nicht ausdrücken lässt „„ wie ein Vertrag zynisch und unmoralisch genannt wurde – einzig und allein, um die Ehre Englands unantastbar zu halten. England war noch nie großartiger und edler als an diesem Tag. Der Ruhm, den sie damals erlangte, kann nicht verblassen. Meine Herren, die angelsächsische Rasse erlangte nie ein höheres Ansehen als zu der Zeit, als die britischen Staatsmänner von heute in solch großem Stil zeigten, dass der Geist der Leichten Brigade in Balaclava noch immer lebendig ist:

„ Es geht ihnen nicht darum, warum zu begründen, sondern
darum, zu tun und zu sterben."

Und wir Amerikaner waren damals stolzer als je zuvor, der angelsächsischen
Rasse anzugehören.

England kann in diesem Krieg obsiegen oder scheitern. Aber was auch
immer passieren mag, was auch immer die Vorsehung beschließen mag, Ihr
großartiger und selbstloser Heldenmut bei der Verteidigung Belgiens hat
dem Ansehen Englands und unserer Rasse einen Ruhm verliehen, der
unbezahlbar ist und die gesamten Kosten des Krieges bei weitem übersteigt,
einen Ruhm Es lohnt sich, dafür zu sterben, ein Ruhm, der Generationen
von Menschen für alle Zeiten begeistern und erheben wird, ein Ruhm, der
immer zu Taten des patriotischen Dienstes und der tapferen
Selbstaufopferung, der Ritterlichkeit und der Ehre inspirieren wird.

Auch wenn, meine Herren der britischen Kommission, die große Mehrheit
der Amerikaner im gegenwärtigen Krieg ihre tiefe Sympathie natürlich den
Alliierten gilt, möchten wir, dass Sie nach England zurückkehren und
verstehen, warum wir die Neutralität des Präsidenten der Vereinigten Staaten
loyal unterstützen müssen verkündet. Die Politik dieses Landes in Bezug auf
europäische Kriege wurde 1793 festgelegt. Einer der wichtigsten und
nachhaltigsten der vielen Dienste, die Präsident Washington den Vereinigten
Staaten erwies, bestand darin, dass er den Misshandlungen und dem Lärm
dieser Zeit standhaft standhielt bei der Wahrung und Durchsetzung der
Neutralität zugunsten Englands gegenüber den Forderungen seiner
damaligen Feinde. Diesem Grundsatz folgen wir seit mehr als 120 Jahren
konsequent. Es war unsere feste und konstante Politik, kein Spiel der Politik
oder der Zeitungspropaganda oder vorübergehender Emotionen oder
Zweckmäßigkeit, sondern das nüchterne Urteil und Gewissen der Nation.
Der Kern dieser Politik besteht darin, dass es die Pflicht unserer Regierung
ist, nicht nur gegenüber der Gegenwart, sondern auch gegenüber künftigen
Generationen zu vermeiden, in europäische Kriege verwickelt zu werden, es
sei denn, unsere Ehre oder unsere lebenswichtigen Interessen sind betroffen.
Im Laufe von mehr als einem Jahrhundert haben wir die Bewohner aller
Nationen Europas eingeladen, hierher zu kommen und Teil unseres Landes
zu werden, und wir haben ihnen stillschweigend versichert, dass wir an dieser
traditionellen Politik der Neutralität festhalten. Wenn wir jetzt auch das
Schwert ziehen würden, aus tief empfundener Sympathie und Freundschaft
für die Alliierten oder aus Empörung über die Empörung über die
Verletzung Belgiens, könnten wir in Zukunft ständig in europäische
Konflikte verwickelt werden, in denen wir keine andere Wahl haben sollten
als ein humanitäres Interesse, und als Ergebnis finden Sie die ergebenen
Freunde und Verwandten von heute zu den entbrannten und erbitterten
Feinden von morgen.

Mein Herr und meine Herren der britischen Kommission, wir möchten, dass Sie nach England zurückkehren und erkennen, wie schwierig und komplex die Aufgabe unseres Präsidenten ist. Unter unserem Regierungssystem kann er allein für die Nation sprechen und uns in unseren Außenbeziehungen verpflichten, ihm allein wird die schreckliche Last der Verantwortung und Pflicht auferlegt, und der Patriotismus gebietet uns als Amerikanern, ihn loyal zu unterstützen, was auch immer unser Individuum sein mag Meinungen oder Gefühle zu bestimmten Maßnahmen oder schwerwiegenden Versäumnissen. Wir möchten, dass Sie zutiefst davon überzeugt sind, dass wir, wenn wir an unserer Neutralitätspolitik festhalten, nicht gleichgültig, gefühllos, kleinmütig oder Söldner sind. und dass unser Präsident in unserem Namen danach strebt, das Richtige zu tun, wie Gott es ihm gegeben hat, um das Richtige zu sehen, nicht nur bei den jetzt lebenden Amerikanern, sondern auch bei den zukünftigen Generationen, deren Treuhänder wir sind. Vor allem möchten wir, dass Sie nach England zurückkehren und fest davon überzeugt sind, dass wir die edle und heroische Tat Englands, sein Schwert zur Verteidigung Belgiens zu ziehen, vorbehaltlos billigen und preisen, und dass unser tief empfundenes Mitgefühl und unsere guten Wünsche bei Ihnen und Ihren heldenhaften Seeleuten sind Soldaten an der Front.

Meine Herren, ich bitte Sie, zu Ehren der angesehenen Vertreter Englands aufzustehen, Ihre Gläser hochzuheben und sie auszutrinken. Es ist mir eine Freude, Ihnen den ehrenwerten Lord Reading, den Lord Chief Justice von England, vorzustellen.

FUSSNOTEN:

[70] Bemerkungen als Vorsitzender bei einem Mittagessen zu Ehren der Mitglieder der Anglo-Französischen Kredit- und Finanzkommission im Hotel Knickerbocker, New York, 1. Oktober 1915.

[71] Frankreich in der amerikanischen Revolution, S. 498; siehe auch die Einleitung von Botschafter Jusserand, S. xv. Die Richtigkeit dieser Zahlen wurde nicht unabhängig überprüft. Eine Prüfung der Papiere des verstorbenen Herrn Perkins gibt keinen Aufschluss über die Quelle seiner Aussage. Die französischen Archive weisen direkte Ausgaben von 1.507.500.000 Livres aus, in diesen Zahlen sind jedoch Zahlungen aus dem Jahr 1783 und danach nicht enthalten. Professor Marion vom Collège de France ist der Meinung, dass die Gesamtausgaben wahrscheinlich 2.000.000.000 Livres erreichten. Marion, *Histoire Financière de la France, 1715-1789*, Bd. Ich, S. 303, Paris, 1914; siehe auch Gomel, *Les Causes Financières de la Révolution Française*, Bd. II, S. 36, Paris, 1893. Fiske, in seiner Critical Period, S. 35 gibt an, dass die Ausgaben 1.400.000.000 Franken betrugen.

[72] M. Homberg antwortete auf Französisch und Herr Guthrie fuhr dann wie oben fort.